MW01714488

TREIZE LEÇONS
SUR
LA VIE DES MAÎTRES

Du même auteur
aux Éditions J'ai lu

La vie des Maîtres, *J'ai lu* 2437

BAIRD T. SPALDING

TREIZE LEÇONS SUR LA VIE DES MAÎTRES

suivi de

QUESTIONS ET RÉPONSES SUR LA VIE DES MAÎTRES

TRADUITS DE L'AMÉRICAIN
PAR YVES COLEMAN

J'AI LU

Titre original :

LIFE AND TEACHING OF THE MASTERS OF THE FAR EAST
VOLUME 4

LIFE AND TEACHING OF THE MASTERS OF THE FAR EAST
VOLUME 6

Note du traducteur

Ce livre comporte de nombreuses citations de l'Ancien et du Nouveau Testament ; l'auteur n'indique malheureusement pas ses sources et a souvent retraduit très librement les Écritures. Dans la mesure du possible, nous avons essayé de retrouver l'origine des citations, mais cela s'est parfois révélé impossible. Nous prions le lecteur de nous en excuser.

Note de l'éditeur

L'auteur, M. Spalding, est décédé dans les années cinquante, ainsi que M. DeVorss, son éditeur, qui le connaissait personnellement. Ceux qui ont participé au voyage en Inde ont également disparu. Il ne subsiste donc aucun témoin direct de la vie et du travail de M. Spalding. Ses livres constituent à présent notre unique source d'information. À notre connaissance, aucune carte n'a été dressée du long périple en Inde et il n'existe aucune photographie. Nous avons à plusieurs reprises essayé de retrouver des documents ou des films relatant cette extraordinaire expérience, en vain. Nous regrettons sincèrement de ne pouvoir vous fournir d'informations supplémentaires sur la vie de M. Spalding.

DeVorss and Company

Qui est Baird T. Spalding ?

Né en Angleterre, le pays d'origine de sa famille, Baird T. Spalding quitte sa terre natale à l'âge de quatre ans pour suivre ses parents en Inde. Ce pays est depuis devenu sa patrie, bien que ses études et son travail l'aient mené aux quatre coins du monde.

Peu après son arrivée en Inde, Baird entre à l'école préparatoire. À dix-sept ans, ses études secondaires terminées, il quitte l'Inde pour la Californie où il passe deux années, avant de partir étudier à Heidelberg, en Allemagne, pendant huit ans. Puis il retourne en Californie pour achever son doctorat d'archéologie à Stanford et à Berkeley.

La famille Spalding vit et travaille en Inde depuis plus de trois cents ans. Créée à la suite d'une découverte de son arrière-grand-père, la Fondation Spalding a permis la mise au jour des ruines dans le désert de Gobi, où elle poursuit actuellement ses recherches.

L'arrière-grand-père de Baird T. Spalding s'était en effet lancé dans le commerce et devait descendre le Gange avec un chargement de marchandises. C'était la saison des pluies, mais, peu au fait de ces conditions atmosphériques, le groupe continua sa route jusqu'au moment où l'eau, qui inondait les berges du fleuve, leur fit obstacle. Les embarcations furent tirées sur la rive. L'un des bateaux se trouvait le long d'un mur qui avait été mis au jour. Un autochtone perça la paroi, de laquelle se déversèrent plusieurs pièces d'or. Derrière le mur, ils découvrirent un caveau, qui renfermait un livre d'or. Cet ouvrage, le deuxième d'une série, indiquait l'emplacement des autres volumes qui relatent succinctement l'histoire d'une ancienne civilisation. À l'avant-dernière page de chaque livre se trouve une carte de l'emplacement des autres volumes. La dernière page, une nouvelle carte, donne l'emplacement des cités ainsi que leurs longitude et latitude. Les chercheurs de la Fondation émirent l'hypothèse qu'en déterminant leur point de départ ils réussiraient à localiser ces villes. Il ne leur fallut pas moins de dix-neuf ans pour retrouver la cité du désert de Gobi, mais ils en découvrirent les ruines dès la première fouille.

L'arrière-grand-père de Spalding ne la vit jamais, mais son grand-père s'y rendit en 1868, ainsi que Baird T. Spalding, dès 1879 (Spalding est né le 26 mai 1857).

Aujourd'hui, on sait avec certitude que ces civilisations légendaires ont existé, et ont connu un niveau de développement supérieur au nôtre. À notre connaissance, la plus grande civilisation s'est développée aux États-Unis, ainsi que dans différentes parties des continents sud et nord-américains. Elle était également présente sur une terre aujourd'hui engloutie dans le Pacifique, et peut-être également sur une autre enfouie dans l'Atlantique. Il ne fait aucun doute que ce peuple extraordinaire avait une vie spirituelle intense.

Au moment où ces lignes sont écrites, février 1935, Baird T. Spalding se trouve aux États-Unis, pour la parution de son livre, *La Vie des Maîtres*. Il s'efforce, dans ses conférences, de répondre aux nombreuses questions suscitées par son travail dans le désert de Gobi et par ses rapports avec les Maîtres d'Extrême-Orient. Sa tournée le mènera dans vingt-cinq des principales villes des États-Unis avant son départ pour l'Inde et le désert de Gobi le 30 septembre[1]. Un nombre croissant d'étudiants, d'écrivains et de scientifiques projette de le suivre. Il les conduira le long de la grande route indienne jusqu'aux villages, temples et demeures des Maîtres d'Extrême-Orient.

Mind Magazine publiera chaque mois les conférences et colloques de Baird T. Spalding, les séances de questions-réponses, ainsi que la chronique des événements qui émailleront ce tour du monde.

1. Le départ eut en fait lieu le 4 octobre 1935 après un mois de tournée de promotion nationale à travers les États-Unis (*N.d.E.*).

TREIZE LEÇONS
SUR
LA VIE DES MAÎTRES

1

La Grande Fraternité blanche et la paix mondiale

1) Avant d'approfondir l'étude de certaines lois et réalités sous-jacentes aux enseignements des Maîtres, il nous semble opportun d'examiner leur champ de vision. Nous devons élargir notre perspective et notre conception de la vie pour atteindre le niveau de conscience de ces Maîtres et comprendre l'intégralité de la portée de leurs enseignements. Dans un premier temps, nous nous soucierons du domaine qui doit être pris en considération et des tendances générales de l'humanité, afin de mieux nous préparer aux tâches qui nous attendent. Avant de choisir les outils et d'élaborer un plan, il faut connaître la nature du champ de vision et son étendue. Mais aussi savoir à quel type de culture il se prête, combien de récoltes y seront obtenues chaque année, et quel en sera le but. Chaque tâche doit renfermer une finalité qui dépasse notre essence individuelle – c'est ainsi que nous l'appelons. La nature d'un homme est, d'une façon ou d'une autre, vitalement associée à la vie et au bien-être de tous les individus vivant sur cette planète. Ce qui affecte l'un d'entre eux affecte le reste de l'humanité, à différents degrés.

2) Cette discussion sur la paix devrait intéresser tous les êtres humains, car chacun d'entre nous est concerné.

En effet, le monde s'est ouvert à l'idée de paix et exprime peu à peu son dégoût de la guerre. L'humanité commence à comprendre que la guerre n'est pas un état naturel et que ceux qui prétendent incarner la Providence et la justice parfaite – les pseudo-créateurs de bonheur – ne sont que des imposteurs. La paix et le bonheur – désirs profonds de l'humanité – ne sont pas des cadeaux octroyés par le ciel ; tous nos efforts méritent d'être déployés afin de les obtenir honnêtement. En politique, les miracles n'existent pas. L'Homme doit se rendre compte que lui seul a le pouvoir d'élaborer sa destinée avec sa propre intelligence.

3) Cette irrésistible vague d'intérêt pour l'encouragement et la garantie de la paix est l'œuvre de la Loi universelle qui cherche toujours à promouvoir le bien commun. Dieu ne Se laisse tromper par personne, et cette prise de conscience de l'importance de la paix répond au mouvement de l'Esprit de paix nourri par les Maîtres. C'est seulement lorsque l'individu s'identifie avec la Loi universelle qu'il peut atteindre son bonheur individuel, car celui-ci reste inséparable du bonheur commun. C'est pourquoi le véritable progrès spirituel est lent, et les souffrances nombreuses.

4) Il existe dans le monde une grande association fraternelle qui travaille pour la paix depuis des millénaires. Elle est à l'origine de tous les mouvements pour la paix mondiale et se fortifie chaque jour. Elle comprend actuellement environ deux cent seize groupes dans le monde. Une unité centrale joue le rôle d'organisme dirigeant ou centralisateur ; douze unités l'entourent et lui donnent force et puissance. Leurs membres se consacrent à l'instruction de l'humanité.

5) Travaillant mutuellement, ces équipes rassemblent des hommes et des femmes inspirés par l'idéal spirituel de la Grande Fraternité blanche. De puissantes pensées favorables à la paix et à la prise de conscience se manifestent simultanément chez tous les individus.

6) Cependant, de nombreuses idées fausses circulent au sujet de la Grande Fraternité blanche. Soulignons d'abord le fait que ses membres ne se font jamais connaître sous ce nom et qu'ils ne tirent aucunement les ficelles d'organisations officielles. Leur fonction et leur objectif sont universels. Ils œuvrent à l'évidence en harmonie avec la Loi universelle pour des objectifs universels. Tout individu ou groupe qui lutte pour les mêmes fins, sans être mû par des motifs égoïstes ou partisans, bénéficie de leur soutien. Celui-ci est parfois visible, mais se manifeste le plus souvent sous la forme d'une stimulation discrète. En somme, l'aide ne provient généralement pas d'une personne ou d'un endroit défini. Les bénéficiaires de ce soutien sont simplement conscients de l'aide ou de l'influence favorable dont ils profitent.

7) Au commencement, la Société des Nations était un instrument de la Grande Fraternité blanche, mais a souvent été détournée de ses buts par des nations ou individus. Elle réapparaîtra néanmoins un jour dans le giron de la Grande Fraternité universelle.

8) En effet, un nouvel ordre est en train de naître ; nous assistons à la destruction d'une vieille civilisation. La Fraternité blanche défendra ouvertement ses positions sur des problèmes fondamentaux lorsque le moment sera venu.

9) De plus, aujourd'hui, les demi-mesures ne sont plus de mise pour améliorer l'humanité, que les individus ou les groupes se liguent ou non contre le bien commun. Le grain des moulins du Seigneur est parfois moulu très fin et très rapidement. Les êtres égoïstes, agressifs et avides ne construisent leur vie qu'à partir des déchets du tamis. Il vaudrait bien mieux que ces individus soient inspirés par des mobiles purement créateurs qui contribuent au bien universel, car, dans ce cas, le bien se répercuterait sur chaque être humain.

10) Enfin, les forces à l'œuvre dans les idées universelles apparaissent souvent très discrètement. Quelque

chose semble germer et se répand soudain comme un phénomène contagieux. Au même moment, l'esprit de nombreux hommes est encore absorbé par d'autres problèmes et ceux-ci ne remarquent aucun changement. Puis, tout à coup, chacun semble se rendre compte que cette notion est apparue et qu'elle s'accorde exactement avec ses pensées les plus secrètes. L'Homme pénètre souvent dans le nouvel ordre de façon presque inconsciente. Ainsi, nous devons surveiller attentivement les forces qui germent secrètement en nous-mêmes et dans l'espèce humaine ; chacun trouvera ainsi le moyen de progresser le plus rapidement possible et de faire avancer la cause universelle.

11) L'Inde a maintenu la paix grâce à des méthodes identiques à celles utilisées par les deux cent seize groupes évoqués précédemment. En premier lieu, ce processus a été initié par douze groupes, qui se sont ensuite multipliés et continuent encore à croître. Ces organisations ont eu une influence très importante, qui a imprégné toute la structure de la pensée indienne. Leur travail, officiellement, a surtout été de nature éducative : elles font circuler oralement leurs conceptions, mises en pratique sous leur direction. Les résultats obtenus prouvent l'efficacité de cette méthode.

12) Gandhi a réfléchi sur la non-violence pendant vingt ans avant d'entreprendre son travail et de devenir un fervent partisan de ce principe qui existe en Inde depuis six cents ans. Il a été appliqué par Gandhi, qui a rencontré de nombreux intouchables, leur a enseigné la non-violence et a fait de celle-ci une force efficace. La nouvelle génération a immédiatement repris cette notion à son compte. Elle a compris sa grande efficacité et l'a étendue à l'Inde entière. Cela aboutira un jour à la dissolution du système des castes. Les intouchables sont devenus un problème important, car ils regroupent environ soixante-cinq millions de personnes, et, étant donné leur influence considérable, ils avaient absolument besoin de conseils

avisés. Gandhi est en quelque sorte à l'origine de leur émancipation actuelle.

13) Les membres des groupes mentionnés précédemment, travaillant à favoriser la paix mondiale, ont un entendement spirituel très élevé. À l'intérieur de chaque groupe, l'un des membres acquiert une position de leader grâce à sa pratique spirituelle.

14) Aux États-Unis, il existe une soixantaine de groupes qui appartiennent à cette association. Très discrets sur leurs liens mutuels, ils ne divulguent pas leurs lieux de réunion ni la nature de leurs activités.

15) C'est pourquoi nombre de gens ne se doutent pas du travail extraordinaire effectué par ceux qui ont reçu la révélation. Nous sommes tellement habitués aux effets de manches et aux manifestations tapageuses qu'une grande œuvre si discrète et si simple paraît inimaginable à nos yeux. Mais, si vous y réfléchissez un instant, vous vous rendrez compte que toutes les forces motrices de l'univers sont silencieuses. Ceux qui travaillent consciemment avec ces forces en reçoivent une formidable impulsion intérieure. Cependant, le moment viendra où ils travailleront de façon plus officielle ; le jour où suffisamment d'individus éclairés seront pleinement conscients de leurs actions. Étudiez votre propre expérience : ignorez-vous que les influences silencieuses qui œuvrent sous la surface de votre être gouvernent votre vie plus que les facteurs apparemment évidents que vous exprimez en paroles ? Les « ruminations » silencieuses de votre essence intérieure se manifestent finalement par une expression extérieure ; quand vous vous trouvez dans un milieu qui s'harmonise avec elles, vous n'hésitez pas à les exprimer. Étudiez-vous et vous découvrirez que tout ce qui est à l'œuvre en vous l'est aussi dans l'espèce humaine. « Ce que le Père voit en secret, Il vous en remerciera publiquement. » Cette phrase révèle la façon dont toutes les choses éclosent dans le monde extérieur. Saisir cette réalité vous aidera à mieux vous comprendre et à mieux comprendre le

fonctionnement permanent de l'universel spirituel, au-delà des apparences. C'est en adoptant cette méthode consciente que vous apprendrez à retrouver la trace de l'intervention de la Fraternité secrète. Ses activités ne sont secrètes qu'aux yeux de ceux qui ne discernent pas la façon dont elle opère. Mais ces forces, à la fois discrètes et extrêmement puissantes, agissent en nous, ainsi que dans notre entourage. En ne suivant que les individus « tapageurs », au lieu d'être conduits vers des issues, nous nous heurtons à des impasses. Ainsi, nous perdons de vue le sentier de la vie qui se fraye silencieusement une voie à travers notre être individuel.

16) Cette Fraternité n'est pas à proprement parler une organisation, car peuvent en faire partie tous ceux qui travaillent de façon constructive pour la paix, publiquement ou dans l'ombre. Il s'agit plutôt d'une association d'âmes sœurs qui coopèrent avec toute autre association ou organisation désirant œuvrer au profit de l'humanité et de son progrès spirituel.

17) Le groupe présent en Inde travaille discrètement, mais c'est sous son influence que se rassemblent les cercles et que se coordonnent leurs activités. De là aussi est né le prix Nobel de la paix.

18) Tolstoï a joué un grand rôle dans l'application de ce principe qui a toujours été défendu par les neuf dirigeants de l'Inde. Il était une âme supérieure, en contact permanent avec le Grand Groupe central.

19) Bien que personne ne connaisse l'emplacement exact de ses activités, ce treizième groupe, le Groupe central, a fondamentalement favorisé l'éducation de l'humanité. Constitué de douze membres, il travaille aussi dans tous les centres d'éducation de la planète.

20) Ces groupes ne font jamais de propagande pour la paix mondiale. La parole, ou la pensée silencieuse émise vers le monde, a bien plus d'influence que l'écrit, facilement déformable. La parole, quant à elle, exerce une force qui s'étend et s'accroît en permanence.

21) Une fois de plus, la sagesse des Maîtres s'est toujours manifestée. Tant que les forces constructives travaillent *en secret*, elles peuvent croître sans être remarquées par des individus nuisibles. L'humanité ne se rendra compte des progrès de la Force constructive qu'au moment où celle-ci aura complètement miné les sordides structures de l'égoïsme, cependant, il sera trop tard. Lorsque se produira une désintégration aussi radicale, et seulement à ce moment-là, les activités de la Fraternité se dérouleront au grand jour pour faire éclater la Vérité dans l'esprit de tous. Ce phénomène ne résultera pas de la peur d'une agression, mais du fait que les hommes connaîtront la façon la plus efficace de provoquer un grand mouvement constructif pour améliorer l'humanité. Les égoïstes en seront exclus.

22) Dans un sens, tous ceux qui luttent pour la liberté de l'Inde, ou pour la liberté et la paix mondiale, sont des Avatars, d'après l'expression des Orientaux. De nombreux sages ont répandu cette idée pendant des milliers d'années. Jésus a œuvré pour l'amélioration de l'humanité tout entière et continue à le faire.

23) Certains Occidentaux ne reconnaissent pas le travail des Avatars, parce qu'ils ne croient qu'aux apparences, aux déclarations spectaculaires et aux actions publiques miraculeuses. Ils ignorent que les vrais miracles s'accomplissent d'abord en silence.

24) En ce qui concerne le rôle de l'arbitrage au service de la paix mondiale, ce mouvement est né au Pendjab, en Inde. Il s'agit d'un puissant instrument de la paix mondiale, qui proscrit toute agression. L'Inde n'a jamais adopté une attitude agressive ni encouragé la moindre action armée dans cette province, et le Pendjab a exercé une influence déterminante sur ce mouvement. Il s'est maintenu en Inde pendant environ trois mille ans. La non-agression et l'arbitrage ont démontré leur efficacité.

25) Consciemment ou inconsciemment inspiré par l'influence silencieuse de la Grande Fraternité,

W. J. Bryan a réussi à obtenir des traités de paix avec toutes les nations, à l'exception de quatre. Jusqu'à présent, aucun homme politique important n'a osé reprendre son œuvre. Elle sera poursuivie un jour, lorsque se formera un comité rassemblant des hommes inconnus du grand public, mais dont l'autorité sera reconnue par les organisations et groupes pacifistes qui travaillent de façon désintéressée pour la paix mondiale.

26) Si tous les grands financiers soutenaient ce mouvement pour l'unité, cela aurait une influence déterminante pour la paix : plus de capitaux disponibles pour alimenter la guerre. Ainsi, la coopération régnant entre toutes les nations du monde, nous n'aurions plus ni crises ni booms économiques – une autre façon d'abolir la guerre. En fait, la coopération commence à apparaître, et ceux qui ne respectent pas le nouvel ordre seront mis au ban de la société.

27) Suivant cette tendance croissante à proscrire la guerre, les êtres humains ouvriront les yeux sur les causes des guerres, essentiellement provoquées par des nations ou des groupes préoccupés par leur unique intérêt. D'autre part, la pratique de la non-coopération sera prohibée, car elle contribue à la guerre. Ainsi, toutes les responsabilités reposeront sur les épaules de chaque individu, et chacun devra bannir son propre égoïsme et son avidité qui nuisent à autrui. L'Homme découvrira que la meilleure façon de défendre son propre intérêt est de promouvoir l'intérêt commun, et qu'assurer son propre bien-être commence par préserver le bien de tous. Cette tendance souterraine apparaît maintenant sur une grande échelle. Mais chaque individu doit trouver sa source en lui-même ; celui qui scrutera sa propre âme verra que l'embryon de ce mouvement grandit chaque jour dans sa propre nature. En se propageant d'un individu à l'autre, il croîtra et constituera un puissant mouvement international, devenu le but ultime de toutes les activités humaines. C'est pourquoi, de même

que l'individu qui n'obéit pas à cette tendance éternelle de sa nature intérieure sera détruit, de même des groupes, des institutions, des organisations religieuses, des peuples et des nations disparaîtront, laissant le monde aux hommes respectueux de la loi de Dieu.

28) Toutes les théories modernes montrent clairement que les changements doivent s'opérer d'abord à l'intérieur de l'être humain. En effet, un individu peut être un facteur de désintégration du groupe dont il est membre, si sa propre nature n'est pas en harmonie avec celui-ci, œuvrant au service de l'humanité et inspirant sa conduite extérieure. Avant d'agir pour la paix universelle, un être humain doit trouver la paix en lui-même – résultat d'un long et profond travail avec les forces invisibles.

29) L'individu doit comprendre le sens de la paix, tant au niveau personnel qu'au niveau de chaque nation. De cette manière, il projette cette influence et contribue au développement spirituel de son époque. Le mouvement pour la paix est certainement l'un des facteurs décisifs de l'enrichissement de l'esprit.

30) La politique sera bouleversée par ce nouveau système. Or aucun programme réellement efficace ne pourra être lancé tant que notre structure politique perdurera. Ceux qui resteront en harmonie avec la tendance actuelle recevront des forces supérieures toute l'aide qu'ils seront capables d'obtenir. Ils la capteront consciemment, ou inconsciemment, mais de toute façon elle leur sera fournie. Certains ont progressé au point de connaître et reconnaître son existence.

31) Par la suite, lorsque le mouvement souterrain des forces constructives se généralisera, les partis politiques fusionneront probablement en un parti unique pour simplifier la tâche des gouvernements. Ces changements auront lieu à l'intérieur de notre système politique et aboutiront à un seul organe législatif. « Une maison divisée contre elle-même est destinée à s'écrouler. » Ainsi, la majeure partie de nos maux politiques s'évanouira. Ce

processus naîtra au sein de chaque État grâce aux mutations qui s'y seront produites. Aux États-Unis, on assiste à la naissance d'un mouvement national.

32) La paix est ici ! En saisissant clairement ce principe, vous devenez aussitôt, sans le savoir, membre d'un groupe de travail.

POUR LE PROFESSEUR OU L'ANIMATEUR

Paragraphe 1. Au début de cette étude, développez clairement l'idée que les hommes ont généralement besoin d'une nouvelle perspective du progrès spirituel. Jusqu'ici, la plupart d'entre nous se sont fiés seulement à leur corps et aux qualités que nous lui attribuons. En réalité, tout ce que le corps est et possède dépend d'un facteur différent et supérieur.

Paragraphe 2. Montrez, en fournissant si possible d'autres exemples, comment la réaction générale des êtres humains va dans la direction de la paix. Tout ce processus vise à réaliser l'objectif de l'univers, de Dieu.

Paragraphe 3. Expliquez également à vos élèves que ce mouvement pour la paix, en pleine expansion, correspond parfaitement à leurs propres idéaux ; peu à peu, ils prennent conscience qu'ils sont intérieurement poussés par des mouvements universels coïncidant avec les objectifs de toutes les personnes éclairées spirituellement.

Paragraphes 4 à 12. Démontrez que la Fraternité se développe lorsque nous obéissons aux impulsions les plus profondes qui nous incitent à améliorer le sort de l'humanité. En ce qui concerne la progression vers l'unité, notre relation à notre prochain peut être aussi étroite que le rapport de la Grande Fraternité blanche avec le Tout : tout dépend de la force communiquée par nos impulsions intérieures.

Paragraphes 13 et 14. Vous ne pourrez sans doute pas vous livrer à de longs commentaires sur le début de ce passage, à moins que vous ne connaissiez déjà certaines des notions auxquelles je fais rapidement allusion ici.

Paragraphes 15 et 16. Expliquez par la suite que la plupart d'entre nous ont du mal à comprendre pourquoi les Maîtres n'agissent pas au grand jour, et ce passage devrait en éclaircir les raisons. On pourrait écrire plusieurs livres pour l'expliquer. Ainsi, par exemple, vous évitez parfois d'exprimer vos opinions dans votre propre maison. Vous savez que, tant que vous vous taisez, vous ne rencontrerez pas d'opposition. Mais, lorsque vous vous serez exprimé, vos propos déclencheront peut-être une controverse. Vous attendrez donc le moment opportun pour parler, et alors ce que vous direz sera mieux accepté par tous et chacun coopérera. Si vous vous connaissez vous-même et maîtrisez ce genre de problèmes quotidiens très simples, cela vous aidera à acquérir un grand pouvoir et une compréhension supérieure de la vie. Ce qui se produit dans l'univers se produit aussi dans chaque être humain.

Paragraphes 17 à 26. Le thème développé est à peu près le même. La coopération silencieuse joue un rôle capital dans la prise de conscience positive que le Grand Esprit créateur développe chez tous les êtres humains à un degré ou à un autre ; le plus important donc, en ce qui nous concerne, est d'en faire la préoccupation centrale dans notre propre vie.

Les paragraphes 27 à 32 offrent une occasion supplémentaire de développer ce que j'ai expliqué précédemment et peuvent contribuer à débloquer vos élèves et leur permettre de progresser. Apprenez-leur à se préparer aux changements qui vont se produire. Soyez sensible aux modifications souterraines qui s'opèrent actuellement dans les structures politiques et économiques. Le changement qui nous libérera ne se trouve dans aucune de ces formes extérieures mais dans le cœur des hommes.

2

L'Esprit unique

1) Nous avons la preuve de la toute-puissance de l'Esprit unique : chaque sphère d'activité renferme un pouvoir. Prenons un exemple. Sur un bateau il n'y a qu'un seul chef. Ainsi, toutes les activités émanent de cette autorité centralisée et se trouvent sous son contrôle.

2) Seule cette centralisation du pouvoir et de l'autorité permet à l'harmonie de se manifester dans les activités de toute section organisée de la société, voire même à l'intérieur d'un individu. Nous connaissons les conséquences d'un pouvoir divisé ou, plus exactement, d'une autorité fragmentée, sans prendre en considération la source de motivation centrale. Si des ordres partent de deux sources différentes vers les divers centres d'activité, le seul aboutissement est la confusion, le chaos. Si le pouvoir émane de plus d'un centre de direction, l'autorité est minée et la structure s'écroule.

3) Quand un élément détient le pouvoir ou contrôle la force motrice, nous sommes attirés directement et seulement vers lui, puis poussés à agir avec un seul objectif. Nos actes résultent de cet Élément unique, et cela nous permet de demeurer en harmonie avec le pouvoir central, de ne pas éparpiller nos forces, mais de travailler avec la Force ou le Pouvoir unique.

4) C'est pourquoi vous êtes toujours en accord avec les idéaux auxquels vous reconnaissez un certain crédit. Par exemple, si vous croyez au pouvoir du monde et de votre environnement, vous avez l'impression d'être contrôlé par des centaines de sources différentes, ce qui entraîne votre confusion. Vous ne savez pas si vous devez obéir ou non aux demandes apparentes qui vous sont faites, ici, là, ou ailleurs, et cette division de la conscience sape toute la structure de l'être humain. Alors, retenez ceci : « Celui en qui nous avons cru, et dont nous sommes convaincus qu'Il est capable de conserver ce que nous Lui avons confié en prévision de ce jour. »

5) Ce pouvoir unique existe pour chaque être humain, s'il prend la peine d'y avoir recours. Bien sûr, son usage doit être dirigé consciemment vers l'objectif choisi ou établi. Grâce à cette force, nos pensées donnent naissance à un pouvoir d'action ou une pensée d'expression unique. Elles ne peuvent exprimer que ce qu'elles émettent. En d'autres termes, le principe moteur que nous fixons doit se manifester. « Vous êtes ses serviteurs auxquels vous jurez vous-même d'obéir », et les résultats doivent être déterminés par le travail de cette force motrice qui vous donne des consignes ; ils ne peuvent dépasser le pouvoir investi dans l'autorité.

6) Ce contrôle central de l'univers est généralement appelé Principe ou Esprit. Le terme de Principe ne dégage pas autant de cohésion que celui d'Esprit. Néanmoins, ce Principe contrôle et gouverne avec intelligence, il est donc de nature spirituelle. Les hindous le présentent aussi comme le Tout-Puissant, c'est-à-dire que l'Homme devient effectivement cet élément dominant. Il atteint la toute-puissance lorsqu'il projette sa pensée vers le contrôle, l'autorité centrale directrice.

7) Tout devient très simple si l'on examine la situation ouvertement. Vous pensez que telle personne, ou

telle situation, a la faculté de vous rendre triste. Ainsi, vous déléguez une certaine autorité à un lieu ou à un être précis, vous obéissez à celle-ci, et incarnez l'état mental et émotionnel qui caractérise, selon vous, la nature de cette autorité. Une source dont vous décrétez qu'elle a seulement le pouvoir de vous rendre triste ne représentera jamais la joie. Vous éprouvez alors de la tristesse dont vous admettez qu'elle a le pouvoir de se manifester en vous et déclarez : « Je suis triste. » Vous devenez ce que vous incarnez. Le pouvoir secret dont je parlais précédemment se résume à ce processus. Cependant, pour manifester notre puissant pouvoir, nous devons obéir à cette source et incarner ses caractéristiques ; alors nous n'hésiterons pas à proclamer : « Je suis ceci ou cela » – propos hindous – quand *cela* devient l'élément que nous avons incarné. Après une longue réflexion, cette idée deviendra parfaitement claire à chacun d'entre vous.

8) Dans cet état, la volonté-puissance n'est pas une méthode de domination. Elle nous donne l'impulsion pour créer ce contrôle, mais n'est pas le facteur de motivation qui le sous-tend. La volonté peut entièrement différer du contrôle. Une volonté inébranlable ne projette jamais des pensées vers un point central. Une action mentale ou un contrôle précis peuvent transmettre des sentiments ou des actions à une autorité centrale, qui est un attribut ou un élément précis que l'Homme utilise et qu'il domine suffisamment pour travailler *avec* lui – et non pas *sur* lui. L'Homme fait intervenir le même processus lorsqu'il amène sa pensée au point central du Principe à l'origine de toutes les conditions.

9) Prenons un exemple très simple. L'Homme a le pouvoir d'entraîner son esprit à respecter le principe des mathématiques, mais n'a pas la volonté de le faire fonctionner. Le principe agit de lui-même, comme un centre d'autorité unique à l'intérieur de son domaine d'application. L'individu peut élever sa volonté jus-

qu'au point d'activité du principe, cependant, à partir de là, le principe est la force motrice et, grâce à cette sujétion de sa volonté, il trouve le secret de son pouvoir mathématique. Le principe de la volonté humaine doit être introduit dans la subjectivité individuelle et soumis à une autorité supérieure ; ainsi l'Homme devient l'incarnation de ce principe et acquiert le pouvoir de cette autorité supérieure. L'être humain perd toute force en acceptant de se laisser dominer par ce qui en réalité n'a aucun pouvoir, et c'est cela même qui devrait lui prouver qu'il dispose d'un pouvoir immense. Il doit maintenant apprendre à appliquer ce principe de son plein gré et reconnaître que le pouvoir n'existe que dans le Principe unique.

10) Notre vie quotidienne est une application concrète de ce fait, dans la mesure où nos déclarations correspondent au Principe ou à l'Esprit unique. Nous visionnons un idéal ; prenons, par exemple, la perfection. Nous voilà aussitôt en harmonie avec le Contrôle mental ou le Principe unique. Nous projetons un idéal que nous devons atteindre. S'il est élevé, cette Puissance agit immédiatement et le met en pratique. Dès qu'il est projeté et que la force qui le sous-tend agit à travers lui, cet idéal est réalisé. Dès qu'il est dégagé de l'activité de notre volonté et projeté dans l'activité du Principe unique, il devient une chose achevée.

11) Cependant, tant que nous éprouvons un sentiment de dualité, il nous est difficile de saisir la véracité du phénomène sur un plan visible. Les Maîtres ne tiennent compte d'aucun plan en dehors du spirituel – devenu manifeste. Si l'on croit uniquement en l'existence de ce dernier et que l'on affirme cette pensée à haute voix, celui-ci apparaît alors. Nous nous refusons évidemment la réalisation de notre idéal, parce que nous nous intéressons aux trois plans où il est sujet à se manifester. Or, nous savons parfaitement aujourd'hui que cet idéal ne se concrétise que sur le plan spirituel.

12) Si nous nous fixions sur ce plan, nous le percevrions sous son véritable jour – en termes matériels –, il deviendrait alors inutile car totalement opposé à la réalité spirituelle, la seule qui ait réellement de l'importance. 2 + 2 = 4 dans notre esprit, selon le principe mathématique et également dans sa manifestation. Il ne s'agit pas de trois plans différents, mais toujours de la réalité mathématique qui n'est jamais séparée ni différenciée.

13) Une fois qu'une chose s'est manifestée, le fait de lui coller une étiquette matérielle ou physique ne peut en aucun cas l'affecter. Vous ne pouvez nuire à la réalité, elle est toujours élevée ou exaltée vers le spirituel. C'est le sens des paroles de Jésus quand il a déclaré : « Si vous exaltez toutes les choses vers l'Esprit, elles existent déjà. » Bien sûr, Il avait précisément cette idée à l'esprit quand il prononça cette prière : « Père, je te remercie de m'avoir entendu et de continuer à m'entendre. » Il savait parfaitement que ce qu'il considérait comme Son idéal était déjà accompli. Pour Lui, cet idéal se réalisait immédiatement. Puis Il ajouta : « Si vous entrez dans la vigne, elle est déjà prête pour la vendange. »

14) Adoptons maintenant cette position précise. Le Christ a immédiatement surmonté toutes les difficultés en choisissant une certaine attitude. Ce fut à Ses yeux un processus instantané. Il ne Se laissa pas duper par la non-existence des difficultés, ne les nia pas pour autant, car Il ne nia jamais aucune situation. Il les maîtrisa en S'élevant vers la Véritable Condition spirituelle : « Je vis toujours en Esprit. »

15) La Bible affirme : « Je vis toujours dans *un* esprit », et cette traduction est fausse. L'interpolation de l'article « un » à un endroit inadéquat change radicalement le sens de cette phrase et a suscité de nombreux contresens.

16) Selon la Bible, « Dieu est *un* Esprit », mais l'original signifiait « Dieu est Esprit », phrase qui ne Le

confinait à aucun attribut, à aucune condition. L'on a écrit à ce propos : « C'est comme si l'on essayait d'enfermer l'intelligence de Dieu dans une bouteille d'un litre. » L'esprit et le mental sont synonymes. Leur influence vibratoire est une et identique. Ils nous paraissent différents parce que nous croyons que nos pensées nous livrent des indications. Le mental est la conscience, car le mental et la conscience sont inséparables. Le facteur conscience est pensé et, quand il est conscient de la réalité spirituelle, il n'existe aucune différence entre le mental et l'esprit. Nous sommes alors dans un état de conscience spirituelle.

17) Vous avez raison de considérer le mental comme une conscience en action, et c'est également le cas de la conscience de l'esprit. Ils sont aussi synonymes. Chacun d'eux peut devenir latent ou s'immerger dans l'individu, mais pas dans la réalité extérieure. Cependant, si l'extérieur est semblable à l'intérieur, le mental ne s'immerge pas non plus dans l'individu, il est seulement latent. Seul l'Homme pense que le mental est immergé. De plus, il peut même devenir, d'après lui, inexistant, parce qu'il n'est pas conscient de sa présence. Néanmoins, la conscience est toujours existante et se réveille instantanément dès qu'elle est projetée vers la réalité spirituelle – phénomène constant.

18) La conscience est le facteur dirigeant plutôt que moteur de l'esprit. Elle a donc un rôle indispensable, lorsque l'esprit envoie ses vibrations, ou encore pour intensifier les vibrations du mental et les amener à leur véritable état, à condition que la conscience soit conforme à la réalité spirituelle.

19) Aujourd'hui, de nombreux savants arrivent à cette même conclusion, en ce qui concerne la cause sous-jacente de toute chose. Ces scientifiques dissolvent toute la structure de la substance et la réduisent à une énergie originelle, identique à celle de l'Esprit. L'Esprit est omniprésent. On a découvert que tous les éléments, y compris le radium, se concentrent en un

seul élément premier – l'énergie originelle. Cette énergie, en dernière analyse, n'est pas une force aveugle, mais intelligente. Les savants admettent même l'existence d'une certaine forme d'«électricité» qui semble manifester de l'intelligence. Cette énergie omniprésente, créatrice, derrière toute chose, est consciente d'elle-même, consciente de son action et de sa manière d'agir. C'est pourquoi nous l'appelons l'Esprit ou Dieu. Elle est omniprésente, omnipotente et omnisciente, comme le dit la Bible.

20) Quand l'Homme assemble dans sa conscience les activités d'un principe, il commence par affirmer : «Je suis cela.» Il concentre ainsi l'autorité du principe en lui-même. L'affirmation «Je suis» rend l'esprit dynamique au lieu de laisser reposer ses capacités, dès que nous centrons notre pensée sur ces mots. Ce moment de concentration est toujours le centre, et de lui émanent les ordres autorisés qui contrôlent et déterminent le statut entier de l'Homme manifeste. Le Je Suis doit être utilisé pour indiquer la véritable condition de l'Homme, et non ce qu'il semblait être à ses propres yeux, sous une forme visible. «Je suis ce que je suis» est l'incarnation de l'autorité motrice de l'univers. À part ce «Je Suis» il n'y a aucune existence véritable, seulement l'illusion.

21) «Je Suis» était pour Moïse le nom de Dieu. Il est parvenu jusqu'à nous. Pour les hindous et les Aryens, l'expression se traduit par Aum et, pour les Chinois, par Tao.

22) Les prétendus «points aveugles» dans l'éther visibles à la fois dans les ondes hertziennes et dans le domaine scientifique sont, dans un sens, symboliques des points aveugles de la conscience humaine. Les faisceaux radio traversent ces champs non magnétiques comme s'ils n'existaient pas. Nos couches d'atmosphère, les bandes concentriques, sont en mouvement. Sur notre terre, elles sont stationnaires. Lorsqu'un champ non magnétique se déplace au-dessus d'un

champ magnétique de nos bandes concentriques, il le traverse et se perd ; un état proche du vide se crée alors. Ce phénomène est souvent plus puissant le jour que la nuit. Ces champs non magnétiques sont semblables à des états statiques de la conscience humaine, plus intenses en cas de plus grande obscurité ou d'ignorance. Mais les radiations positives du Je Suis spirituel, les déclarations sur la véritable nature de l'Homme, traversent ces champs statiques de la conscience comme s'ils n'existaient pas. L'affirmation répétée des faits spirituels concernant la nature de l'Homme et sa place dans l'univers finira par éliminer tous ces champs statiques dans la conscience de l'Homme comme dans ses actions.

23) L'Esprit unique ne crée pas constamment de nouvelles idées. Il fait apparaître des idées qui ont été créées depuis le début des temps – cela provient de son omniscience. Il n'a jamais été et ne sera jamais plus ou moins que Lui-même. Tout se résume à un processus de réverbération, exactement comme les ondes électromagnétiques d'aujourd'hui. Elles se déplacent ou se réfléchissent d'un espace à un autre, de l'espace à l'espace.

24) La pensée est, bien sûr, la plus puissante des radiations parce qu'elle contrôle le champ vibratoire de l'électricité et de la radio. En fait, le champ vibratoire électromagnétique et celui de l'électricité frapperont et réfléchiront toujours le champ vibratoire de la pensée. Les ondes électromagnétiques empruntent un chemin dans l'atmosphère sans avoir besoin d'un conducteur. Elles suivent une véritable piste. Elles opèrent à travers l'éther. Mais, à ce point de vue, la pensée ne « voyage » pas, car elle est omniprésente. C'est la façon dont la pensée agit sur les électrons qui nous fait croire qu'elle se déplace. L'esprit est l'élément moteur, la pensée se déplace en même temps que l'esprit et, en tombant sur les électrons, elle produit tout le mouvement sur le plan des substances visibles.

25) Ce que nous appelons l'espace est en réalité la Pensée spirituelle unique, Principe grâce auquel l'âme humaine – réplique de la Pensée spirituelle – maîtrise le temps et l'espace. En effet, l'Esprit ne connaît ni temps ni espace car il est complet, et dans la complétude il n'existe ni temps ni espace. Découle alors la signification de la formule : « Laissez entrer en vous l'esprit qui se trouvait dans le Christ. » Il s'agit d'un état réel d'unicité complète entre l'individu et l'Âme universelle. Cela doit devenir une réalité consciente pour chaque individu. L'Esprit complet fonctionne à travers la conscience individuelle.

26) L'Homme physique, ou l'Homme conscient de lui-même seulement en tant qu'être physique, pense être distinct de Dieu, de l'Esprit unique ; il croit qu'il se déplace d'un endroit à l'autre, mais il ne fait que se déplacer d'une façon absolument illusoire et est donc malheureux. En réalité, il se trouve à l'intérieur de l'Esprit unique et est un produit de celui-ci. Il vit, se déplace et existe en Lui. La parole la plus importante de Jésus fut : « Que la paix demeure. » Ce n'est jamais dit à haute voix, ce n'est jamais une projection de la volonté de l'Homme, mais à l'unisson avec le pouvoir calme et sage qui découle d'un sentiment d'Unicité. Il s'agit de la plus grande sécurité et du plus grand pouvoir. Quelques-unes des plus violentes tempêtes ont été maîtrisées par cette simple affirmation. De même, les apparentes « tempêtes » dans le cerveau humain s'apaisent au ressenti du pouvoir déterminant de l'Esprit unique.

POUR LE PROFESSEUR OU L'ANIMATEUR

Les *paragraphes 1 et 2* permettent de montrer à chaque élève que la division de son esprit lui a fait perdre son sens du pouvoir et de la direction. On ne peut construire une structure qu'à partir d'une prémisse précise; tant que l'on n'est pas arrivé à cette prémisse, on ne peut rien entreprendre. Ce que Jésus a exprimé en déclarant : « Tu honoreras le Seigneur ton Dieu, et ne serviras que Lui. »

Paragraphe 3. Dieu, ce principe unique de la Vie, sous-jacent à toute chose, est la force déterminante et dirigeante de l'univers et l'Homme ne peut être en relation qu'avec ce principe. Pour harmoniser notre être, il nous faut absolument ajuster, réaligner notre nature entière sur la réalité d'où nous venons.

Paragraphe 4. L'Homme lui-même a assigné un pouvoir au monde extérieur, car à l'origine aucun pouvoir ne s'y trouvait, ni ne s'y trouve d'ailleurs, même lorsque nous semblons lui en avoir accordé un. Ce pouvoir reste à l'intérieur de nous, et ce qui semble être du pouvoir dans notre environnement, ou dans n'importe quoi en dehors de notre Je Suis, de notre identité centrale, n'est que la perversion de ce même pouvoir à l'intérieur de nous-mêmes. Ce pouvoir se trouve toujours à l'intérieur de l'Homme, et il agit suivant la direction que l'Homme lui donne. Mais derrière toute chose se trouve la force déterminante de l'univers ; ce que je suis individuellement doit être à l'unisson avec le « Je Suis » qui est universel. Un accord parfait doit exister entre la cause et l'effet, car le mouvement de la cause est la vie de l'effet.

Les *paragraphes 5, 6 et 7* peuvent être expliqués en suivant la même idée, et chaque élève devrait retirer un profit durable de cette leçon. Rien ne s'accorde davantage avec le véritable message que le Christ a essayé de livrer au monde. « De plus grandes choses que celles-ci vous devrez entreprendre », a-t-Il dit à propos des capacités potentielles de l'Homme.

Paragraphes 8 et 9. Ce passage peut offrir une leçon extrêmement profitable et permettre d'engager une pratique libératrice. Inutile de chercher obstinément à contraindre la pensée à entrer dans le plan de la manifestation : ces tentatives sont vouées à l'échec, destructrices pour l'individu qui s'y essaie. Si l'Homme veut se libérer, il doit commencer par accepter la Puissance universelle, force centrale d'accomplissement qui a produit le Ciel et la Terre comme la manifestation déjà achevée d'elle-même et la réalité autocréatrice qui se trouve derrière chaque idée humaine constructive.

Le *paragraphe 10* démonte les prétendues démonstrations : elles ne sont, en dernière analyse qu'une façon de s'écarter de notre sentiment d'incomplétude et d'imperfection pour éviter d'accepter la réalité.

Le *paragraphe 11* montre plus précisément ce qui se produit sur le plan des résultats manifestes. Libérer l'esprit de toute dualité résout tout le problème.

Le *paragraphe 12* développe plus en détail la même idée.

Les *paragraphes 13, 14 et 15* renforcent ce qui précède.

Paragraphe 16. Il n'existe pas différents « esprits » (mystique, pervers, intelligent, borné, etc.). Tous ne sont que des variantes de la même capacité spirituelle que l'Homme utilise pour des objectifs variés. Quand l'Homme « pense les pensées de Dieu selon Dieu », sa pensée atteint un niveau spirituel, ou fonctionne dans son véritable domaine avec des pensées divines ; il pense comme Dieu pense ou, plus exactement, il sait comme Dieu sait. L'esprit humain pense ; l'Esprit de Dieu Sait.

Les *paragraphes 17, 18 et 19* donnent une excellente occasion de développer cette idée et de souligner que l'Homme ne vit pas réellement tant qu'il ne fonctionne pas consciemment et en harmonie avec sa source.

Paragraphes 20 et 21. La véritable utilité du « Je Suis » est de conserver l'identité originelle de l'Homme dans et avec sa source, en ne lui permettant pas de s'abaisser pour inclure dans sa nature ce qu'il n'est pas. L'Homme n'est pas ses expériences. Il est ce qu'il *est*. Les expériences qui le rabaissent ne devraient jamais être prises en compte dans son évaluation de lui-même. Je suis toujours ce que « je suis en esprit », et non ce que je semble être dans mon expérience ou dans ce que j'ai expérimenté du monde. Peu importe ce que j'ai vécu ou semble vivre, je reste ce que je suis au sens originel, à l'Image et à la Ressemblance de Dieu.

Le *paragraphe 22* montre l'influence profonde de la réalité spirituelle qui transcende tout sentiment de limitation. L'esprit ne tient pas compte du mal, de la mort, du manque, de la pauvreté, de la maladie. Ce ne sont que des points aveugles dans la conscience humaine. Pour l'esprit qui *sait*, ces choses n'existent pas, et il se fonde directement sur ce qu'il *sait* et *est*.

Paragraphe 23. L'Esprit qui est Dieu est le même hier et pour l'éternité. En formulant cette idée apparemment nouvelle, nous ne faisons que redécouvrir ce qui a existé de tout temps. Les guérisons et les prétendues preuves ne créent rien du tout, mais témoignent de notre prise de conscience d'un état qui, en fait, a toujours prévalu.

Paragraphe 24. Le prétendu pouvoir de la pensée est un mythe. Elle n'est qu'un instrument du pouvoir. Le pouvoir réside dans l'Esprit ; la pensée transporte ou achemine la puissance, seulement dans la mesure où elle se conforme aux critères et aux objectifs qui interviennent dans l'Esprit. « Mes paroles sont l'Esprit », a déclaré Jésus, car Son discours se conformait précisément à la Tendance universelle qu'Il appelait la Volonté de Dieu.

Les *paragraphes 25 et 26* présentent l'Homme comme une partie intégrante de l'espace infini et non comme un être isolé parmi des formes isolées. « Par un esprit nous sommes baptisés dans un corps. » Lorsque nous trouverons la paix dans cette éternelle unité de toutes choses, nous atteindrons une position de pouvoir où toutes les illusions contraires se dissoudront dans la paix et la tranquillité de l'illumination spirituelle.

3

La dualité de l'Esprit

1) De nombreux Occidentaux croient à la dualité des choses. Cette pensée éparpille leurs forces ; ils ne voient plus uniquement la Force, l'Esprit ou le Principe unique et oublient de considérer que tout, y compris eux-mêmes, fait partie intégrante de l'un. Leur esprit est alors incapable de rester en accord avec l'univers.

2) « Sachez que notre Dieu est Un », révèlent les Écritures. C'est la préservation de cette vérité fondamentale qui permet à l'Homme de vivre en harmonie avec sa propre nature. L'Homme n'est pas un être distinct, projeté loin de sa source, mais créé à l'image de Dieu. En éprouvant ce *sentiment* d'isolement – origine de toute perversité –, il perd les influences bénéfiques de la Cause créatrice que lui accordait de plein droit l'ordre naturel des choses. Prisonnier de cette solitude, il a imaginé différentes actions contraires au bien-être, et incrimine souvent le Système universel pour justifier ses malheurs. Mais ils sont en réalité ses propres créations, car l'univers ne l'isole pas et n'est pas responsable des difficultés qui découlent de cet isolement. « Reviens vers moi et je reviendrai vers toi », a dit le Seigneur : cette phrase exprime l'offre de l'Un à

celui qui acceptera sa juste place dans l'ordre divin du schéma de la Création.

3) La dualité apparaît lorsque la pensée et l'action négligent la totalité. Mais en renversant la pensée duelle, ou en amenant les pensées à un seul point d'action, la dualité est entièrement éliminée. Nous savons parfaitement que nous ne pouvons pas agir si notre objectif, ou mêmc notre nature, est double.

4) En réalité, la dualité n'existe pas dans la nature. Il y a le positif et le négatif, le bien et le mal, le chaud et le froid, mais ces contraires, reliés et réunis, amènent la pensée à un objectif unique, un seul Principe. Les contraires ne sont pas nécessairement opposés. Nous devons surtout reconnaître l'importance d'un objectif unique. Jésus nous a appris que Ses plus grandes réalisations étaient dictées par une attitude inébranlable. Cette constance nous amène à nous fondre dans un état de conscience où le Principe est immanent. Ainsi, l'«œil unique» ou l'unique Je Suis remplace la dualité.

5) De nombreux hindous utilisent le Je, tandis que d'autres emploient le Je Suis. Certains pensent que l'apparition du Je et du Je Suis est à l'origine de la dualité, et que cette pratique impliquait deux attitudes, alors qu'il n'existe en fait qu'une corrélation ou sujétion de toute chose au Principe unique. Il n'y a pas de dualité de Principe, mais seulement l'union du Principe en toutes choses. Les mots « Je Suis » proclament le Principe exact ou la Vérité. Comme ils l'expriment, l'exaltation du Principe unique permet de travailler efficacement à l'intérieur de celui-ci. Nous ne voyons pas non plus la dualité de nature et nous ne la reconnaissons donc pas; elle devient alors harmonie.

6) L'été et l'hiver ne sont pas deux saisons différentes, mais deux phases d'une nature unique. L'hiver est aussi essentiel à la croissance de la végétation que l'été : deux termes pour un unique processus. Ce que nous appelons le mal contient le germe du bien et, lorsque nous percevons ce dernier, la notion du mal

disparaît ; seul le sentiment d'un travail commun de toutes les choses pour le bien subsiste. Si, au lieu de fuir la pauvreté et la souffrance, nous faisons face au mal apparent qui les accompagne et considérons le bien qu'elles recèlent, le mal disparaîtra. Jésus nous a enseigné que la cécité n'était pas un mal, ni le résultat du mal, mais une occasion de témoigner de la « gloire de Dieu ». Pour celui qui souhaite devenir un mathématicien, l'existence d'un problème n'est ni étrangère au principe des mathématiques ni un obstacle. Un problème expose certaines conditions grâce auxquelles le principe est applicable et renvoie au résultat désiré. D'autre part, il donne ainsi la possibilité à l'individu qui le désire de progresser. Les situations qui semblent opposées à notre bien supérieur ne constituent en fait qu'un exercice nous permettant d'acquérir la force de caractère suffisante pour rendre manifeste la perfection de l'Un. Quand nous envisageons la vie de cette manière, toutes les choses déplaisantes s'effacent ; notre existence devient une sorte d'entraînement au cours duquel nous observons, vivons et nous déplaçons. Nous expérimentons le fait que le bien existant peut apparaître dans notre propre caractère et dans notre monde. La nature devient alors harmonieuse. Tout est harmonie. Tout travaille sous l'influence de l'Objectif unique.

7) De même que la différence entre un accord parfait et une fausse note est évidente, l'individu peut ressentir à l'intérieur de lui-même ce qui est en harmonie avec le Principe universel et ce qui s'y oppose. Toute condition inharmonieuse dans la nature de l'Homme prouve qu'il n'est pas en syntonie avec l'ordre naturel des choses. Pour progresser parfaitement, il doit aborder chaque condition de façon à préserver sa paix intérieure, mais cela est impossible tant qu'il existe le moindre sentiment d'être séparé du bien inné qui traverse toute chose. La nature de l'Homme est éternellement en accord avec le bien, car il est la créature de

Dieu. Quand un individu est conscient que le bien cherche éternellement et invariablement à se manifester dans toute chose et dans sa propre nature, il est en harmonie avec lui-même et avec le Principe de son être. En s'exerçant à découvrir le bien contenu dans chaque expérience, l'Homme est automatiquement dans l'état où le mal aux yeux des autres devient la source de son bien.

8) Évidemment, nous parvenons à la même conclusion au sujet des contraires. On affirme l'existence de nombreuses manifestations contradictoires, mais elles ne sont pas opposées, à moins que l'individu n'accepte cette opposition. Il doit harmoniser les contraires dans son attitude envers eux car, en réalité, ils ne sont jamais inharmonieux. Lorsque nous sommes dans l'état d'esprit où tout est harmonie, nous apercevons la relation harmonieuse en toutes choses comme en nous-mêmes; cela devient une attitude unique et simple d'harmonie complète. Alors il ne peut y avoir aucune dissonance dans la vie, entre les façons de vivre ou les contraires, car ils entretiennent une relation parfaite entre eux, selon le Principe.

9) Dans leurs recherches actuelles, beaucoup de scientifiques arrivent à la même constatation : la seule discordance réside chez l'Homme ou l'individu, et elle est provoquée par des pensées dissonantes. On dit aujourd'hui que les Américains sont le peuple qui pense de la façon la plus contradictoire. Il est évident que cela provient des différents modes de pensée des nombreuses nationalités venues habiter dans ce pays. Elles ne sont pas encore totalement assimilées, mais le processus progresse rapidement.

10) L'axiome mathématique selon lequel seules deux figures égales à une troisième sont égales entre elles est la clef de toute harmonie. C'est uniquement parce que les peuples d'Amérique commencent à être mus par une impulsion commune que peut s'établir un début d'harmonie. Cela est également vrai du monde

en général, ou de l'individu. Une harmonie complète s'instaure seulement lorsque toutes les forces impliquées dans un seul ou dans de nombreux organismes sont animées par une impulsion unique et qu'elles poursuivent, dans une entente parfaite, un objectif donné.

11) Il est indéniable que Jung a apporté une contribution majeure au problème de l'harmonie en nous livrant le récit de son expérience dans une grotte. Dans de nombreuses régions de l'Inde, les fidèles se retirent dans des grottes pour y demeurer dans un silence total ; ils cherchent alors à tirer une conclusion sur des facteurs déterminants. Dans chacun des cas répertoriés, les individus qui se rendent dans des endroits parfaitement silencieux arrivent à percevoir la plus grande activité de la vie. Leur horizon s'élargit lorsqu'ils projettent leur vision plus loin. Ils voient clairement à travers la matière ou la réalité physique et découvrent l'état parfait dans lequel toutes les activités sont harmonieuses. Ensuite, ce qu'ils considèrent comme universellement vrai est simplement relié au monde matériel. Ce dernier n'est pas soumis au plan spirituel, il est seulement relié à son état originel ; et la perfection de la dimension spirituelle se manifeste alors immédiatement. Cette activité, cet accord harmonieux, fonctionne parfaitement sous leur direction.

12) En réalité, nous utilisons tous le même processus quand nous appliquons un principe, quel qu'il soit. Il nous faut d'abord nous détacher des formes extérieures – à travers lesquelles le principe s'exprime – jusqu'à ce que nous discernions clairement le mouvement du principe concerné. Nous lions ensuite le mouvement du principe à sa forme extérieure et obtenons alors l'harmonie et le rythme dans la musique, des réponses correctes à nos problèmes, des structures architecturales parfaites, des toiles et des statues magistrales. Tous ces phénomènes apparaissent grâce à la capacité de l'individu de s'identifier avec la réalité sous-jacente,

qui se manifeste à travers la forme, avec la même beauté et la même harmonie que celles du principe.

13) Certains vous diront qu'une telle transformation n'est pas nécessaire pour vivre dans une relation harmonieuse et que des activités quotidiennes plus prosaïques peuvent nous conduire à cet idéal. Ce genre de position est défendue dans un but précis : arriver à un résultat défini. Une fois leur objectif atteint, ils sont aptes à instruire les autres, mais ne leur enseignent pas à copier leur façon d'agir. Ils leur apprennent seulement que leur conception peut être mise en pratique; qu'il n'est pas nécessaire de passer de longues années à méditer pour réussir, car ils ont trouvé une méthode plus rapide ou plus facile : laissez le silence vous envahir et ne faites plus qu'un avec l'état d'harmonie ou d'accord. Dès lors, vous commencez à progresser; votre esprit agité se calme; les querelles s'évanouissent. Vous avez réussi à élever les vibrations de votre corps jusqu'à l'état où le conflit n'existe plus.

14) Et si *une* personne peut atteindre cet état de conscience, *tous* en sont capables, sans emprunter une voie longue et difficile. Une fois qu'un fait est révélé, il nous suffit de l'accepter. Selon les Maîtres, nous avons eu un temps pour faire cette découverte, nous savons maintenant quels sont les facteurs déterminants, et le reste de l'humanité n'a pas à refaire les mêmes découvertes, seulement à les accepter. Ainsi, les masses n'ont pas besoin de s'exercer pour atteindre le *samadhi*, car celui qui s'est élevé à cet état le premier peut l'enseigner aux autres. S'ils le désirent, ils peuvent tous atteindre cet état de conscience, mais cela est inutile : en acceptant cette vérité, leur seule attitude élèvera la conscience de tous, leur communiquera l'énergie suffisante pour améliorer leur perception de la réalité. Ainsi, c'est en suivant les conclusions de ceux qui ont franchi les étapes préliminaires que nous progressons directement vers le samadhi. Ceux qui sont parvenus à cet état de conscience ont concré-

tisé un état qui, grâce à la projection mentale, s'est ensuite propagé.

15) Telle est la raison pour laquelle Jésus expie les péchés d'autrui. En montrant le chemin, il a expliqué que, comme lui, nous ne faisons qu'un avec le Père. Nous n'avons pas besoin de lutter pour atteindre cet état de conscience, car Il a révélé ce fait établi. Notre seule tâche est d'admettre la vérité de Ses révélations. Il n'est nullement besoin de démontrer que la somme des angles d'un triangle est égale à deux angles droits, si cela a déjà été établi : un fait révélé doit seulement être accepté. En somme, nous n'avons plus qu'à poursuivre indirectement les œuvres d'autrui, recommencer au point où ils se sont arrêtés et atteindre le prochain niveau de conscience en respectant les principes en question.

16) Plus un groupe est nombreux ou plus il s'étend, plus son influence est grande. Plus son rayonnement croît, plus l'impulsion qu'il communique est importante. Par conséquent, si un groupe de cent personnes accédait au samadhi, il influencerait des milliers d'hommes et de femmes – des milliers d'individus parviendraient à une conscience supérieure grâce à l'action d'une centaine d'entre eux.

17) C'est pourquoi les yogis jouent un rôle essentiel. Ils renoncent délibérément à une partie de leur vie pour exercer cette influence, particulièrement en faveur du bon fonctionnement physique. Tous les hommes n'ont pas besoin de pratiquer le yoga pour amener leur corps à son épanouissement, parce que les yogis se sont exercés et ont rendu cette perfection accessible à tous. C'est ce qu'a exprimé Jésus lorsqu'Il a donné Sa vie sur la croix. Et tout comme le Christ, les yogis savent qu'ils ne renoncent pas entièrement à leur propre vie. Ils en sacrifient une partie pour révéler une vérité supérieure ; ils sont des guides, des enseignants, permettant aux hommes de progresser plus profondément et plus rapidement.

18) Ainsi, il n'est pas nécessaire de passer par toutes les étapes du yoga. Beaucoup les franchissent en quelques heures grâce à certains groupes privilégiés qui travaillent constamment dans le but de fournir l'élan à autrui. Leur influence est bénéfique, car elle rayonne en permanence de différents groupes et centres.

19) Nous captons ces ondes sur le plan spirituel, de la même façon que nous captons la musique diffusée à la radio. Cependant, si nous entendons et percevons, sur les plans matériel et mental, la musique captée par les ondes radiophoniques, les ondes spirituelles se manifestent dans toutes les autres dimensions, car elles sont omniprésentes. Il s'agit du plan spirituel, du Plan universel unique qui opère en parfaite harmonie avec lui-même, quand la conscience de l'individu s'éveille et qu'il le voit tel qu'il est vraiment. On réalise le contact non pas en cherchant à rencontrer les maîtres ou à bénéficier de leur influence, mais en trouvant la dimension de la pensée harmonieuse et de l'influence spirituelle qui imprègne le temps ainsi que l'espace et dans laquelle ils agissent.

20) Une ligne semble posséder deux extrémités, mais, si vous les réunissez, vous formez un cercle, et celles-ci disparaissent. Élargissez le cercle, et vous avez une sphère parfaite, qui incarne une relation synchronisée, complète, avec tous les éléments. Comme l'a dit Millikan : « Le Cosmique devient le globe. » Vous avez alors achevé le cercle sur tous les plans et provoqué une unité parfaite. Le point devient la ligne, la ligne le cercle et le cercle le globe ; cela s'applique aussi à tous les modes de pensée. Si, au lieu de les séparer, on met constamment en relation toutes choses avec l'Un, on atteint l'unité ou l'unicité. La focalisation maximale sur un objectif unique.

21) Quand l'Homme arrive à concentrer sa pensée, il entre dans l'état samadhique, et commence à s'accomplir – dès qu'il atteint cette focalisation.

22) Rappelez-vous, néanmoins, que cette concentration, cette focalisation sur un but unique, est un état d'esprit ouvert et non refermé sur lui-même. On y parvient grâce au principe qui relie toutes les choses entre elles, et non grâce à des principes erronés qui en excluent certaines. Le samadhi permet à l'Homme de ne pas se laisser duper par les apparences et de voir directement la totalité, la Vérité ou le Principe.

23) Cela remet totalement en cause les discours des Occidentaux sur le conscient et le subconscient. En réalité, il n'existe qu'*un seul esprit*, appelé le Superconscient, où s'harmonisent le conscient et le subconscient. Nous sommes alors conscients de la totalité, la conscience est complète. Il n'y a aucune séparation et, si nous n'en fabriquons pas une, nous restons dans un état d'harmonie consciente totale.

24) La division de l'esprit – par exemple, conscient et inconscient – a d'abord eu des avantages pédagogiques. Or ce n'est plus vrai aujourd'hui. Il nous est bien plus facile de comprendre l'esprit, de progresser consciemment et de nous épanouir sur le plan spirituel, si nous pensons et agissons avec la notion d'Esprit unique. La compartimentation symbolique était utile, cependant, il ne s'agissait que de métaphores. Cette classification a sans doute été nécessaire à une époque, mais, à présent, l'humanité n'a plus besoin de métaphores car elle accepte la plénitude de tous les symboles. Quand nous devenons l'Un grâce à cette nouvelle attitude mentale, nous commençons à nous accomplir.

25) J'ai parlé à des hommes qui ont réussi de grandes choses et j'ai découvert que nombre d'entre eux travaillent avec l'Esprit unique, car ils ont conscience que tout a toujours été et sera toujours présent. Telle est leur attitude. Elle se répand de façon si évidente aujourd'hui qu'elle deviendra dominante et modifiera bientôt notre système économique. La fusion totale avec cet Esprit engendrerait la disparition des malentendus. La consommation d'énergie baisserait de quatre-vingt-dix

pour cent et nous utiliserions de plus en plus rapidement et largement cette énergie pour des objectifs importants, spirituels, au lieu de la gaspiller en dérobant à notre prochain ce qui lui est nécessaire. Les véritables grands hommes n'ont jamais eu besoin de voler autrui pour réaliser des exploits. Tout ce qui est sur terre leur appartient, et ils sont libres d'en disposer.

POUR LE PROFESSEUR OU L'ANIMATEUR

Paragraphes 1 et 2. Chaque principe est fondé sur une prémisse essentielle précise, et c'est à condition d'y croire sincèrement que la construction d'une structure est possible. Notre monde semble entré dans une période de décadence, parce que les réalités fondamentales de la vie ont été négligées : le système entier de l'univers n'est qu'une unité et l'Homme fait partie intégrante de ce système. Il n'est aucunement séparé de l'univers, et c'est cette conception erronée – le sentiment d'isolement – qui lui a fait perdre de vue son rôle et son autorité légitimes.

Paragraphes 3 et 4. Dans ce passage, soulignez clairement comment le sentiment de la dualité s'est développé, mais montrez aussi que nous pouvons apprendre à le dépasser.

Paragraphes 5 et 6. Le « Je », chez l'individu, est le premier mouvement de sa nature, le point central de son identité. Le « Suis » est ce qui incarne le « Je » – l'identité individuelle – ou l'englobe, quelle que soit la nature de son entourage. Le « Je » est une affirmation positive et le « Suis » est l'élément qualifiant. « Je » est le principe masculin et « Suis » le principe féminin. Le « Suis » fait apparaître tout ce qui inclut ou conçoit, il doit devenir parfait, grâce à son pouvoir d'inclusion, si l'Homme doit dévoiler ce qui existe en Esprit. « Je » est mon identité en Esprit, « Suis » englobe ou exprime tout ce qui est en Dieu – voilà le véritable sens de ces mots. « Je suis ce que je suis », qui est l'incarnation de Dieu. En réalité, je ne peux jamais être autre chose que ce qui existe en Esprit. « Je suis ce que je suis, et à mes côtés il n'y en a pas d'autre. »

Les *paragraphes 7 et 8* permettent de montrer la nécessité et l'avantage d'harmoniser toute chose. Il est impossible, bien sûr, d'y parvenir avec nos propres pensées et concepts, mais nous pouvons au moins reconnaître que toute chose qui a un minimum d'existence contient, à un certain degré, les éléments du Tout. En l'observant par rapport à la totalité et en l'harmonisant avec le Tout, nous échappons au moins à la dissonance qui se manifeste dans notre propre nature, et nous préservons ainsi notre relation véritable avec l'univers. « Les voies du Seigneur sont impénétrables », et, même si nous ne voyons pas comment toutes choses fonctionnent finalement en harmonie avec le But universel, nous admettons aisément que cela soit ainsi à cause de la nature même de Dieu.

Paragraphe 9. L'ordre naturel de l'univers ignore la discorde. Celle-ci provient toujours de notre réaction face à ce que nous croyons erroné ou inadéquat. La dissonance s'installe dans notre propre nature, car nous ne sommes pas en syntonie avec la réalité des choses. La discordance n'est pas extérieure mais intérieure à notre être. Pour prévenir son apparition, nous devons entrer en harmonie avec la réalité spirituelle sous-tendant toutes les apparences. La pensée contradictoire des Américains n'est que l'expression symbolique de la pensée dissonante de chaque individu. L'harmonie s'imposera au fur et à mesure que nous progresserons vers un objectif commun.

Le *paragraphe 10* illustre le *paragraphe 9*.

Les *paragraphes 11 et 12* montrent comment l'harmonie peut s'instaurer. Ceux qui accomplissent leur destinée ignorent les pensées et les actes d'autrui et se préoccupent uniquement de leur tâche.

Les *paragraphes 13, 14 et 15* expliquent que, pour atteindre un objectif spirituel, il existe des raccourcis. Chaque élève doit comprendre qu'il n'a pas besoin de passer par des centaines d'épreuves avant d'atteindre un niveau de conscience spirituelle. Il lui faut accepter que sa spiritualité lui a été révélée et que l'illumination est en elle-même le dépassement.

Les *paragraphes 16 et 17* soulignent la valeur de la méditation individuelle et collective sur les questions spirituelles. Ce travail de préparation est essentiel. Ne l'oubliez pas : la méditation est la force qui permettra de construire le royaume de Dieu et aidera chaque individu à accomplir ses tâches quotidiennes.

Les *paragraphes 18 et 19* reprennent les enseignements des *paragraphes 13, 14 et 15.*

Les *paragraphes 20 et 21* décrivent le principe de l'harmonisation et peuvent être illustrés par des exemples.

Le *paragraphe 22* souligne le fait que la concentration n'est pas un état mental rigide et ne consiste pas à focaliser son esprit sur des pensées, des idées, des images ou des objets. Cet état d'esprit ouvert, ce processus, vise à capter l'Unicité de toutes choses, à tout relier à la Source, et non à tenter d'exclure certains éléments de la pensée.

Paragraphes 23 et 24. Le concept rétrograde du « subconscient » n'a abouti qu'à nous couper de l'activité naturelle de la Pensée universelle. Aucun tourbillon ne naît dans une rivière, à moins que le flot du courant ne soit entravé par un élément quelconque. De même, il n'existe pas d'inconscient quand le flux d'une pensée inspirée par Dieu coule de façon ininterrompue. Lorsque nous sommes dans le flux de la vie telle qu'elle est, nous n'avons qu'une conscience radieuse de la réalité.

Le *paragraphe 25* développe cette idée et peut être illustré par les remarques du professeur, en fonction de ses connaissances.

4

La base de la future réorganisation sociale

1) Pour aborder ce thème de la réorganisation sociale, je commencerai par Hawaï et la situation de cette île. L'expérience révèle une grande similitude de pensée entre les Hawaïens et nous. Un Hawaïen peut se trouver n'importe où sur l'océan, il ne se perdra jamais. Toutes les fois que ces insulaires partaient avec leurs canoës, il y avait, dans chaque embarcation, au moins un homme capable de se situer à tout moment, comme s'il possédait en lui une boussole. Ses compagnons avaient pour tâche de pagayer, et lui de piloter, et cette capacité s'est transmise de génération en génération.

2) Un jour, nous nous trouvions à bord avec un Hawaïen sur l'océan Atlantique – qu'il ne connaissait pas –, et nous avons constaté le caractère inné de son sens de l'orientation. Cet homme, accompagné de marins qui ignoraient tout de la navigation, les a conduits jusqu'aux îles du Cap-Vert, à des centaines de kilomètres de là. Les Hawaïens savent garder leur calme et résoudre facilement les problèmes ; cette qualité est indéniable.

3) La capacité d'invention de l'esprit américain fait appel au même sens prémonitoire. La différence

réside surtout dans son champ d'application. Nous y avons nous aussi recours, bien plus que nous ne le croyons. Quand nous découvrirons notre propre fonctionnement naturel et travaillerons consciemment en harmonie avec nous-même, nous progresserons considérablement dans tous les domaines. Fréquemment, une sensation intérieure, une intuition ou une impression nous poussent à agir, et c'est seulement ensuite que nous saisissons le pourquoi et le comment de nos motivations. Ne vous en êtes-vous jamais aperçu ? Nous commençons souvent par envisager toutes les possibilités et ne faisons rien d'autre que réfléchir, car aucune solution ne nous paraît évidente avant d'être mise en pratique. Nous recevons un premier indice quand nous éprouvons le sentiment que telle solution pourrait être appliquée, qu'elle devrait l'être, ou que ce serait mieux d'entreprendre ceci ou cela. Si nous savions installer la paix en nous-même, le reste des informations nous parviendrait et compléterait notre plan d'action. Les explications intellectuelles ou les pensées définissant le processus seraient alors facilement formulées. L'esprit raisonne et parcourt seulement les terres déjà explorées, la raison n'est cependant jamais complète tant que nous ne prenons pas en compte cet autre sens intuitif. Le nouvel ordre social adviendra exactement comme surgissent les idées d'un inventeur. Il s'agira en quelque sorte d'un flash, d'une révélation subite, et l'esprit pourra ainsi la formuler et lui donner suite. La description de ce nouvel ordre ne sera complète qu'au cours de sa réalisation. La raison est descriptive, mais cet autre sens prémonitoire voit et va plus loin que la raison, ouvrant la voie à une raison plus vaste.

4) Il ne s'agit pas là d'un aspect du superconscient, comme nombre de gens l'appellent, ni du subconscient, c'est le pouvoir de pénétrer dans ces deux dimensions. Dans le cas des Hawaïens, il s'agit d'un processus parfaitement conscient, provoqué par l'in-

volution. Il leur est présenté par Dieu et opère à travers eux. Quand ils parcouraient leurs îles à pied, avant de pouvoir disposer du moindre moyen de transport, ils étaient attirés vers des lieux où l'on avait besoin d'eux. J'ai vu une cinquantaine d'entre eux traverser l'île pour découvrir la situation difficile de certains de leurs compatriotes. Parfois, leurs amis, qui habitaient de l'autre côté de l'île, venaient leur rendre visite. Ils ne commettaient jamais d'erreurs dans ce domaine car ils demeuraient constamment en contact les uns avec les autres. Je leur ai posé des questions sur ces coutumes, mais ils n'avaient aucune opinion à ce sujet. Ils fonctionnent simplement ainsi, et personne ne leur a jamais suggéré que cette manière d'être n'était pas naturelle.

5) Si ceux qui vivent d'un côté de l'île avaient fixé toute leur attention sur eux-mêmes, ils ne se seraient pas sentis concernés par la présence et les besoins de leurs voisins. Ils sont unifiés par leur intérêt réciproque ; celui-ci les sensibilise à des besoins étrangers à leur famille, à leurs amis proches et à leur lieu de vie. Quand leurs compatriotes manquent de quelque chose, ils le ressentent à l'intérieur d'eux-mêmes grâce aux liens très étroits qui les unissent. Les exigences d'un groupe sont immédiatement pressenties par l'autre. Cependant, en ce qui nous concerne, l'égoïsme et la recherche de notre intérêt personnel nous retranchent, nous isolent du reste de l'humanité. Ce sentiment de séparation nous rend insensibles aux besoins des autres, et déséquilibre la structure sociale. Des pénuries de plus en plus importantes se développent ainsi au sein d'un groupe, tandis que, dans un autre, l'abondance s'accroît de plus en plus. Toute la structure sociale finit dès lors par être déséquilibrée, cette situation provoque des conflits et des guerres. Pouvez-vous imaginer un combat entre deux groupes dont chacun lutterait pour satisfaire les besoins de l'autre ? « La nature a horreur du vide » : de même que des tempêtes

violentes sont engendrées par de fortes différences de pression atmosphérique, les guerres se déclenchent fréquemment à cause de différences considérables de condition sociale.

6) Cette faculté que possèdent les Hawaïens est en fait un souvenir, un héritage transmis de génération en génération. Il n'existe aucune barrière entre eux et leurs vies antérieures. « Nous n'avons pas toujours vécu sur cette île, prétendent-ils. Nous voyons tous les endroits, tout le temps, à partir d'un seul point. Nous n'en avons jamais été séparés. Il nous suffit de faire régner le calme en nous pour connaître la bonne direction. »

7) L'animal possède dans un sens la même capacité instinctive, cependant, puisque l'homme représente une forme d'existence bien supérieure à celui-ci, ses facultés sont développées en proportion. Chez l'animal, il s'agit d'instinct, chez l'homme d'une capacité plus importante, appelée « intuition » ou « discernement spirituel ». L'animal ne la possède que dans une certaine mesure, alors que l'Homme en est souvent doté au plus haut point. Il est capable de voir exactement ce qu'il va accomplir. L'animal retourne sur les territoires qu'il a déjà explorés, mais l'être humain peut se rendre en tout lieu, familier ou inconnu à ses yeux.

8) On ne peut déterminer précisément dans quelle mesure cette faculté conduit l'animal vers de nouveaux espaces, néanmoins nous savons que sa fonction essentielle a ouvert la voie au progrès de l'humanité. La seule différence entre ceux qui ont accompli de grandes œuvres et ceux qui stagnent dans la médiocrité est que les hommes d'envergure s'intéressent fort peu à ce qui a été fait dans le passé et aux obstacles – ou aux raisons apparentes – qui pourraient les freiner ou les arrêter. Ils préfèrent penser uniquement à ce qui peut ou doit être fait. Les individus qui permettent à leur esprit ou à leurs émotions de recu-

ler, en refusant de laisser ce sentiment s'exprimer et atteindre des zones inconnues, anéantissent leurs propres capacités et s'enferment dans la prison des limitations. Mais notez que cette prison ne traduit que le refus ou la réaction de leur propre nature. Le génie est cette qualité qui perdure dans toutes les conditions et les circonstances, et qui élargit constamment son pouvoir d'accomplissement.

9) Tout le monde peut utiliser ce sens intuitif pour atteindre un progrès illimité. Cela n'est pas réservé à quelques élus. À notre connaissance, les Hawaïens et les Polynésiens sont en général beaucoup plus conscients que tous les autres peuples. Certains habitants de ces autres archipels sont prêts à parcourir cinq mille kilomètres pour rendre visite à leurs amis à Hawaï. Les véritables Polynésiens sont d'authentiques Blancs, et cette faculté semble plus répandue dans la race blanche. Si les hommes ne l'enterrent pas, en doutant de son existence ou en la paralysant par des limitations apparentes, cette capacité se développe constamment.

10) C'est ce que Theodore Roosevelt a découvert en Afrique. Cela m'est apparu aussi en Alaska et en Sibérie. En 1905, lorsque je suis allé me reposer à Amundsen, il n'y avait aucune trace de piste, pourtant, lorsque nous sommes arrivés à cinquante ou soixante kilomètres de ce village, les habitants sont sortis de leurs maisons et sont venus à notre rencontre. Ils nous ont précisément dit combien de chiens et de traîneaux nous avions et nous ont fourni toutes sortes de détails sur notre groupe et notre matériel.

11) Les Américains ont perdu cette faculté parce qu'ils vivent dans un trop grand confort. Ils l'ont laissée s'échapper et ne l'ont pas retenue consciemment. Dans leur subconscient ou leur inconscient, ils possèdent encore en partie cette faculté ; la plupart d'entre eux en ont fait usage, mais hésitent généralement à l'utiliser ou à en parler.

12) L'Américain moyen pense que le fait de croire à un phénomène sans cause apparente relève d'une personne un peu dérangée. En réalité, nous ignorons les véritables capacités de l'Homme et les moyens formidables dont il dispose pour réaliser toutes sortes de prouesses. Il doute de lui-même, de ses possibilités, et cette attitude le freine. « Si vous avez la foi et n'éprouvez aucun doute, rien ne vous sera impossible », a dit Jésus. Cette faculté est la première condition d'une rationalité profonde, tandis que les autres mécanismes de l'intelligence que l'on juge habituellement fondamentaux sont en fait secondaires. De grandes réalisations ont été accomplies à partir de sphères qui dépassent la raison, et les causes en sont apparues par la suite. La rationalité profonde commence par examiner clairement les limitations, puis capte la vision de ce qui n'apparaît pas mais reste entièrement possible. Elle fait ensuite intervenir les autres mécanismes intellectuels lorsque ces faits sont établis. « Joignez la connaissance à la foi », proclament les Écritures, alors pourquoi la plupart d'entre nous essaient-ils d'obtenir la foi en cherchant d'abord à tout connaître de la réalité objective d'une chose ?

13) Nous laissons également des tiers penser à notre place. Nous nous reposons sur eux pour qu'ils étudient la solution, la modèlent, et nous nous appuyons ensuite sur le résultat obtenu. Le créateur d'idées devient de plus en plus fort, mais celui qui dépend de lui accentue de plus en plus sa dépendance. Emerson a relevé ce phénomène, affirmant que nous gagnons d'un côté ce que nous perdons de l'autre. Nous disposons de montres, mais nous avons perdu la capacité de déterminer l'heure par nous-mêmes. Négliger le développement du moi en devenant dépendant d'une chose extérieure à nous, c'est affaiblir notre propre nature.

14) Les astronomes chaldéens obtenaient leurs informations en utilisant leurs facultés intuitives – le pouvoir qu'a l'esprit de percer le cœur des faits. Dans

un premier temps, ils se reposaient complètement sur leur intuition, puis ils élaboraient toutes sortes de théories. Ils considéraient que l'emploi de l'intuition faisait partie intégrante de leur histoire. Elle a toujours été disponible. Son influence s'exerce encore. Si nous voulons y avoir recours, il suffit de fusionner avec elle.

15) C'est « l'œil de l'âme » dont ont parlé les mystiques. Il a permis et permettra encore aux hommes de consulter la mémoire de l'Akash, la lumière astrale, l'éther, qui conserve le souvenir de tous les événements, actions, pensées et sentiments humains depuis le début des temps. Nous pouvons ainsi percevoir des événements à distance ou prévoir l'avenir à la vitesse de la lumière – 300 000 km/s. Cette capacité se manifeste parfois durant un tremblement de terre ou autre catastrophe naturelle. « Les événements à venir projettent leurs ombres devant eux. » Chaque événement se produit d'abord dans les dimensions supérieures ; il se reflète ensuite sur terre. Cela fonctionne dans la période Devachan entre la conscience et la forme. Ce sont les deux faces de la gargouille à la porte du temple. D'un côté, on voit la limitation, l'illusion dans le temple – l'être de l'Homme ; de l'autre, le royaume de l'Esprit – la liberté et le pouvoir de l'illumination.

16) Les Hawaïens possèdent une grande perspicacité naturelle, et sont capables de prophéties et de prédictions. Un petit groupe d'entre eux se réunit et se met à l'écoute des ondes dont l'arrivée est imminente. S'ils perçoivent une influence négative, ils la dirigent vers un autre groupe qui travaillera contre elle afin qu'elle ne se manifeste jamais dans la réalité. Les hindous affirment qu'un homme peut annoncer une catastrophe, et qu'un autre dieu-homme a le pouvoir d'empêcher sa réalisation.

17) Au cours de nos expériences avec les Hawaïens, ceux-ci ont toujours réussi à contrer un événement négatif qui avait été prédit ; ils auraient stoppé de

nombreuses invasions. Les hommes chargés de cette mission fixaient une ligne de démarcation, et l'ennemi ne parvenait pas à la franchir. Souvent, leurs légendes évoquent ces hauts faits ; parfois, l'ennemi ne débarquait même pas sur le littoral.

18) L'Institut Carnegie a mené une expérience, il y a quelques années, avec un groupe d'Indiens de l'Arizona. Ces derniers ont tracé une ligne sur le sol, et personne ne réussissait à la franchir à moins d'être dans un état amoureux. Deux hommes ont tenté de la traverser de force et ont perdu la vie.

19) Les individus qui ne sont pas inspirés par Dieu croient, à tort, qu'une prophétie ne peut que se réaliser et que, si un événement doit arriver, rien ne pourra l'empêcher de se produire. « S'il y a des prophéties, elles échoueront », affirment les Écritures. La prophétie provient surtout de la structure mentale établie et qui entoure les abords immédiats de la Terre. Elle est la projection de la pensée limitée de l'être humain. La faculté de perception dirigée vers ce champ peut repérer la tendance d'une certaine onde mentale et saisir son aboutissement dans la dimension matérielle. Mais tout cela appartient au royaume des fausses prévisions, et on peut le laisser tomber. Les Écritures nous mettent en garde contre les pseudo-prophètes qui détournent de Dieu l'attention des hommes. Les véritables prophéties sont issues d'individus qui gardent leur sens prémonitoire dirigé vers la dimension spirituelle, jusqu'à ce qu'ils captent la tendance de la Loi universelle. La loi de l'univers rejette facilement les objections qui s'accumulent dans l'esprit des individus ou des peuples. Elle s'accomplit aussi aisément que la lumière dissipe les ombres. Le soleil chasse la nuit, une seule bougie bannira l'obscurité d'une pièce ; car la lumière, quelle que soit sa taille, a un pouvoir illimité sur les ténèbres environnantes, quelle que soit leur étendue. La seule pensée éclairée d'un individu peut détruire toute négation, limitation ou fausse prophétie autour de lui, car

ce ne sont que de vagues ombres qui n'ont aucune puissance. Rejetez les prédictions qui annoncent les cataclysmes et les destructions. Observez le royaume de l'Esprit et elles disparaîtront.

20) Il existait à Hawaï un groupe de personnes venues du Japon qui prétendaient pratiquer la magie noire et, par leurs prières, détenir le pouvoir de faire mourir quelqu'un, mais ces êtres n'existent plus. En effet, avant d'être apte à faire de la magie noire ou devenir un Antéchrist, l'individu doit d'abord connaître les pouvoirs de la conscience du Christ. Lorsqu'il les acquiert, il les utilise fatalement de façon erronée, et cela aboutit à sa propre destruction. La magie noire disparaît en même temps que ses adeptes.

21) La méthode la plus douloureuse pour s'autodétruire, si ce n'est la plus rapide, est le mauvais usage de la connaissance spirituelle. L'individu tenté d'utiliser cette connaissance spirituelle pour influencer, contrôler ou profiter d'autrui, devrait se souvenir que tout précepte issu de son esprit ou de sa bouche passe à travers son être et régit sa propre nature ; il agit sur lui-même et possède les mêmes effets que les règles qu'il destinait à autrui. C'est le sens des paroles du Christ lorsqu'Il a affirmé que le Royaume des cieux est en nous. Notre être est un royaume, soumis à notre autorité, à nos décrets. Que ses préceptes soient acceptés par un autre ne change rien au sort de celui qui les promulgue. Ils sont proclamés et appliqués à l'intérieur de son propre royaume et obtiennent les résultats les plus intenses dans son être. Le royaume à l'intérieur de l'individu demeurera divin seulement lorsqu'il édictera des préceptes issus des royaumes célestes, de l'Esprit où toutes choses fonctionnent en harmonie pour assurer le bien-être et l'épanouissement de tous les êtres humains. « Le don appartient au donneur et lui revient toujours », qu'il soit bon ou mauvais. « Ce que vous donnez, vous le recevez. »

22) Certains *rishi* (sages) en Inde ont la faculté de prévoir un événement futur. S'il s'agit d'un événement négatif, un autre groupe l'empêche immédiatement de se produire. Autrefois, les Hébreux détenaient ce pouvoir et ont ainsi stoppé de nombreuses guerres.

23) Aujourd'hui, bien des gens utilisent la même méthode pour prévenir les accidents et nombreux sont ceux qui n'en ont jamais. Nous avons travaillé avec un cercle de plus de sept cents personnes aux État-Unis qui œuvraient précisément dans ce but ; au cours des trois années et demie qu'a duré notre collaboration, jamais un seul accident n'est survenu. Ce groupe a maintenant augmenté et compte actuellement quatre mille membres. Ceux-ci travaillent discrètement et ne sont pas connus.

24) Pourquoi un homme ne ferait-il pas travailler toutes les forces de son être pour atteindre un objectif positif ? Si nous conservions cette faculté de perception, quel que soit le nom que l'on souhaite lui donner, si nous travaillions dans la dimension spirituelle où tout fonctionne en harmonie et pour le bien total de chaque être, une action correspondante se développerait dans l'esprit de tous les hommes. Parce qu'ils œuvreraient tous en obéissant au pouvoir qui tend au bien commun, ils ne pourraient prononcer aucune parole ni commettre aucune action qui ne soit pas bénéfique à autrui. Autrement dit, l'obéissance à la Grande Loi supprimerait les conflits interindividuels. Il n'y aurait plus ni guerres, ni accidents, ni souffrance de l'espèce humaine.

25) Cette capacité peut servir à bien d'autres usages. Prenons le cas d'un ancien combattant de la Première Guerre mondiale, DeJong, qui était soigné à l'hôpital Letterman, à San Francisco. Malgré sa cécité, il a montré qu'il avait été inspiré par Dieu en parvenant à conduire une voiture dans les rues de San Francisco et de Los Angeles. Ce jeune homme avait développé cette faculté auparavant, et elle s'était soudain réveillée – cela est assez fréquent.

26) Si l'on peut ressusciter cette faculté, comme il l'a souvent été prouvé, cela signifie qu'elle réside en nous. Nous pouvons alors la comprendre, la diriger vers un objectif adéquat et stimuler son bon fonctionnement. Nous devons nous préoccuper de ces questions et procéder intelligemment afin de découvrir nos possibilités latentes, pour nous élever à la maîtrise spirituelle. C'est à nous et à nous seuls d'agir.

27) Cela implique un contrôle émotionnel total plus qu'un contrôle mental. Nous devons arriver à nous concentrer sur un seul point. Du rassemblement de nos forces découlent des résultats positifs. Jésus a dit : « Le recueillement est Dieu. »

28) Tout le problème de notre réorganisation sociale dépend de l'approfondissement de notre perception. C'est pourquoi il est essentiel d'apprendre à développer cette faculté pour agir correctement et au bon moment. Cela permettra de conserver éternellement la pensée de l'action juste. Nous réussirons un jour à savoir si toutes nos actions sont entreprises à bon escient et dans les temps voulus. Ce phénomène constituera la base du fonctionnement de la société future.

POUR LE PROFESSEUR OU L'ANIMATEUR

Cette leçon traite de la force motrice qui stimulera le développement du futur ordre social dans cette époque mouvementée. L'Homme devra utiliser sa faculté originelle pour discerner la tendance spirituelle du monde, plutôt que de se fier aux idées et aux valeurs matérielles d'antan. Nos expériences passées ont émoussé, d'une certaine façon, cette capacité spirituelle, et il nous faut maintenant lui permettre de renaître, afin de retrouver l'harmonie avec le mouvement des Lois universelles.

Les *paragraphes 1 et 2* montrent que les peuples plus primitifs, comme nous les appelons, possèdent un sens intuitif parfois supérieur, et que leur vie est bien mieux organisée que la nôtre.

Le *paragraphe 3* explique dans quel domaine cette faculté opère le plus clairement à nos yeux ; elle doit être développée selon des critères spirituels, afin de tirer le maximum de nos propres possibilités et opportunités.

Paragraphes 4 et 5. Cette faculté a différents noms, la science mystique l'appelle « la pénétration spirituelle », ou la capacité de pousser ou d'entraîner l'esprit vers de nouvelles dimensions. Quand elle est dirigée vers son objectif le plus élevé, elle nous conduit vers les valeurs spirituelles aussi précisément qu'elle nous a menés dans les sphères du génie inventif.

Les *paragraphes 6, 7 et 8* ne nécessitent aucune explication supplémentaire, mais peuvent être illustrés en fonction des connaissances de l'animateur.

Les *paragraphes 9, 10 et 11* permettent de montrer comment l'esprit d'un homme peut s'obscurcir s'il se préoccupe trop des effets, et comment il peut s'éclaircir s'il se réoriente vers les causes.

Le *paragraphe 12* est parfaitement clair. Il peut cependant être enrichi de nombreux exemples, ainsi que le *paragraphe 13*.

Le *paragraphe 14* revient sur une notion traitée dans les *paragraphes 1 et 2*.

Les *paragraphes 15 et 16* exposent certaines possibilités de cette faculté et les domaines dans lesquels elle peut fonctionner normalement. Vous pouvez tenter d'expliquer plus en détail la nature véritable de cette faculté. Sous sa forme la plus simple, elle correspond à cette phase de l'esprit qui revient sur ce que nous aurions pu faire la veille ou envisage ce que nous souhaitons faire demain… l'attention, tout simplement. Si cet élément s'incarne dans une forme précise, nous en découvrirons toutes les complications, néanmoins, s'il se déploie dans la sphère de l'Esprit, il se développera dans la réalité spirituelle.

Le *paragraphe 17* souligne quelques-unes des possibilités qui naissent de son usage. Vous pouvez étudier en détail ces questions et ce sera extrêmement profitable à vos élèves, à condition qu'ils écoutent attentivement vos conseils. Le *paragraphe 18* peut être abordé dans le même esprit.

Paragraphe 19. Une prophétie ne vaut rien lorsqu'elle se fonde sur la dimension mentale et physique. Ce qui est parfaitement organisé dans la sphère mentale peut se réaliser dans la sphère physique, mais aussi être écarté par une demande directe de l'autorité spirituelle. La véritable prophétie révèle les résultats constructifs qui résultent des efforts des mouvements spirituels qui ont été découverts.

Paragraphe 20. Tout le monde devrait savoir qu'il est dangereux d'utiliser à mauvais escient le pouvoir spirituel ; cet avertissement doit être gravé à l'intérieur de chaque individu comme une mesure d'autopréservation. Dans de nombreux cercles occultes, on a l'habitude d'influencer mentalement une ou plusieurs personnes pour les inciter à exécuter la volonté d'autrui. Cette pratique n'est qu'une forme embryonnaire de magie noire et ne peut aboutir qu'au chaos.

Le *paragraphe 21* doit être expliqué en même temps que le précédent.

Les *paragraphes 22 et 23* reprennent le contenu du *paragraphe 19* et peuvent être développés suivant les instructions de l'animateur.

Le *paragraphe 24* est très simple, mais permet de montrer, en pratique, le fondement d'une réelle coopération pour aborder le nouvel ordre des choses. Le véritable objectif de l'aspirant spirituel est en harmonie avec le Dessein universel qui opère de la même façon pour un saint ou un pécheur, un homme riche ou pauvre, prisonnier ou libre. Ainsi, dans un but commun, il ne peut y avoir de discorde ou de conflit, donc de guerre. « Deux figures égales à une troisième sont égales entre elles », telle est la base de l'Unité universelle.

Les *paragraphes 25 et 26* montrent à chaque élève que personne n'a jamais possédé de dons extranaturels. En revanche, ce pouvoir potentiel réside en chacun de nous, et notre tâche est de développer nos propres capacités en prenant la mesure de notre âme.

Paragraphe 27. On pourrait passer des heures et des heures à expliquer la nécessité de la maîtrise de soi. Elle est aussi essentielle au pouvoir et au développement personnels que l'organisation et l'application de l'énergie sont essentielles à la puissance mécanique. Sans ce contrôle de soi, il est impossible d'atteindre des objectifs constructifs et pratiques dans ces deux domaines.

Vous pouvez commenter les leçons du *paragraphe 28* selon votre expérience.

5

Le pouvoir de la parole

1) La parole renferme un grand pouvoir, mais une chose est sûre : nous devons choisir les mots avec justesse et seulement ensuite leur attribuer le pouvoir. Un mot n'a aucun pouvoir négatif, à moins que nous ne décidions de lui en donner un. Lui-même ne contient aucune force. C'est celui qui le prononce qui la lui confère. Bien sûr, selon la philosophie orientale, la pensée qui précède le mot est déterminante. La pensée peut donc être la force motrice derrière la parole et lui ajouter ainsi du pouvoir. Par la suite, comme le disent les Maîtres, ce mot doit aller de l'avant et créer.

2) Si un mot est articulé sans raison particulière ou sans force de pensée, son effet est nul. Étant donné le choix de ce mot, le pouvoir qui lui est attribué grâce à la pensée ne peut qu'accomplir la tâche pour laquelle il est prononcé. C'est pourquoi les Maîtres sélectionnent aussi soigneusement leurs termes et pensent que la parole demeure toujours sélective.

3) Ce pouvoir placé derrière le mot pour qu'il accomplisse une tâche doit être l'énergie que nous décelons nous-mêmes. D'après l'enseignement des Maîtres, l'essentiel n'est pas l'énergie que vous donnez au mot, mais celle que vous percevez pour son accomplissement.

4) Jésus a dit : « Mes paroles sont esprit, elles sont la vie et elles accomplissent ce pour quoi elles ont été envoyées. » L'esprit est la cause créatrice dans l'univers, et notre langage n'a de pouvoir que dans la mesure où ce même esprit est considéré comme la force qui le soutient. C'est l'activité de la force de la nature qui fait pousser la graine, car aucune graine n'abrite le moindre pouvoir. C'est le contenant ou le véhicule de cette force. Il en est de même pour les mots. « La Parole est une graine », affirment les Écritures, et le pouvoir de l'Esprit se conforme aux mots, comme la nature se conforme à la graine. Notre conscience, ou notre sensibilité spirituelle, est le point central dans cette question du pouvoir de la parole. Des mots prononcés sans raison sont impuissants et ne créent pas, même si, dans un sens, ils peuvent augmenter votre état autohypnotique. Votre crainte des mots négatifs peut accentuer leur force hypnotique et donc accroître l'influence d'une parole négative. Les mots lancés sans raison ou par ignorance n'altèrent aucunement la cause créatrice. Les personnes qui parlent du pouvoir des paroles négatives n'expriment qu'une vieille idée, celle du diable, sous une forme moderne. Or, il n'y a qu'un pouvoir unique, celui de Dieu. Il n'en existe aucun autre opposé au bien suprême dans la tendance universelle. Ce qui semble lui faire face ne réside que dans notre esprit qui contrarie souvent les desseins de Dieu. La tendance créatrice de l'univers, la volonté et l'objectif divins sont de faire disparaître l'ignorance, de même que la lumière chasse l'obscurité.

5) Les Maîtres prononcent un mot et la représentation de celui-ci existe immédiatement. Il ne s'écoule pas même une seconde. L'élément temps n'intervient pas dans le langage, lorsque l'énergie – l'Esprit – l'habite. Une parole soutenue par un élan de pensée sincère crée instantanément l'état désiré. Les Occidentaux n'attachent pas la même importance au pouvoir de la parole.

En fait, un mot prononcé, s'il n'est pas soutenu par l'énergie, perd toute sa puissance. C'est pourquoi les Occidentaux tombent dans des bavardages enfantins ; ils sont incapables d'attribuer une valeur adéquate à leurs mots.

6) La pensée suffisamment sélective, ou qui possède la force permettant cette sélection, devrait toujours s'intéresser au langage. Elle ne doit pas lui commander par la volonté ou la force de la volonté, mais donner au verbe la puissance qui lui appartient. Tel est bien sûr le pouvoir de l'Esprit et il ne pénètre nos mots que grâce à une pensée très étroite, pensée qui correspond aux objectifs créateurs de l'univers. De cette façon, la volonté, qui a une capacité directive, émet le mot. Elle sélectionne ou participe à la sélection de la pensée et de la formulation, mais c'est une conscience élargie de la présence et du pouvoir de l'Esprit qui accorde ce pouvoir. Quand un mot est choisi pour son sens ou son utilisation, il est toujours placé dans la fréquence à laquelle il appartient.

7) Cette explication devrait dissiper la peur des mots négatifs que beaucoup ressentent, et les inciter en même temps à choisir de façon plus intelligente leurs expressions et à leur donner un meilleur usage. « Penser les paroles de Dieu après Lui » serait l'essence du pouvoir spirituel, car, derrière de tels mots, se tient le véritable pouvoir, créateur des cieux et de la Terre. Les paroles de l'Homme devraient toujours exprimer et extérioriser sa nature spirituelle innée. Si nous parlions seulement en harmonie avec les idéaux les plus élevés et les plus constructifs, nous développerions un pouvoir maximal ; ainsi, l'improbable serait alors le plus probable dans la mesure où de telles paroles ont un tel pouvoir. En d'autres termes, plus la pensée, la prise de conscience et la conscience sont divines, plus considérable sera le pouvoir impliqué dans ce processus.

8) Comme l'affirment les philosophes orientaux, vous ne serez jamais séparés d'un iota du Principe si

vous employez des mots choisis. Si vous sélectionnez chaque parole – et vous le pouvez –, vous ne communiquerez de l'énergie qu'à votre objectif spirituel, jamais à un élément négatif.

9) Les hindous, ou les Aryens, affirment : « L'Homme est le créateur des mots ; par conséquent, c'est lui qui les choisit, les contrôle, leur accorde une place, les fait exister pour qu'ils puissent fonctionner ou devenir puissants. » S'il utilise cette faculté correctement, il est impossible de relier ce pouvoir à des paroles négatives. Celles-ci ne pénètrent donc pas l'esprit de l'individu qui souhaite rendre manifestes des formes et il ne les prendra pas en considération. Cette pensée de la forme manifeste est toujours l'état de conscience provoqué où l'Homme est capable de créer, où il maîtrise chacune de ses paroles. Le sanskrit, dans une de ses phases, permet un état tel que le pouvoir se manifeste. En effet, en sanskrit il est possible d'utiliser seulement quatre paroles ou affirmations positives. Des mots qui peuvent former des affirmations positives et que l'on ne peut détourner.

10) Évidemment, vous vous demanderez quels sont ces quatre mots. Il existe toujours des mots qui expriment une déclaration positive sur la réalité. Chacun de nous peut les choisir. Bien sûr, le mot le plus positif est le premier : Dieu. Si vous retournez au Principe, vous énoncerez votre affirmation en sachant que ce mot est le fondement de tout ; vous formulerez avec ce mot toutes les phrases positives. Ainsi s'exprime le pouvoir de la parole. Votre mot clef est toujours le plus spirituel : Dieu. Sélectionnez ensuite les mots qui l'accompagnent pour compléter votre déclaration positive.

11) De même que tous les calculs mathématiques partent de l'Unité symbolisée par le chiffre 1, tous les mots doivent provenir d'une seule racine, ou principe. DIEU EST et, parce que Dieu est, JE SUIS. Parce que Dieu est vie, je suis la vie. Parce que Dieu est intelligence,

je suis intelligence. Parce que Dieu est pouvoir, je suis pouvoir. Parce que Dieu est toute substance, je suis toute substance, etc. « Père », en sanskrit, signifie « première personne qui a bougé », et le premier mouvement de l'esprit de l'individu doit toujours émaner de la Source unique et être prolongé par la conscience de l'individu. S'il admet dans sa conscience personnelle un élément non issu de la réalité divine, il falsifie le processus de la vie en lui-même et, par conséquent, devient partiellement inconscient de la plénitude de sa Divinité. Il doit s'abandonner à la réalité sous-jacente de la vie dans sa totalité, demeurer dans Jérusalem – son contact avec le Tout – jusqu'à ce que le Saint-Esprit, ou l'Esprit entier de Dieu, soit l'énergie motrice de chacune de ses pensées, paroles et actions.

12) En dehors de son propre domaine de compétence, l'Homme ne peut exprimer une idée ou une parole qui contiennent le moindre pouvoir de manifestation. Il ne peut sortir de ce champ, car chaque mot prononcé crée son champ d'action.

13) L'individu moyen ne connaît pas vraiment la réelle signification du mot. Il s'agit simplement d'un instrument utilisé dans les opérations intellectuelles pour transmettre ou prolonger certains processus de l'esprit. Le mot ne peut projeter ce qui ne se trouve pas dans l'esprit. Webster pense qu'un « nom » suggère la « nature essentielle » d'une chose. Un mot est simplement un substantif qui désigne certains états de conscience et qui appartient à l'individu lui-même. Quelqu'un peut déclarer : « Je suis heureux », or cette phrase ne signifiera rien pour un interlocuteur. Si la conscience du locuteur est seulement un peu joyeuse, ses paroles auront peu d'impact. Mais, s'il rayonne de joie, ses paroles transmettront une conviction totale. Les mots employés sans raison sont des structures vides qui ne renferment pas la conscience et la prise de conscience de la réalité spirituelle. Quand nous utilisons un mot, il ne représente que ce qu'il contient ;

et son contenu est déterminé par notre conscience, elle-même dépendant de notre degré de sélection intelligente.

14) Ce n'est pas la répétition qui rend un mot efficace. Votre première affirmation, si elle est authentique, suffit. La seule chose à faire est de respecter votre parole. La répétition, cependant, est souvent un moyen efficace d'être en harmonie avec les possibilités contenues à l'intérieur d'une déclaration. Nous réitérons souvent une phrase ou une règle à de nombreuses reprises avant que le sens s'éclaire pour notre conscience. Sans cette ouverture de l'esprit vers la réalité intérieure, la répétition ne détient qu'un effet hypnotique.

15) Si nous répétons des mots et que ceux-ci n'exercent pas un effet hypnotique sur notre personne, cette répétition nous conduit à un accord plus profond avec la réalité sous-jacente aux mots et aboutit à une prise de conscience supérieure. Mais l'utilité de la réitération ne se manifeste que jusqu'à un certain point ; en effet, peu à peu, le mot s'implante en nous. Et lorsque nous saisissons que notre mot est clairement établi, la répétition n'a plus aucun sens. En *réalité*, nous finissons par comprendre que notre parole est fixée, et nous ne la répétons alors plus jamais.

16) Si la manifestation de votre mot n'apparaît pas, il n'est pas pour autant inefficace. Dans ce cas, afin d'effacer tous vos doutes, remerciez l'univers que la manifestation soit disponible. Mais attention, ne continuez pas à répéter votre mot, car le doute surgira très rapidement. En somme, remercier l'univers vous placera en plus étroite harmonie avec votre mot et vous rendra conscient de sa confirmation.

17) La simple répétition d'un mot ne l'établit pas plus fermement ; elle vous harmonise seulement avec ce qu'il *est*.

18) Afin d'obtenir des résultats manifestes, notre conscience doit s'ouvrir pour percevoir ou inclure un

élément qui existe déjà dans la réalité. Quand cette vérité aura éclaté au grand jour, le problème sera bien plus simple. « C'est la terre que tu vois, je te la donnerai en héritage » : cette phrase contient tout le mystère. Il s'agit d'une réalité de l'Esprit, d'un fait omniprésent, qui réside dans toutes les prétendues dimensions – car il n'existe qu'une dimension unique, la dimension spirituelle. Lorsque l'esprit se déploie pour voir ou capter la réalité spirituelle, la manifestation de celle-ci ne fait absolument plus aucun doute. Si ce phénomène se produit en Dieu, il est valable pour tout être, car Dieu est tout. À nous de comprendre notre rôle : notre prise de conscience doit s'élargir jusqu'à englober la réalité et l'existence de la réalité spirituelle.

19) Jésus utilisait cette méthode de travail. Chaque mot était établi pour Lui. Il exaltait chacun d'entre eux dans Sa conscience exaltée, tout en sachant qu'il correspondait déjà à une réalité. Les hindous défendent la même position. Ils lancent leurs affirmations et peuvent ensuite dire qu'elles sont achevées ; ils se comportent comme si elles existaient déjà, comme si elles leur appartenaient, puis ils poursuivent la même démarche. Cette conduite vous permettra de réaliser beaucoup de choses ; plus encore que par l'emploi de la répétition, elle vous fortifiera de l'intérieur.

20) Concernant le traitement des prétendues maladies, le praticien moyen raisonne de façon dualiste, grâce à deux notions contraires : la maladie et la santé. Il croit en l'existence de deux conditions qui se remplacent l'une l'autre. Les Orientaux n'opèrent pas de telle sorte, pas plus que Jésus en son temps. Quand vous cherchez à atteindre la perfection, sachez qu'elle vous habite. Exaltez-la. Elle existe indépendamment du couple de contraires maladie/santé. Elle est un fait éternellement établi en principe et est complète à l'intérieur d'elle-même dans chacune des prétendues dimensions. Selon la philosophie orientale, la santé et la maladie sont des illusions, car elles ne sont que des

concepts inventés par l'Homme. Par exemple, votre idée actuelle de la santé ne vous satisfera plus dans cinq ans, car c'est une idée relative dans votre conscience. Il n'y a rien de relatif dans l'Être, tout est complet, tout est parfait, et le vrai praticien s'identifie à la réalité et ignore l'illusion. Abandonnez l'idée des contraires et remplacez-la par celle de la perfection. Nous découvrons que Jésus en a fait autant, Il a toujours proclamé la perfection éternelle, et cette perfection était toujours établie pour Lui.

21) Si j'inscris, sur le tableau noir, l'opération 2 + 2 = 3, puis 2 + 2 = 5, allez-vous vous soucier du 3 et du 5 en essayant de déterminer la réponse exacte ? Non, vous examinerez ces chiffres, puis vous occuperez du fait que 2 + 2 = 4, et les deux extrêmes, 3 et 5, disparaîtront. Le chiffre inférieur ou supérieur à la réponse correcte n'a rien à voir avec la réalité du Principe. Ce n'est qu'en mettant en relation la réalité du Principe et la situation qu'une réponse juste est possible. Nos conceptions de la santé et de la maladie sont toutes deux inférieures à la perfection qui est inscrite dans les fondements de l'univers. Ce qui reste inférieur à la perfection ne pourra jamais lui ressembler. Vous avez affaire à quelque chose qui n'est relié à aucun de ces deux extrêmes. « Soyez parfait, de même que votre Père dans les cieux est parfait », tel est ici le critère correct.

22) La plupart des êtres humains échouent dans leurs prétendues démonstrations, parce qu'ils expriment leur idéal de perfection et reviennent ensuite immédiatement à la notion des contraires. « Si ton œil est sain, tout ton corps sera lumineux. » La femme de Loth s'est retournée, et son corps s'est transformé en un bloc de sel. « Maintenant, à l'avenir et pour toujours, ne vois que la perfection », a déclaré Jésus. Dès que nous établissons la perfection, le Christ Se dresse, dominant. Chacun œuvre à construire la perfection, car la réalité dans l'Esprit est la forme de sa manifestation.

23) L'effet d'un véritable traitement spirituel ne dépend pas du degré de développement ou d'épanouissement spirituel de la personne « soignée ». Nous n'avons pas à nous soucier de sa conscience, car elle est fondée sur les contraires, sinon le sujet ne serait pas malade. La réalité spirituelle *est* et, dès que nous nous plaçons dans la perfection, notre conscience est également parfaite.

24) Prononcer le Mot ne produit jamais d'effet hypnotique, car c'est l'essence de la véritable nature de toute création. Le traitement, ou le fait de prononcer la Parole, n'est pas une projection de nos idées sur la santé pour contrecarrer la maladie. Cette dernière démarche est hypnotique. Prononcer le Mot, c'est seulement dire la Vérité, proclamer ce qui a toujours été et sera toujours vrai de tout individu, tout état, toute situation, dans le Principe. L'auto-hypnotisme s'installe lorsque nous nous exprimons avec les concepts imparfaits produits par l'esprit humain.

25) Il n'est pas nécessaire que les personnes malades ou dans le besoin vous demandent de les aider ni qu'elles soient conscientes du fait que vous leur envoyez la Parole. Si vous l'émettez sur les ondes du Christ, vous ne faites que leur présenter leur propre perfection innée. Vous vous libérez ainsi et les libérez également, car vous faites face à la réalité. Vous ne luttez pas contre la volonté d'un individu lorsque vous travaillez avec la perfection, car elle constitue la finalité de tout être. Au contraire, vous libérez sa volonté de ses chaînes, des mauvaises habitudes et des concepts erronés. En agissant ainsi, aucune prétendue « influence » n'intervient. Il s'agit simplement de faire appel à ce qui a toujours existé, jusqu'à ce que tous les individus concernés perçoivent simplement que telle est la réalité.

26) La parole est toujours puissante quand nous la considérons comme l'Esprit, car, en prenant cette décision, nous l'obligeons à n'être que pouvoir. Nous

sommes à la fois le pouvoir et celui qui l'exprime, et nous seuls déterminons ce que ce mot charriera avec lui. Le pouvoir de la médecine s'exerce exactement de la même façon. C'est seulement « le transporteur » ou le moyen par lequel l'esprit du patient s'élargit pour admettre l'autorité créatrice de l'univers. Dieu est dans le médecin, le patient ou le médicament. Tout individu, quels que soient son statut ou sa profession, a uniquement besoin de projeter la perfection. Et un travail intense de cet idéal guérirait définitivement notre monde.

27) Il n'y a aucun mal à utiliser un intermédiaire pour tenter de remédier aux besoins de l'humanité souffrante. Il existe de nombreuses étapes et méthodes, mais un seul Pouvoir. Si notre idéal est la Perfection, nous parviendrons à un point où il n'existera plus d'intermédiaires. L'instrument employé par un individu indique seulement le progrès qu'il a fait dans son propre esprit, par rapport aux moyens les plus efficaces d'admettre la Perfection dans son être. Nous croyons que cela doit advenir par le biais d'un médicament, ou d'affirmations, mais, quelle que soit la manière utilisée, c'est la Perfection du Principe qui fait surface. Seuls les idéaux spirituels pourront contenir la mesure totale du pouvoir qui existe dans le Principe divin, car plus un contenant est important, plus sa capacité de transport est grande. Lorsque le contenant et le contenu fusionnent – la Perfection –, alors le contenant est complet sur tous les plans.

28) En traitant à distance, ou en pratiquant ce que certains appellent le « traitement absent », la pensée est plus rapide et plus puissante que les mots. Elle ignore le temps et l'espace, alors qu'un mot ou un son audible appartiennent au plan matériel : ils doivent traverser l'espace et durer dans le temps pour parvenir à leur destination. Or votre pensée atteint instantanément le Soleil, le centre de la Terre, ou n'importe quel lieu. Elle ne voyage pas, elle se trouve déjà là. Dans la dimension

spirituelle, chaque fait est immanent. Voir ce fait, c'est vous élever jusqu'à lui ; le voir pour un autre, c'est élever cette personne jusqu'à lui. Si je suis élevé – si la faculté perceptive est élevée – jusqu'au plan de la réalité, cela attire toutes les choses dans la dimension spirituelle. Cette approche est la seule démarche authentique : n'essayez pas d'élever tout être ou toute chose jusqu'à l'état de conscience parfait. Nous pourrions aussi bien tenter de faire sortir l'énergie de la terre en utilisant une pioche et une pelle.

29) Je connais un homme, en Inde, qui parvient à affronter une tempête uniquement en présentant la perfection de ce phénomène naturel. Il la traverse et n'est jamais mouillé. Nous l'avons vu stopper des incendies et des typhons. L'Homme lui-même est la Parole de Dieu, s'il demeure fidèle à cette Parole. « Si tu obéis à ma Parole et que ma Parole t'obéisse, alors tu seras en moi de la même façon que je suis en toi », telle est la vérité essentielle. Quand Jésus a envoyé Sa Parole et guéri l'enfant du centurion. Il n'a pas transmis un élément mesurable dans notre monde à trois dimensions. Jésus, ou le Christ, *était* Lui-même la Parole, et rien n'a été créé en dehors de ce qu'a créé la Parole elle-même. La Parole qu'Il a « envoyée » n'a donc pas traversé l'espace, car elle se trouvait avec la Vérité du fils du centurion, de même qu'Elle était avec Lui. Il a seulement annoncé un fait spirituel universellement valable, et les esprits extérieurs ont pris conscience de ce fait.

30) « Souvent en nous-même résident/Les remèdes que nous attribuons au ciel. » (Shakespeare.)

POUR LE PROFESSEUR OU L'ANIMATEUR

Paragraphe 1. Dès l'origine, l'Homme n'a-t-il pas reçu la maîtrise de toutes choses ? Si tel est le cas, ce même pouvoir l'habite encore aujourd'hui, et tout le pouvoir apparent qu'une chose a sur lui provient du pouvoir qu'il lui a assigné. Mais, même si le pouvoir semble émaner de cette chose ou d'une autre personne, il réside en fait à l'intérieur de l'individu, car il est là où son activité s'emploie et se fait sentir. Quand l'Homme arrivera à contrôler les actions et réactions de sa propre nature, il détiendra le secret originel du pouvoir. S'il la maintient toujours en parfait accord avec l'Idéal divin de la perfection, il sera tout-puissant sur la terre comme au ciel.

Paragraphes 2, 3 et 4. Chacun doit maintenant comprendre, même si cela paraît encore confus, que nos paroles n'ont pas plus de pouvoir que les cylindres d'un moteur. Ce sont des véhicules d'énergie ; seuls le type et le degré d'énergie qui opèrent en eux déterminent la puissance. Quand Jésus a déclaré : « Mes paroles sont Esprit », cela signifiait qu'il était conscient que la force motrice de Dieu agissait à travers ce qu'Il disait ou pensait et que c'était cette énergie motrice qui réalisait la guérison apparente. L'affirmation de la réalité détient une puissance infinie face à ce qui n'est pas un fait. Explorez cette idée en détail en l'illustrant à l'aide d'exemples avec le vrai et le faux, la lumière et l'obscurité.

Paragraphe 5. Il importe ici de faire comprendre à l'élève tout ce qu'il perd lorsqu'il ne mesure pas ses paroles. Mieux choisies, celles-ci pourraient transmettre une énergie infinie qui le libérerait de sa médiocrité, s'il voulait seulement réfléchir quelques instants.

Le *paragraphe 6* doit être analysé soigneusement ; nous devrions faire la différence entre la force d'impulsion naturelle d'un fait accepté et l'imposition de notre volonté pour forcer un état que nous imaginons être meilleur que celui existant. L'acceptation d'une chose donnée n'implique jamais que nous fassions appel à une volonté puissante. Il est infiniment plus efficace de recevoir un cadeau que de tenter de forcer quelqu'un à vous offrir quelque chose qu'il n'envisage pas de vous donner. Accepter un fait qui est universellement vrai n'implique aucune affirmation suprême de la volonté individuelle. La perfection ne vient pas d'une projection de ses propres idées, mais de la prise de conscience du fait qu'elle caractérise déjà l'ordre établi des choses.

Paragraphe 7. Chassez de l'esprit de l'élève l'idée que les paroles négatives ont un pouvoir. Elles lui font uniquement perdre du temps et augmentent son état hypnotique. Plus l'idéal est élevé, plus l'idée est inspirée par Dieu, et plus les mots deviennent puissants. Votre parole la plus légère est aussi votre parole la plus inspirée.

Paragraphe 8. Choisissez soigneusement vos mots de façon qu'ils transmettent dans le monde visible uniquement ce qui est conforme à vos idéaux spirituels.

Paragraphe 9. La maîtrise de soi est capitale. L'être de l'Homme est censé être le royaume des cieux. Seule la loi régissant l'espace infini devrait gouverner ses pensées et sentiments, ses conditions corporelles et manifestes. Sa sphère de domination se situe à l'intérieur de lui-même, et n'est divine que lorsque cette domination s'exerce selon la réalité du Principe.

Les *paragraphes 10 et 11* soulignent l'origine de toutes les pensées et paroles constructives. Ils prouvent que tout le champ de la pensée et de l'action devrait être développé à partir de cette méthode.

Paragraphes 12 et 13. Montrez ce qui donne du pouvoir à la Parole. La répétition s'oppose à la prise de conscience.

Paragraphes 14, 15 et 16. La fonction des mots ou de la Parole n'est pas de projeter quelque chose pour le faire exister, mais d'élargir l'esprit de l'Homme jusqu'à ce qu'il voie ce qui a toujours été depuis les origines. « Avant qu'Abraham fût, Je Suis » s'applique tout autant à chaque réalité spirituelle qu'au Christ.

Les *paragraphes 17, 18 et 19* expliquent la même vérité… et visent à exercer l'esprit à percer son voile d'hypnotisme, le voile dans le temple, pour voir de l'autre côté où tout est déjà parfait. Il s'agit fondamentalement d'entraîner l'esprit à *voir*.

Les paragraphes 20 et 21 contiennent des conseils pratiques qui s'adressent non seulement aux métaphysiciens, mais aussi à ceux qui souhaitent aider un ami en détresse. La plupart des pratiques mentales sont purement hypnotiques et ne font que remplacer l'état existant par un état qui s'avérera peut-être légèrement meilleur. Pourquoi substituer une conception ou une disposition d'esprit humaine à une autre, quand la Perfection de Dieu Lui-même attend d'être reconnue ?

Paragraphe 22. Tenez-vous-en à la réalité, quelles qu'en soient les conséquences. Vous n'avez rien à perdre, sinon vos illusions, et tout à gagner ; la Vérité elle-même. Alors, pourquoi hésiter ?

Les *paragraphes 23 à 26* sont assez explicites et très éclairants, mais vous pouvez ajouter des exemples en fonction de vos connaissances.

Paragraphe 27. La différence entre le *transporteur* et la *chose transportée* nous aide à comprendre comment procéder avec succès dans toute pratique thérapeutique. « C'est l'Esprit qui accélère » : l'efficacité du traitement dépend de la quantité d'Esprit à l'œuvre dans la pratique.

Les *paragraphes 28 et 29* réfutent des techniques telles que le traitement absent de la maladie, car il n'y a pas d'absence dans l'Esprit. Étant présent à tout moment et en tout lieu, il doit seulement être reconnu.

6

La conscience

1) La conscience est l'état où l'Homme se rend compte de tout. Son esprit est capable de savoir, et ce savoir détermine ses capacités. L'Homme peut être conscient de ce qui est vrai, ou son esprit peut développer un sentiment de prise de conscience qui s'apparente à la réalité, mais demeure entièrement faux. La vérité ou la fausseté de son état dépend donc de son état de conscience.

2) La conscience devrait représenter les vertus les plus élevées. Elle doit être reliée à toutes les vertus spirituelles. Nous transportons notre conscience vers celle de Dieu, à l'intérieur de laquelle nous sommes conscients de tout, y compris de nous-mêmes, à un degré très élevé. Ce stade constitue l'état dans lequel nous pénétrons toutes les conditions et situations. Comme l'affirment les Maîtres, le voile est complètement soulevé – ce voile qui, jusqu'ici, semblait séparer le mortel (ou le physique) de l'Esprit. Il n'existe alors plus aucune limitation. Les conceptions mortelles et physiques sont entièrement abandonnées au profit du véritable Spirituel.

3) Cette conscience spirituelle n'exclut pas l'activité des sens. Cette dernière est toujours incluse dans la

conscience spirituelle. Les sens agissent de manière limitée seulement lorsqu'ils ne subissent pas l'influence déterminante adéquate. Stimulés par la réalité spirituelle, ils fonctionnent correctement, on dit alors qu'ils s'ouvrent.

4) On me demande souvent dans quel état de conscience se trouve un individu en transe. La transe n'est qu'une expression partielle de l'activité des sens. Nous ferions mieux de diriger toujours notre conscience vers l'activité et la complétude réelles. Quand cette expression partielle fusionnera avec la véritable activité, nous ne serons plus jamais en transe et ne tomberons plus jamais dans un état hypnotique destructeur.

5) Ce même fait s'applique à ce que nous appelons communément des subdivisions de la conscience. Nous ne devrions pas tenter de compartimenter la conscience, car elle ne peut pas être subdivisée. Elle est *une*. Les subdivisions sont des illusions, du même type que les transes illusoires. Elles sont si subtiles qu'elles peuvent tromper dangereusement celui qui ne fait pas des choix spirituels. En réalité, il serait tellement plus facile de tout considérer comme Un. Les subdivisions ont été inventées par l'Homme, qui les a faussement considérées comme des attributs.

6) Un message est bien mieux reçu s'il est unique. En dernière analyse, la simplicité aboutit toujours à la plus grande clarté. Les subdivisions sont souvent considérées comme des particularités, et nous font entrer dans des états négatifs. Il vaut mieux garder l'œil fixé sur l'Un. Les séparations sont généralement symboliques, et la plupart de nos symboles représentent les subdivisions de la conscience. Voilà une autre raison pour laquelle les symboles ne suffisent plus. Comme le disent les Maîtres, notre conscience baigne dans la pure lumière du jour. Il devient beaucoup plus simple de nous fixer pour objectif d'atteindre cette conscience, la Lumière totale, sans aucune sorte de fractionnement.

7) Prenez, par exemple, la question de la nourriture, de la digestion, de l'assimilation et de la reconstitution de notre corps grâce à la transformation des aliments en énergie, muscles, os, sang, dents, cheveux, etc.. En supposant que vous ayez inventé une théorie selon laquelle chacun de ces éléments possède une fonction distincte, qui doit être traitée séparément, vous devriez donc déterminer après chaque repas quelle portion des aliments doit être affectée à chacune de ces fonctions particulières et à quel moment chacune doit opérer à tour de rôle. Comment pourriez-vous échapper à la confusion ? En fait, vous admettez qu'il s'agit d'un seul processus comportant de nombreuses phases ; chacune d'entre elles est un processus auto-opératoire à l'intérieur d'un système unique. Dans un état physique normal, pas une seule phase du système ne fonctionne indépendamment, chaque étape est l'œuvre d'un système unique.

8) Le corps n'est que le symbole de l'âme ou de l'homme qui vit à l'intérieur de celui-ci. En d'autres termes, le corps est un symbole des mécanismes de la conscience. Pour protéger et déterminer ce qui pénètre dans la conscience, ce qui peut être contrôlé par l'attention de quelqu'un, tout le système de la conscience agit sur lui-même comme un système unique. Le conscient, l'inconscient et le superconscient n'existent pas : il y a seulement une conscience vivante et rayonnante de la réalité. Nous sommes alors totalement libérés des symboles et donc de l'hypnotisme.

9) Certaines personnes se passionnent tellement pour la signification occulte des phases inférieures de la conscience qu'elles y consacrent leur vie entière et que la véritable conscience ne peut se manifester. La meilleure solution est de se libérer de cette obsession et de fusionner avec le Tout. C'est ce que Paul voulait dire quand il a déclaré : « Reconnais-toi comme étant mort à l'égard du péché, mais vivant à l'égard de

Dieu. » La différence réside dans une connaissance claire et un savoir inspiré. La voyance entend transmettre une vision nette, mais le sens communément accepté de ce mot n'est qu'une vision partielle ou embrumée – celle d'une partie de la réalité.

10) Certains phénomènes relatifs peuvent apparaître grâce à la voyance et à l'écoute extrasensorielle, ou à n'importe laquelle des cinq divisions de la conscience, mais ceux-ci ne peuvent jamais représenter la totalité ou y conduire. Parfois, ils sont trompeurs, et une manifestation illusoire nous mène à un concept erroné que j'appelle généralement un « concept négatif ». En revanche, quand nous fusionnons avec le Tout, nous ne sommes jamais ni négatifs ni dans l'erreur. Nous accédons à la connaissance claire, à la Vérité elle-même. Il est impossible d'atteindre cet état de la connaissance ou cette conscience unique grâce à la voyance ou à une forme quelconque d'hypnotisme. Toutes ces techniques nuisent à notre épanouissement spirituel.

11) Dans ce sens supérieur, tous les sens fusionnent. Ils deviennent Un dans une parfaite coordination. Nos sens s'unissent ; chaque partie et chaque cellule de notre corps s'associe et vibre à l'unisson. Mais un grave problème se pose : si une partie de notre corps vibre dans le mauvais champ, les nouvelles cellules ne se raccordent pas correctement à l'organe auquel elles appartiennent. Chaque cellule créée représente l'organe auquel elle se liera. Si elle sort de son champ vibratoire, elle peut se lier au mauvais organe, et apparaît alors une condition discordante.

12) Cette discordance s'amplifie souvent gravement lorsque, dans l'occultisme, on se concentre sur certains centres ou organes physiques. Ces pratiques ne font que superposer plus nettement un état hypnotique à la forme manifeste, et il en résulte une plus grande confusion. Tout d'abord, l'hypnose n'est qu'une fonction d'une conscience partielle, ou une conscience spécialisée dans une forme ou une direction particu-

lière. Par conséquent, plus le champ est diversifié, plus la conscience est compartimentée, et plus elle devient hypnotique. Et le fait de travailler délibérément dans des subdivisions et des phases de la conscience exerce une influence totalement hypnotique. Notre attention devrait toujours se diriger vers la totalité, vers l'unicité complète. La distribution de l'énergie vibratoire s'effectuerait à travers le mécanisme de la conscience, exactement comme elle le fait automatiquement dans le corps. Une synchronisation ou une harmonie parfaite régnerait alors à travers tout l'organisme.

13) L'idée qu'il existe une conscience intérieure et une conscience extérieure est aussi un symptôme d'hypnotisme, car cette théorie impose un sentiment de séparation. En réalité, il n'y a pas de division entre conscience intérieure et conscience extérieure, ni entre conscience personnelle et conscience universelle. Quand le soi devient conscient dans le monde extérieur, ce n'est qu'une attitude de la conscience ; il est complet sur tous les plans et ne fait qu'*un* dans et avec la conscience universelle. Mon Père et moi ne faisons qu'*un*.

14) Alors nous ne sommes plus conscients d'un monde intérieur, car l'intérieur et l'extérieur ne font qu'un. Le Tout est toujours évident. Si nous voyons et projetons notre vision ou notre idéal, c'est dans le but d'atteindre cette totale complétude. Les Maîtres appellent cet état « l'esprit profond », ou la conscience *profonde*. Le corps est aussi parfaitement sain et parfaitement complet. Celui qui connaît et la chose connue deviennent Un. Paul a exprimé cette idée dans ses écrits, mais elle n'a jamais été présente dans les traductions. Nous pouvons deviner le connu aussi bien que celui qui connaît, si nous réunissons les deux. La difficulté provient de ce que nous effectuons une séparation, alors qu'il n'en existe aucune dans la réalité.

15) Certains pratiquent la dénégation pour se libérer efficacement et s'élever à cet état de perfection.

Cependant, cette méthode doit aussi être examinée d'un œil critique. La dénégation est supposée effacer de l'esprit ou annuler de la conscience, donc de l'être de l'Homme, une expérience ou un processus qui n'est pas authentique, ou qui est apparemment opposé à son état parfait de complétude ou d'unicité. Néanmoins, la dénégation, telle qu'elle est habituellement pratiquée, est-elle un moyen efficace pour aboutir à cette libération ? Si ce procédé, tel qu'il est couramment utilisé, produit le résultat désiré, alors parfait ; dans le cas contraire, il nous faut découvrir ce qu'il cache et quelle est la pratique dont nous avons besoin.

16) Prenons le cas spécifique de la dénégation en ce qui concerne la prétendue loi de l'hérédité ; ici, cette dénégation n'est absolument pas nécessaire. Elle tend toujours à nous enfoncer davantage dans l'illusion, parce qu'elle bloque l'esprit sur une condition et se révèle donc plus susceptible de l'intensifier. L'esprit se penche naturellement sur la condition vers laquelle il est dirigé. L'objectif est que la condition soit entièrement éliminée et, pour que cela se produise, cette condition ne doit plus être prise en considération. Elle doit être totalement rejetée.

17) En réalité, la loi de l'hérédité n'existe pas. Il ne s'agit que d'un leurre. Inutile de nier quelque chose qui n'existe pas. Il est bien plus utile de remplacer la dénégation par la perfection. Vous obtiendrez alors des résultats plus rapides, car, habituellement, la dénégation bloque l'individu. Des expériences répétées ont montré qu'il vaut beaucoup mieux abandonner simplement un état. Délivrez-vous-en entièrement en n'y prêtant aucune attention. Rejetez-le. C'était le sens des propos de Jésus quand Il a déclaré : « Libérez-le et laissez-le partir. »

18) L'hérédité n'existe pas, ni l'hérédité raciale, ni l'hérédité familiale, car l'une présuppose l'autre. Les hommes peuvent se ressembler, mais c'est toujours parce qu'il y a eu dans le passé une relation ou une

similitude entre leur expérience et leur environnement. Les chromosomes ont une condition apparente qui montre des processus d'évolution parallèles, or, ces processus ne sont en réalité ni des processus ni des états d'évolution parallèles. Bien sûr, ils se développent parallèlement à ceux de l'espèce humaine et du royaume animal, à une fréquence très différente. On sait parfaitement aujourd'hui que toutes les fréquences du corps humain sont supérieures à celles des animaux. L'esprit peut influer sur la transmission des caractères acquis, mais celle-ci peut aussi être annulée grâce à un retournement de la pensée.

19) C'est une disposition de l'esprit qui détermine les caractéristiques d'une forme : la similitude des formes provient de la similitude des expériences mentales et émotionnelles des individus appartenant à un groupe. Deux personnes, qui ne se ressemblent guère au départ, développent à la longue des caractéristiques similaires, si elles collaborent pendant une longue période et ont les mêmes réactions générales, mentales et émotionnelles. Un homme et une femme qui vivent ensemble pendant de nombreuses années, s'ils ont des réactions émotionnelles et des intérêts communs, finissent par se ressembler. Ce phénomène traduit des états mentaux semblables.

20) De nos jours, la science médicale contredit ses théories antérieures concernant les maladies héréditaires. Quand Jésus a soigné un épileptique, Ses disciples voulurent savoir si l'homme ou ses parents avaient péché. Et Christ répondit : « Ni lui ni ses parents n'ont péché, mais c'est afin que soient manifestées en lui les œuvres de Dieu. » S'il y avait péché, ce ne pouvait être que dans l'esprit de ses parents ou de son entourage. Mais, en réalité, le seul vrai péché était cette opinion erronée.

21) La prétendue loi du karma doit être rangée dans la même catégorie. Il est possible de prouver aujourd'hui qu'il n'y a pas de dette karmique, que l'Âme ne

transmet rien de tout cela. La compréhension spirituelle ne tient absolument pas compte des conditions karmiques ou de conditions imparfaites, quelles qu'elles soient. C'est aussi ridicule que de dire à quelqu'un qu'il doit corriger une erreur en mathématiques, alors qu'il n'en a pas encore étudié la règle concernée ; l'erreur disparaît d'elle-même quand on porte son attention sur la règle.

22) Les meilleures universités en Inde, et particulièrement l'université de Calcutta où enseigne le Dr Bose, affirment aujourd'hui que ce que nous appelons l'hérédité disparaîtrait, si notre esprit renonçait totalement à ce concept. Même l'hérédité des plantes peut être modifiée par leur entourage.

23) Ce que l'on désigne communément sous le nom de folie héréditaire n'est qu'un état imposé aux victimes par d'autres personnes de groupes parallèles. C'est une attirance, non un héritage. Au lieu d'accepter cette théorie de l'hérédité – l'idée de Paul selon laquelle Dieu nous lègue un héritage immuable, irréversible –, il nous faut remettre en cause cette notion. Voici une façon efficace de nier l'hérédité raciale : remplaçons le faux par le vrai, décidons de ne plus jamais le prendre en considération dans nos raisonnements. Dieu est indifférent face à ces notions qui obsèdent l'esprit des hommes, et nous, les fils de Dieu, n'en avons pas plus besoin.

24) Jésus a dit : « N'appelez personne notre “Père” sur la terre, car vous n'en avez qu'un, le Père céleste. » Telle est la véritable filiation de l'Homme et, pour chasser de son esprit ces processus mentaux qui le paralysent, il lui suffit de revenir à la fondation de son être. Au début des temps, Dieu a tout créé – en d'autres termes, le commencement de toute création est en Dieu. Cela n'est pas une donnée temporelle, mais un fait établi. S'il n'existait rien dans l'esprit de l'Homme entre lui-même et ses origines, il ne pourrait pas y avoir d'autre ascendance, car rien de ce qui pro-

vient d'une autre source n'aurait accès à son être. La pensée est toujours le facteur déterminant et, en retournant sans cesse à ses origines (Dieu), l'Homme hérite, à travers son esprit, de ce qui existe *depuis* son commencement.

25) Dans le deuxième chapitre de la Genèse, une phrase a été mal traduite; cette erreur a engendré une conception inexacte du péché et de l'hérédité. Nous croyons que, parce que l'Homme a péché, il est devenu mortel, et que cette mortalité nous a été transmise de génération en génération. En fait, le péché n'a pas changé complètement la nature de l'homme : la faute aurait pu être amendée, corrigée. À ce moment, il s'agissait seulement d'une erreur qui pouvait être réparée. Et c'est pourquoi Jésus a parlé de la rémission du péché plutôt que de sa perpétuation et de ses conséquences. Les erreurs peuvent être *annulées*, tel est l'enseignement que nous devons en tirer.

26) Toutes les prétendues lois humaines ou mentales appartiennent à cette catégorie. Elles sont toutes erronées, dans la mesure où elles ne définissent pas la véritable loi directrice de l'univers. Mais nous pouvons les rejeter à tout moment. Pour les nier, il suffit de les balayer et d'adopter la loi véritable. Le Dr Bose l'a prouvé de façon convaincante. Il affirme que toutes les prétendues lois sur l'hérédité ne sont que des leurres suscités par les pensées des hommes et que nous pouvons les écarter totalement en permanence.

27) Cependant, avant toute chose, nous devons ne faire qu'un avec le Moi du Christ. Il nous faut acquérir une conscience, un état christique pour rejeter ces lois, de même que nous devons acquérir un savoir authentique pour écarter les fausses croyances.

28) L'hypnose peut naître de deux états : un état de conscience partiel ou un état de conscience erroné. Dans le premier cas, le sujet possède seulement certaines capacités et se sent limité ou incapable d'aller au-delà de ce que sa conscience lui indique. Toute

limite, ou tout sentiment d'incapacité de s'accomplir, n'est qu'un état hypnotique partiel. Dans le second cas, le sujet croit à tort en l'authenticité de certaines choses. Il ignore complètement la réalité et éprouve de fausses impressions. L'Homme peut ainsi fabriquer des états de conscience concernant des choses qui n'existent pas, ou éprouver des impressions totalement fausses sur des choses absolument vraies.

29) Pour illustrer cette idée, prenons la croyance, couramment répandue autrefois, selon laquelle la Terre était plate. Le résultat hypnotique fut que les hommes se cantonnèrent dans certaines zones d'activité, parce qu'ils redoutaient le bord de la Terre et le fait de tomber s'ils le dépassaient. Cette idée nous semble aujourd'hui absurde, car nous savons que la Terre est ronde. Elle l'a toujours été, mais les êtres humains bornaient leurs activités comme si la Terre était réellement plate et qu'un grand gouffre l'eût entourée. Des aventuriers, qui avaient une conception différente du monde, osèrent s'aventurer au-delà des limites que les autres s'étaient fixées et ils franchirent l'abîme sans aucune difficulté. Pour eux, cet abîme n'existait pas, et ils avaient raison. Comment une poignée d'hommes intrépides a-t-elle fait face à cette situation ? En franchissant l'abîme ? Non, puisqu'il n'y en avait pas. Il leur a suffi de voguer, toutes voiles dehors, au-delà des barrières dressées par les opinions de leurs contemporains et de découvrir par là même que ces limites n'avaient aucune réalité. C'est exactement ainsi que les Maîtres affrontent chaque situation. « Les apparences n'existent pas », affirment-ils. Ils ne sont pas hypnotisés par les conceptions défendues par les autres hommes ni par les apparences que ceux-ci perçoivent, car ils connaissent la réalité. Leur détermination se fonde sur le royaume des faits ; ils traversent le temps et l'espace, exactement comme Christophe Colomb a franchi les prétendues limites de la Terre. Le temps et l'espace ne sont que des illusions…

30) C'est le sens des paroles de Jésus quand Il a déclaré : « Retire-toi, derrière moi, Satan », comme cela a été traduit. En réalité, Il a dit : « Retire-toi, derrière moi, limitation », car la limitation n'existe pas. Il l'a écartée de Sa pensée et de Sa conduite car, dans Son état inspiré, de tels obstacles n'avaient nul lieu d'être. Il voyait à travers le charme hypnotique, à travers le voile dans le temple, et vivait entièrement dans la réalité.

31) Durant le sommeil, la conscience devient totalement universelle. Elle devient le savoir, avec tous les attributs en état d'alerte. C'est pourquoi nous pouvons souvent faire durant notre sommeil ce que nous ne parvenons pas à accomplir quand nous sommes éveillés. Nous refoulons cette réalisation à cause de nos activités extérieures durant le jour. Nous vivons dans une très grande précipitation pendant la journée, de sorte que l'épuisement nous anéantit dès la tombée de la nuit ; alors, notre conscience remonte à la surface et revient immédiatement à l'état omniscient. Nous ne sommes pas conscients de ce qui se passe, mais le sommeil permet à notre conscience totale de s'activer.

32) C'est pourquoi la psychanalyse accorde tellement d'importance aux rêves, considérant l'état endormi supérieur à l'état éveillé, à condition d'y avoir recours de façon rationnelle et appropriée. Mais les deux états – la veille et le sommeil – devraient être exactement les mêmes. Si nous concentrions nos pensées sur cette conscience supérieure, nous serions toujours dans ce royaume. Nous *saurions*. Le rêve est plutôt un état clairvoyant d'un niveau très bas, à moins que nous ne tournions notre esprit vers un état de conscience ou de connaissance supérieur. Dans ce cas, nos rêves sont toujours authentiques. Ils sont généralement un mélange d'expériences terrestres et spirituelles et, si nos pensées relevaient toujours de cet état de conscience supérieur, nos rêves leur correspondraient. Nos journées seraient terminées dès que nous nous endormirions.

33) Parfois, quand un homme se trouve face à ce que j'appellerais un mur de pierre, en raison de graves problèmes qu'il semble ne pas pouvoir résoudre, son état d'épuisement paraît apaiser le monde extérieur et très souvent la solution surgit. Il a seulement poursuivi son mode de vie erroné jusqu'à contracter son être au maximum. C'est exactement comme s'il s'était endormi. La cessation d'activité consécutive à l'épuisement a poussé son esprit à abandonner cet état, et la solution lui est alors apparue.

34) La méthode de la relaxation qu'utilisent les Maîtres consiste à abandonner tout état extérieur et à toujours projeter leurs pensées vers une activité parfaite. Le physique, l'émotionnel et le mental doivent être apaisés en dirigeant son attention plus haut.

35) La différence entre un rêve ordinaire et un cauchemar est que ce dernier dévoile des phénomènes psychiques liés à une activité extérieure, ce qui permet à tout d'y pénétrer – de même que sous une influence métapsychique ou mesmérienne. J'ai vu des gens hypnotisés changer radicalement de personnalité : ils agissaient comme des singes ou aboyaient comme des chiens. Cette situation ressemble beaucoup à un cauchemar.

36) Quand vous faites un cauchemar, vous pouvez vous en libérer en raisonnant comme si vous étiez éveillé. Un patient qui faisait des cauchemars extrêmement pénibles s'est complètement guéri en se suggérant à lui-même, pendant qu'il rêvait : « Et que ferais-je maintenant si j'étais éveillé ? » Il aurait pu obtenir le même résultat plus rapidement : il lui suffisait de réfléchir à ce qu'il aurait fait s'il s'était trouvé dans un état parfait de conscience spirituelle ; il se serait alors élevé vers cet état et s'en serait rapproché. En se demandant ce qu'il aurait accompli s'il pouvait percer les apparences et arriver directement au spirituel, tout serait devenu beaucoup plus simple et bénéfique en permanence. Vous pouvez automatiquement mettre fin à un

cauchemar si, juste avant de vous endormir, vous déclarez que vous ne faites qu'un avec la perfection.

37) Cette même pratique s'applique également au prétendu état éveilié. Toutes les conditions négatives et les problèmes difficiles peuvent être corrigés et résolus systématiquement par cette méthode. Lorsque vous serez confronté à des problèmes ou à des conditions apparemment négatives, il vous sera très utile de vous demander ce que vous feriez si vous vous trouviez dans un état de conscience spirituelle. Débarrassez-vous ainsi des complications de votre vie terrestre. C'est aussi simple que ça.

38) Le fait d'«être en paix et de savoir que je suis Dieu» correspond parfaitement à ce cas, car il s'agit du parachèvement de tout le processus. Et cette autre phrase : « Dieu est dans Son Saint Temple, laissez toute la terre garder le silence devant Dieu et se réjouir », s'applique également. Ainsi que : « Dans une joie éternelle toutes les choses ont leur origine. »

39) La joie est l'état spirituel suprême. C'est l'exaltation de l'Âme, tout comme le plaisir physique est l'exaltation du corps. Mais elle est le véritable état émotionnel de l'Homme, provoqué par sa libération intérieure et l'acceptation de la vérité de son être. C'est seulement quand nous sortons de cet état de joie et d'harmonie que nous commençons à nous séparer du Très-Haut. Vous allez probablement beaucoup entendre parler de ces idées au cours des prochaines années dans tous les courants religieux. Il est tout à fait remarquable de noter que ce changement se manifeste même dans la façon dont on enseigne aux enfants à devenir harmonieux et à laisser le tumulte autour d'eux se poursuivre, sans y mettre fin ni y participer.

40) Dès que vous apprenez aux enfants à réagir à des idéaux constructifs et à s'unir pour promouvoir l'harmonie, vous développez l'instinct spirituel de masse, et détruisez à la racine tout le malheur, la misère, le

besoin, et la guerre dans le monde. La méthode précédente consistait à développer le sens du conflit. Aussitôt que quelqu'un agissait d'une façon qui suscitait du ressentiment ou de la résistance, tous les autres commençaient à adopter la même attitude. Et ce n'est qu'en inversant ce processus et en revenant à l'état de conscience véritable que nous faciliterons l'avènement d'une structure sociale parfaite.

POUR LE PROFESSEUR OU L'ANIMATEUR

Paragraphes 1 et 2. Passer du stade actuel, où l'Homme se considère comme un être matériel, à la conscience qu'il est un être spirituel, c'est là que réside tout le secret du but de l'humanité. Un changement structurel doit s'opérer dans la conscience, car toutes les autres mutations que l'Homme s'est évertué à imposer en dépendent. Nous devons apprendre à discerner la différence entre le vrai et le faux, entre la connaissance juste et l'ignorance. Être conscient que l'on est soi-même un être spirituel, le produit d'un système spirituel infini, et que l'on ne fait qu'un avec tous les pouvoirs et les capacités qui résident à l'intérieur de ce système, tel est l'objectif essentiel.

Paragraphe 3. Un état éveillé ne permet pas de supprimer l'homme extérieur ni ses prétendues activités sensorielles. Mais celles-ci peuvent être élevées spirituellement et lui permettre d'exprimer sa révélation, au lieu d'assimiler des informations limitées ou fausses.

Paragraphe 4. La maîtrise de soi et l'expression libre sont la loi de la vie, et non la soumission au contrôle de forces extérieures ou de connaissances partielles.

Paragraphes 5 à 8. La conscience s'obscurcit toujours dans les actions partielles du mécanisme de la prise de conscience. Être seulement partiellement conscient dans n'importe quelle prétendue phase de l'esprit, ce n'est pas avoir une conscience complète. La nouvelle psychologie reconnaît que l'esprit est une unité et fonctionne comme telle – qu'il est un processus unique et n'est pas constitué de multiples fonctions et processus. La conscience est la fonction de l'homme spirituel, de même que le fait de se nourrir, de digérer et d'assimiler relève des fonctions de son corps. Le physique n'est qu'une réplique extérieure du spirituel, c'est pourquoi l'extérieur est appelé le « symbole ».

Paragraphes 9 et 10. La connaissance pure et l'être pur sont le résultat de la clairvoyance, de la capacité de voir à travers le fait spirituel tel qu'il existe dans le Principe divin. « Et il leva ses yeux vers le ciel » – cette pratique évoque une vision pure ou une vue claire. Ce que l'on appelle habituellement la clairvoyance n'est que l'extension du sens physique qui permet de voir le mouvement des idées humaines dans les éthers mentaux ou psychiques. Seul le rayonnement de la Vérité elle-même est l'objet d'une vision claire.

Paragraphes 11 et 12. Si l'on impose une idée au corps en remplacement d'une autre, ou si l'on tente avec l'esprit d'éveiller des centres corporels, on ne pratique qu'une forme extrême d'hypnose, car on impose délibérément une idée et l'on crée un lien très contraignant. Avez-vous déjà remarqué qu'un sentiment de joie vivifiant a automatiquement des effets identiques et automatiques dans tout votre corps ? Aucune partie de votre être n'a alors besoin d'être stimulée pour parvenir à cet état de joie. Imaginez combien de temps il vous faudrait pour devenir gai si vous deviez vous concentrer sur chaque partie de votre organisme afin de l'éveiller à l'état de joie, et procéder ainsi avec chacun de vos centres corporels jusqu'à ce que finalement vous deveniez heureux. Les processus mentaux ne produisent pas plus la spiritualité qu'ils ne réveillent les centres physiques. L'éveil spirituel envahit tout l'être de l'Homme et, quand le *je* est élevé spirituellement, l'Homme est dans son entier élevé avec lui.

Expliquez les *paragraphes 13 et 14* de la même façon que les deux précédents, et ajoutez-y d'autres développements si vous le désirez.

Paragraphes 15 et 16. Le problème de la dénégation ne se réduit pas à la simple action de nier, il concerne aussi le fait d'ignorer la négation. La première fonction de l'esprit est l'attention ; tout ce qui occupe l'attention se développe dans le cadre des processus mentaux. C'est pourquoi la dénégation consiste à mettre quelque chose hors de portée de la conscience. L'expression « Retire-toi, derrière moi, Satan » nous incite à refuser de prendre en considération la moindre négation. Il n'est même pas nécessaire de s'en préoccuper, car il ne s'agit que d'une ombre. La lumière est ce qui dissipe l'ombre, et la connaissance dissipe l'ignorance.

Paragraphes 17 à 20. Toutes les prétendues lois du monde matériel ne sont que des tentatives pour appliquer la règle du béhaviorisme dans le système matériel. Cependant, la matière n'est contrainte d'obéir à aucune de ces lois, elle en transgresse toujours les prétendues limites et obéit à un principe supérieur. Le principe directeur ultime de la matière est l'Esprit, car tout l'univers est un système spirituel. La prétendue hérédité ne provient pas d'une loi, mais de l'imposition de faux états de conscience au processus de la vie. Elle n'est pas une loi, mais le résultat d'une réaction à une loi. La loi de l'Esprit de la vie constitue le véritable principe directeur.

Paragraphe 21. De même, la notion de karma est le résultat d'une réaction à la loi de l'esprit de la vie. Les fruits de la loi sont la libération, l'inspiration divine, la perfection. Tant que la conscience individuelle ignore cette loi, il semble y avoir un karma ou l'effet d'une autre influence. Pour dépasser le karma, nul besoin de maîtriser et de passer outre aux résultats de nos erreurs : il suffit de les corriger. Nous y parvenons très bien en saisissant la véritable loi et en lui obéissant.

Les paragraphes 22, 23 et 24 montrent que l'héritage de l'Homme provient de la Source unique, et non des canaux qu'elle emprunte. On appelle *courant* le flot qui naît d'une source, et non les rives entre lesquelles il coule. Une rivière reçoit l'eau de sa source, mais seulement la boue de ses rives.

Paragraphes 25, 26 et 27. La loi de l'esprit n'agit pas pour punir le péché mais pour délivrer l'Homme des effets de ses erreurs. C'est la procédure erronée qui doit être corrigée, et non pas l'Homme qui est supposé subir les résultats de son erreur. La nature de l'être humain ne peut être modifiée, car il reste toujours un être spirituel. Il ne peut qu'inverser la conception qu'il a de lui-même. Il devrait prendre le contre-pied de son idée erronée («Je suis un être matériel») et affirmer la vérité : « Je suis un être spirituel créé à l'image et à la ressemblance de Dieu. »

Paragraphes 28 et 29. Toute conscience étroite a un effet hypnotique. L'homme est un être libre, omnipuissant, à qui Dieu a offert le pouvoir et la maîtrise sur toute chose depuis le début des temps. Seule sa propre conscience exerce une influence limitatrice. Si on libère la conscience, on libère l'Homme.

Le *Paragraphe 30* développe la même idée.

Cette leçon a un but précis pour l'élève : apprendre, qu'il soit endormi ou éveillé, à combler le trou qui existe dans sa conscience et dans lequel il puise tous ses sentiments de limitation. Tant que nous restons ouverts, même de façon partielle, à ce qui n'est pas spirituel, nous déterminons les limites de notre nature. Nous sommes capables de recevoir une conscience pure provenant directement de la Source, aussi bien qu'une connaissance fragmentaire provenant de dimensions inférieures. Pourquoi cherchons-nous toujours l'inessentiel, alors qu'il est beaucoup plus facile d'obtenir l'essentiel ? Pourquoi ne pas apprendre, et enseigner à nos enfants, à découvrir les réalités et abandonner les limitations et l'ignorance du monde ?

7

Dieu

1) Les gens s'intéressent généralement à la conception de Dieu qu'ont les Maîtres et à la situation du Très-Haut. Nous allons donc nous pencher sur cette notion. Cependant, il nous sera impossible d'analyser leur pensée sans inclure l'Homme, car, pour les Maîtres, Dieu et l'Homme sont inséparables.

2) Les Maîtres parlent souvent de Dieu, mais ils Le considèrent comme un attribut *unique* de l'Être – l'Être étant une entité unique comprenant tout le système universel, visible et invisible. L'esprit de l'Homme a conçu une idée superstitieuse de Dieu, il n'a vu que Son image. Mais il doit désormais se souvenir qu'il est Dieu, et qu'il n'existe donc pas de séparation entre l'individuel et l'universel ; qu'il est partie intégrante du Tout et que sa nature est identique à la totalité.

3) Les Maîtres enseignent que Dieu réside sans cesse à l'intérieur de l'Homme, comme Jésus l'a enseigné. Telles sont toujours l'attitude et la pensée des êtres inspirés par Dieu. L'Homme est Dieu. « Je suis Dieu » est l'une des affirmations les plus claires que puisse proclamer l'individu. À notre connaissance, les Maîtres n'ont jamais laissé d'enseignements écrits, mais ils

donnent des instructions orales ou font des discours. Ils n'appellent pas leurs discours des instructions, car ils énoncent simplement des faits évidents et supposent l'évident universellement connu. C'est pourquoi ils n'enseignent pas, ils ne font que confirmer ce que tous les homme savent instinctivement, qui est universellement vrai.

4) Pour nous guider dans notre développement personnel, ils suggèrent de lire le *Mahabharata*, les *Veda*, les *Upanishad* et la *Bhagavad-Gîtâ*. Ces lectures sont conseillées pour ceux qui désirent se préparer à un véritable travail intérieur et à un exercice de concentration. Mieux vaut lire seulement quelques lignes à la fois. Les Maîtres ne proposent jamais de lire un livre d'une traite. Les instructions données dans la *Bhagavad-Gîtâ* permettent de progresser vers la perception individuelle de ce qu'est réellement Dieu et d'amener l'individu à prendre conscience de ce que cela signifie.

5) Aucun être humain ne connaîtra réellement Dieu tant qu'il n'aura pas compris qu'Il se trouve en lui. «*Aucun* homme ne connaît les choses de Dieu à moins que l'esprit de Dieu qui est en lui ne les lui révèle.» L'exercice préparatoire à la découverte du secret intérieur – ou de la doctrine intérieure – résulte d'un entraînement de l'esprit à saisir le contenu des affirmations; c'est en cela que consiste le travail intérieur. C'est un peu comme chercher à comprendre le sens d'une loi mathématique. Quand on s'est suffisamment entraîné à déchiffrer le sens profond des enseignements de la *Bhagavad-Gîtâ*, de la Bible ou de tout autre livre sacré, on est en position d'entreprendre une quête intérieure afin de trouver le sens intime de son propre être. L'Homme n'est pas un organisme physique, mais un soi intérieur qui vit dans un organisme physique. Tout le travail consiste à trouver le Soi qui est le Dieu-Soi.

6) Nombreux sont les penseurs orthodoxes qui prétendent aujourd'hui que Dieu est fait à l'image et à la

ressemblance de l'Homme ; en vérité, l'Homme est fait à l'image et à la ressemblance de Dieu. Mais ils envisagent l'Homme comme un être physique, ils ignorent ce qui se trouve derrière le physique, le Soi intérieur.

7) Si Dieu est la somme de toutes les choses visibles et invisibles, l'Un infini, l'image de Dieu englobe le temps et l'espace tout entiers, car il n'y a rien d'autre que Dieu. L'Homme ne pouvait qu'être créé à, ou dans, Son image, car il n'existait pas d'extérieur où il aurait pu être créé. Il subsiste à l'intérieur de l'image même de Dieu, comme nos pensées existent à l'intérieur et vivent comme une partie intégrante de notre esprit. Non seulement l'Homme est créé à l'intérieur de cette image de Dieu, inclus dans la totalité de Dieu, mais il est formé de l'essence même de la nature de Dieu. La cause et l'effet doivent ne faire qu'un. La pensée peut-elle exister sans l'esprit et l'esprit sans la pensée ?

8) La fusion de toutes les conditions ramène directement l'Homme à Dieu. Il n'a pas besoin de L'atteindre ; il est Dieu. Telle est la complétude du Principe. La matérialité de l'illusion provoque toutes sortes de difficultés et de conflits. Dans cette unification complète du Principe en l'Homme, nous échappons à notre objectivation en identifiant cet état. C'est une manifestation pure de Dieu, mais ce n'est pas une objectivation matérielle ou limitée – absence de tout degré de séparation ou de limitation. Ce phénomène s'apparente à un rayon de lumière au milieu d'innombrables autres rayons, qui tous ensemble constituent la lumière universelle. Mais chaque rayon *est* la lumière.

9) L'affirmation « Je suis Dieu », accompagnée par la prise de conscience de ce qu'elle implique véritablement, guérira aussitôt tout état. Si vous vous en rendez compte et ne voyez que la Vérité, seule cette Vérité se manifestera. En vous traitant ou en traitant autrui, vous voyez et proclamez uniquement l'Unité

éternelle avec Dieu. Cette Lumière jaillit instantanément, car elle est la véritable lumière ; nous savons alors que l'unité existe en nous et à l'intérieur de tous les autres êtres humains. Tout est accompli. C'est la Lumière, le Principe du Christ.

10) Il est inutile d'effectuer un travail spécifique sur les glandes, les centres corporels, sur le corps lui-même, ou de traiter la maladie. Le physique suivra, dès que nous nous rendrons compte de cette Unité fondamentale. Quand nous atteignons cet état, les glandes et toutes les fonctions corporelles sont stimulées jusqu'à ce qu'elles deviennent harmonieuses. Chaque atome du corps est vivifié et poussé à agir en parfaite coordination avec l'Esprit. C'est l'Esprit qui accélère. Votre pensée ne peut élever et harmoniser l'action corporelle avec l'Esprit, car celui-ci est supérieur à la pensée, tout comme le ciel est bien au-dessus de la Terre.

11) Les dix commandements ne sont pas la loi objectivée de Dieu, Moïse a essayé de fixer des règles de conduite mentale et morale, mais ces comportements eux-mêmes ne peuvent exister en dehors de la loi de l'Esprit ; la conscience de l'activité de l'Esprit doit être comprise comme la seule loi directrice. L'affirmation « Lorsque tu ne feras qu'un avec la Loi, *tu ne feras plus* le mal » a été traduite par : « *tu ne devras plus faire* » le mal. Si vous êtes à l'intérieur de la loi de l'harmonie, vous ne ferez pas de fausses notes ; mais, si vous vous retenez seulement d'en faire, cela ne vous placera pas à l'intérieur de cette loi. Vous abstenir de jouer ou chanter des fausses notes vous conduira simplement à ne produire aucun son ; une telle attitude ne fera jamais de vous un musicien et ne vous permettra pas d'émettre des sons harmonieux. L'application de la loi produit des effets proportionnés à la loi elle-même. La vie est active, dynamique, et non statique. Elle *met en pratique la Vérité*, et n'évite pas seulement ce qui n'est pas la vérité.

12) Si vous obéissez à la loi elle-même, vous vous abstiendrez automatiquement de commettre certaines actions étrangères à son fonctionnement naturel. Mais, si vous évitez de les commettre, c'est peut-être davantage en raison de vos propres idées que de votre respect pour la loi. « Tu ne devras pas », disait la loi formulée par Moïse. Telles étaient les prescriptions des Sephiroth ou de l'Arbre de Vie. Le prophète a dissimulé ce fait et l'a objectivé pour son peuple, mais, dans le Talmud, il a révélé aux sages le véritable sens.

13) Quand Dieu a parlé à Moïse d'une « voix profonde », comme le disent les Écritures, cela ne signifie pas qu'Il a parlé bruyamment. Dieu est une « voix profonde » qui donne une expression à la lumière. Telle était l'affirmation de Moïse. Une « voix profonde » et non une « voix sonore ». Il y a une différence importante. Une « voix profonde » est Une et fera naître la lumière. Elle nous donne ce pouvoir. Elle peut être très discrète, voire inaudible. Et c'est l'idée que nous découvrons maintenant, le silence du son. Alors vous êtes au-delà du bruit, vous ne faites plus attention au bruit, parce que vous êtes dans la Voix puissante ou le Principe définitif.

14) La profondeur est la complétude et, lorsque Dieu a parlé d'une voix profonde, Il a parlé dans la complétude de Lui-même. Nous disons souvent de quelqu'un : « Il s'est complètement investi dans ce qu'il a dit. » C'est seulement lorsque toute la nature est éveillée et opérationnelle que la voix est profonde, ou que nous nous exprimons avec profondeur. Nous ne parlons pas de façon partielle, ou dans un état de division quelconque, mais dans une unicité complète. Quand Dieu a dit à Moïse : « Je suis ce que je suis, et à côté de moi il n'y a personne d'autre », Il parlait d'une « voix profonde », car Il n'excluait rien de Sa proclamation et agissait comme une Unité complète. C'est particulièrement éclairant en ce qui concerne la conception psychologique erronée selon laquelle l'es-

prit est compartimenté en différentes sections et constitué de nombreuses opérations. Voilà le résultat de l'hypnose du manque de profondeur. Plus l'esprit se différencie, plus il perd de sa profondeur. Observez certaines personnes qui se consacrent à des fonctions partielles de la pensée, se concentrant ici et là, et déplaçant leur esprit d'une section à l'autre. Elles manquent totalement de profondeur et ne sont jamais sûres d'elles ; il est également risqué de les suivre, car elles ne nous conduisent qu'à la confusion. Cela peut être une bonne façon de rassembler un large public, car les gens peu profonds sont facilement attirés par les organisations, mais cela finit par devenir un très grand handicap, en particulier pour celui qui trompe ainsi autrui. La profondeur est la totalité – l'Unicité. « Je suis Dieu », énoncé en sachant que vous ne faites qu'un avec le Tout, que le Tout est centré en vous et que vous agissez selon, et êtes inclus dans, le fonctionnement du Tout, est la seule affirmation vraiment profonde, car elle est complète. Aucune structure n'est stable à moins qu'elle ne devienne une unité ; aucun homme n'est stable à moins qu'il ne soit une unité complète à l'intérieur et avec le Principe.

15) Notre développement spirituel nous éloigne des Églises officielles ou des systèmes métaphysiques, car ils sont sectaires, partiels, et enseignent une doctrine plus ou moins fondée sur la séparation. Ils peuvent seulement servir d'étapes temporaires dans le processus de la découverte de l'Homme par lui-même. Ne perdons pas notre temps avec ces gens-là, nous risquerions de devenir doctrinaires. Ils nous empêcheraient de progresser et de rompre avec leurs idées.

16) De nombreuses personnes confondent affirmations et dénégations. Bien sûr, beaucoup de théories modernes sombrent dans le flou à ce propos, quand elles commencent à nier. Elles s'accrochent à un état inexistant, puis, quand elles sentent l'influence erronée de leur propre réaction mentale, mettent en cause

un magnétisme maléfique animal. Tout d'abord, elles subissent de nouveau des influences occultes, et restent bloquées à ce stade par leurs répétitions.

17) La dénégation nous handicape, elle nous sépare de l'Esprit, car nous nous mettons alors à prendre en compte quelque chose de « non spirituel », selon nos propres termes. Dans l'Esprit, il n'existe pas de division. Par conséquent, c'est uniquement l'Homme qui a conçu l'idée fausse de la séparation et s'est ensuite empêtré dans les phénomènes occultes ou les miracles. Moïse considère tout ce qui se passe dans le domaine des phénomènes comme le produit d'une division de l'Esprit. Les Églises traditionnelles ont évidemment des difficultés à admettre cette idée, parce qu'elles autorisent une séparation. Elles ont construit une grande image dans les cieux, et l'ont appelée Dieu. Elles croient à une détermination occulte, pensent que cette image communique avec elles, alors qu'en réalité c'est leur propre voix qui leur parle à travers des influences métapsychiques. La voix de Dieu parle à l'intérieur de l'Homme, comme Jésus nous l'a enseigné. C'est le Père qui se trouve en chacun de nous.

18) Lorsque le Christ a nié la limitation – Satan –, Il n'a pas affirmé que celui-ci n'existait pas, Il a simplement écarté une idée entièrement fausse et décidé de l'ignorer.

19) Moïse, en se référant à la division entre le ciel et la terre, voulait évidemment dire que la terre était l'extérieur – il existe d'ailleurs en sanskrit un mot qui définit la terre comme la condition extérieure. Cet état doit être dépassé, mais ce dépassement s'effectue seulement en pensée. Moïse souhaitait expliquer que la terre et le ciel devraient toujours être complets et Un. Il a totalement abandonné la terre et ensuite l'attitude unique du Principe a surgi. Il savait parfaitement que la forme était une incarnation complète de l'Esprit comme vie.

20) C'est ce que Job essayait d'expliquer quand il a déclaré : « Cependant, dans ma chair je verrai Dieu. » Cette idée est même exprimée en ces termes dans les *Upanishad*. À l'intérieur de chaque chose, faites apparaître le Soi du Christ et voyez la réalité et non un corps physique différencié. Le corps rayonne et constitue une substance spirituelle pure ; il montrera cet état quand la pensée de sa matérialité disparaîtra et laissera place à la vérité : la chair, dans son état véritable, est la lumière rayonnante de Dieu à travers laquelle Dieu est manifeste dans Sa perfection spirituelle.

21) La chair n'a pas besoin d'être spiritualisée ; elle est déjà une manifestation de l'esprit, de même que l'eau est une forme manifeste de l'oxygène et de l'hydrogène. L'eau est une, dans et avec sa source ; elle possède la même nature que sa source. Séparer l'oxygène et l'hydrogène de l'eau serait désintégrer l'eau elle-même. « Votre corps est le temple du Dieu vivant. » Quand le corps est réuni avec sa source, il devient pur et parfait comme la lumière rayonnante, la Lumière qui était au début des temps et à partir de laquelle toutes les choses ont été créées. Une mentalité embrumée s'est imposée entre la chair et sa véritable source, ce qui a fait apparaître le corps comme quelque chose d'autre. Le corps – le Temple du Dieu vivant – est devenu un antre de brigands, qui ont dérobé son authentique principe fondateur.

22) Dans le Notre Père, l'expression « Notre Père qui es aux cieux » ne signifie pas que le ciel se trouve ailleurs. Jésus voulait dire ce qu'exprime le texte sanskrit originel, la paix et l'harmonie intérieures omniprésentes. Tel est le véritable sens du mot « cieux ». Le Royaume des cieux est en vous. Le Notre Père renferme un sens intérieur qui ne peut être annoncé qu'en privé et oralement. Si l'Homme comprenait cette signification, il vivrait au Royaume des cieux. Cela implique d'abandonner complètement ce que nous appelons notre soi et d'accepter le Soi qui est l'unique

réalité, le Soi spirituel, car il n'en existe pas d'autre. Ceux qui y sont parvenus suivent ce chemin et pénètrent dans ce qui exalte le Tout dans l'Esprit. Et ils savent que chacun d'eux est Dieu.

23) Nombreux sont les individus qui ont du mal à saisir cette idée, parce qu'ils songent à eux-mêmes en fonction de leur pensée consciente. Nous devons rejeter tous ces points de vue. La prise de conscience inclut l'esprit conscient, quand l'esprit du Christ est devenu la conscience complète de l'individu, car l'esprit conscient est alors inclus dans la conscience complète. Nous devons abandonner toutes les pensées qui diffèrent de la Vérité. C'est ce que le Christ voulait exprimer en déclarant : « Si quelqu'un veut venir à ma suite, qu'il se renie lui-même, qu'il se charge de sa croix, et qu'il me suive. » Abandonnez votre propre estimation de vous-même et acceptez-vous comme vous êtes dans une relation complète à la totalité. Renoncez à tous les états qui apparaissent extérieurement favorables au projet architectural qui est derrière tout cela. L'esprit du Christ est toujours l'esprit de Dieu.

24) Quand un homme, n'importe lequel, acquerra la véritable connaissance de Dieu, sa mission sur terre sera instantanément achevée. S'il ne fait qu'un avec Dieu, sa tâche sera aussitôt terminée. Jésus a dit : « C'est fini », et dès ce moment il s'est tourné vers d'autres tâches. Si nous-mêmes reconnaissons la perfection, nous devenons cette perfection elle-même, et ne nécessitons aucune autre reconnaissance. En d'autres termes, tout est Dieu.

25) Il y a deux mille ans, c'était le seul reproche que ses contemporains formulaient contre le Christ : ils jugeaient qu'Il « blasphémait » car Il se considérait comme Dieu. En effet, dans leur état hypnotique, ils ne pouvaient pas comprendre le mystère de Sa position, qui est la véritable position de tous les hommes. Mais ils ne Lui adressaient pas d'autre condamnation.

Quand nous affirmons la même chose devant des personnes qui ne sont pas inspirées par Dieu, qui ignorent totalement le véritable état de toute création, elles nous accusent aujourd'hui de blasphème. Mais pourquoi devrions-nous y attacher de l'importance ? Tant que nous nous occupons de ce que les autres pensent, nous restons assujettis au charme hypnotique de la Terre. Mais celui qui est éveillé à la vérité ne s'exprime jamais aussi ouvertement en public. Un des sens de « Je suis Dieu », c'est « Je suis silencieux ».

26) La tentative de transformer Dieu en trinité provient de l'idée de la différenciation de l'Un. La réduction de tous les éléments à un Élément unique, une seule énergie rayonnante, a conduit à l'idée des trois en un, ou en harmonie, et directement à la véritable Trinité ou Triade comme l'un des attributs de l'Être. C'est le Saint-Esprit, le Je total, l'Esprit créateur comme action complète. Dès que nous projetons notre pensée vers le Saint-Esprit, nous projetons notre être vers l'Esprit créateur en action. C'est le mouvement de la totalité en tant qu'*unité*. Quand le Saint-Esprit descend sur vous, vous êtes conscient que toute action à l'intérieur et à l'extérieur n'est que l'action complète du Principe dans sa totalité, sans éprouver le moindre sentiment de séparation ou de déviation. Il s'agit d'*une* action.

27) Il ne peut y avoir de véritable péché contre le Saint-Esprit. Dans le texte original, on ne trouve aucune mention de l'expiation des péchés. C'est l'être humain qui commet ce qu'il appelle un péché, et donc lui seul qui le pardonne. Le Fils de l'Homme sur terre a le pouvoir de pardonner le péché. Il ne peut y avoir de péché contre le Saint-Esprit, car l'Homme ne peut diviser l'indivisible ni séparer véritablement l'action unique de l'Un ; il semble seulement le faire. Voilà l'origine du droit divin des rois. Si le roi est dans son droit divin, il ne peut commettre aucune erreur, et les hommes, comme le roi, n'avaient le droit d'en com-

mettre aucune. Cela ne s'appliquait pas seulement à tel roi, ou à telle famille gouvernant une nation, mais à l'homme qui devait se gouverner lui-même. La maîtrise fait de lui un roi. Chaque homme est un roi, quand il sait qu'il est Dieu et exerce son autorité divine pour soumettre complètement chaque facette de lui-même à l'Idée unique.

28) Lorsque Dieu parle à des individus ou à des groupes, Il ne les distingue jamais des autres. Ce que Dieu dit à un homme ou à une nation, Il le dit à tous les hommes et à toutes les nations, car Il a créé l'humanité à partir d'un seul sang. Cependant, se fondant sur une fausse interprétation, l'Homme a construit l'idée d'un Dieu racial ou national. Cela a provoqué des guerres religieuses et amené des groupes séparés à former des nations. Selon le Dr Lyman Abbot, les Églises traditionnelles, en entretenant leurs haines mutuelles, ont davantage contribué à la régression des civilisations que tout autre facteur. Dieu S'est avant tout présenté aux hommes afin que nous considérions immédiatement la Lumière qui émane de notre propre être et de l'être de chaque individu comme étant *une seule* et même lumière. Dieu Se manifeste à, et à travers, tous les êtres, pour un objectif identique, sans partialité ni distinction. Dès que vous pouvez projeter votre vision vers cette lumière, vous êtes immédiatement et complètement conscient, c'est-à-dire à l'intérieur de la Conscience divine qui ne connaît aucune séparation. Comme il n'existe aucun sentiment de séparation, il n'existe aucune division entre les croyances, les races, les nations, et donc aucun conflit ni aucune guerre.

29) À propos de l'incident mentionné dans *La Vie des Maîtres*, lorsque Emil a séparé les chacals qui se battaient pour s'emparer de la carcasse d'un animal, celui-ci a déclaré : « Ce n'est pas le soi que vous voyez, mais seulement le Dieu-Soi en action. » Il voulait expliquer que, lorsque vous chassez la peur de l'animal et

projetez le Dieu-Soi, la paix et l'harmonie règnent. Et les deux chacals se sont avancés ensemble et ont mangé leur repas dans une parfaite harmonie, au lieu de se battre.

30) Cette théorie explique notre expérience de marche à travers le feu. Les Maîtres nous ont dit ensuite que nous avions élevé nos vibrations à un point tel qu'il n'y avait plus de conflit entre nous et le feu. Il régnait une harmonie et une unicité parfaites. Nous avons clairement vu le feu qui faisait rage tout autour de nous, mais nous ne sentions ni chaleur ni gêne. Nos vêtements ne furent même pas roussis. Cette expérience a été très récemment répétée à Londres par un jeune yogi hindou, dans des conditions expérimentales scientifiques très rigoureuses. Aux États-Unis, des images de cet événement ont été montrées aux actualités filmées, et un célèbre journaliste, Edwin C. Hill, a écrit un long article à ce sujet. Des copies de son texte ont été envoyées à une centaine de professeurs qui donnaient des cours sur ces questions.

31) La vie des Maîtres est simplement la vie de Dieu. Ils disent toujours : « La vie est la Lumière... Dès que nous exprimons la Lumière, la vie rayonne. » Si vous vivez la vie, alors vous saurez, et cette connaissance sera complète. Votre existence ne sera pas une vie d'ascétisme ou d'isolement, mais une vie et une Lumière en harmonie, dans la complétude.

32) Tout individu peut rompre ses liens apparents avec un état qui n'est pas divin, en les abandonnant simplement et totalement. C'est ce que j'ai appris depuis mon enfance. Si une condition discordante se manifestait autour de moi, je l'abandonnais aussitôt. Les Maîtres passent parfois des centaines de jours sans manger. Ils n'ont aucun lien d'aucune sorte. Quand ils ne mangent pas, ils se nourrissent de *prana*, ou de la substance spirituelle qui les entoure. Ils absorbent de la substance pranique, et elle est assimilée pour l'entretien direct et complet du corps. Les

plantes se nourrissent de prana, et, quand un homme mange des légumes, il en absorbe également. S'il le désire, il peut le consommer directement, encore plus rapidement que les plantes et les végétaux.

33) Il ne serait pas sage que les Occidentaux rejettent la Bible pour la *Bhagavad-Gîtâ*. La Bible a une très grande importance pour le monde occidental, car nous ne comprenons pas la *Bhagavad-Gîtâ* qui est plus appropriée pour les Orientaux. Pourtant, les Occidentaux pourraient lire avec profit la *Bhagavad-Gîtâ* : cela les aiderait à dénicher la vérité au milieu des interprétations folkloriques et des traductions erronées de la Bible. La *Bhagavad-Gîtâ* ne contient pas tout ce fatras. La philosophie védique, dans la plupart des cas, représente le meilleur exposé des enseignements des Maîtres. Beaucoup de gens trouvent dans les *Veda* une explication plus simple et peuvent assimiler ces notions plus facilement ; ils ont ensuite tout le loisir de s'intéresser aux enseignements védiques.

34) Les Occidentaux comprennent difficilement la spiritualité. Ils ont toujours évité le Principe parce qu'ils ignoraient sa signification. Ils se sont abusés eux-mêmes, surtout lorsqu'ils ont cru en leurs philosophes qui considéraient le Principe comme une quantité non mesurable. L'Esprit du Maître connaît le sens du Principe, et nous pouvons en faire autant. Nous devons accepter le but que nous poursuivons activement si nous voulons être efficaces.

35) Vous ne pouvez pas vous rendre en Inde avec un esprit égocentrique et égoïste. Vous n'arriverez à aucun résultat dans ce pays, pas plus que vous ne tirerez quoi que ce soit de la Bible, ou de n'importe quelle autre source de vérité, si vous restez dans cet état d'esprit. Rien dans la Vérité n'est compatible avec ce genre d'attitude. Vous n'emporterez de l'Inde que ce que vous y aurez apporté. La question n'est absolument pas de se rendre ou non en Inde, vous atteindrez cet état n'importe où, si vous êtes prêt à le recevoir.

36) Le problème n'est pas de voyager en Inde, d'étudier la Bible ou la *Bhagavad-Gîtâ*. Débarrassez-vous de toutes ces idées confuses qui encombrent votre esprit et des contrariétés qu'elles génèrent. Alors, vous pourrez recevoir de la Bible ou de toute autre source une grande impulsion spirituelle. Nous commençons à comprendre que nous tirons de la Bible ce que nous y apportons. Votre détermination même à en extraire le sens profond vous aidera à en découvrir les secrets. Si nous lisons la *Bhagavad-Gîtâ*, ou tout autre livre sacré, nous devons adopter la même attitude. Il n'y a rien dans la Bible qui ne soit pas interprété dans la *Bhagavad-Gîtâ*, le *Mahabharata* et les *Veda*. Toutes les connaissances contenues dans la Bible proviennent de ces ouvrages.

POUR LE PROFESSEUR OU L'ANIMATEUR

Paragraphes 1 et 2. Le plus difficile pour la plupart d'entre nous, c'est peut-être de prendre conscience que Dieu est le grand schéma universel de la création. L'animateur doit souligner cette idée et l'élève la mettre en pratique, jusqu'à ce que cette réalité fondamentale de la vie soit complètement assimilée. Chaque personnalité est une identité individuelle, tandis que Dieu est l'Identité universelle, l'univers comme identité consciente unique, la somme de toute conscience, tout pouvoir, tout amour, toute vie et toute substance.

Paragraphe 3. L'Homme ne peut échapper à l'Unité ultime qui existe entre lui-même et le système universel, car il en fait partie intégrante. S'il est un produit du système universel, il doit contenir les potentialités de l'univers et, quel que soit le nom qu'il attribue à celui-ci, il doit supporter ce nom autant que sa nature. Un rayon de lumière est de la lumière authentique aussi bien qu'une dizaine, qu'un million ou un milliard de rayons.

Paragraphes 4 et 5. Ce n'est pas ce que l'Homme étudie mais la façon dont il le fait qui lui permet de découvrir le secret de l'illumination spirituelle ; ce n'est pas ce que nous connaissons d'une chose mais ce que nous en savons qui fait la différence. Mieux vaudrait tenter de classifier et de décrire la taille, la forme, la couleur et la densité des graines pour essayer de connaître la nature, plutôt que de seulement lire les descriptions de Dieu dans l'espoir de Le connaître. Se familiariser avec la nature, c'est la connaître dans sa complétude, observer sa croissance sous tous ses aspects, et sentir, dans une certaine mesure, la force qui la produit. L'Homme doit être en paix et connaître Dieu de la même façon ; abandonner les descriptions et apprendre à « sentir d'après Lui », s'il veut toucher la proximité, le pouvoir, la sagesse et la substance qui sont constamment en action à l'intérieur de sa propre nature. Telle est la doctrine intérieure, la doctrine secrète.

Les *paragraphes 6 et 7* développent les mêmes idées que les deux paragraphes précédents.

Paragraphes 8, 9 et 10. Si Dieu est Tout et que l'Homme a été créé à Son image, comment l'Homme peut-il progresser, si ce n'est en élargissant sa conscience jusqu'à englober la grandeur de sa propre création ? Il ne crée aucun savoir nouveau, il découvre ce qui est déjà. Se découvrira-t-il lui-même petit à petit, ou découvrira-t-il la réalité ultime dès le départ ? À toutes les époques, les hommes sages ont déclaré que la seconde manière est la plus authentique. « N'oubliez pas que vous êtes les dieux et les fils du Très-Haut » incite l'Homme à se tourner vers ses origines, qui sont sa perfection dans et avec Dieu.

Paragraphes 11 et 12. Si l'Homme est dans un certain état de conscience, il n'exprime pas automatiquement l'état contraire. Par ailleurs, l'élimination de certains comportements ne produit pas un état de conscience opposé. C'est l'action, et non l'inaction, qui donne des résultats. Il peut être positif, lorsqu'on ignore la Vérité, mais ce n'est pas cette pratique qui conduit à l'illumination spirituelle. Si vous n'êtes pas heureux, vous ne le deviendrez pas en refusant simplement d'agir comme un être malheureux. D'un autre côté, si vous êtes heureux, vous n'agissez pas comme quelqu'un qui est malheureux et vous n'en avez pas l'air. Cela peut s'illustrer par de nombreux exemples.

Paragraphes 13 et 14. La profondeur est fondée sur la complétude, le sentiment d'être une unité complète. Cette profondeur ignore la séparation. Un bâtiment, ou un pont solide, est une structure constituée de nombreuses unités, toutes liées ensemble dans une seule unité. Profondeur, solidité et complétude sont synonymes. La voix profonde, dans cet exemple, comme l'esprit « profond » dans une leçon précédente, évoque la Conscience unifiée en action. Aucun homme n'est profond quand il se considère comme un être compartimenté ; son esprit n'est pas non plus profond quand il fonctionne de façon partielle ; et il ne parle pas de façon profonde quand il n'exprime que la moitié de la Vérité. La Vérité est ce qui est vrai de Dieu, car Dieu est Tout, et Dieu est Un.

Paragraphe 15. Chaque fois qu'un groupe, une ethnie ou une nation se sépare des autres comme un peuple élu, distinct, directement lié à Dieu ou favorisé par Lui d'une façon ou d'une autre, ce ne sont pas des êtres profonds, et leurs doctrines ne sont jamais ni solides ni profondes. Pour Dieu, tous les êtres humains sont égaux et toute manifestation est Sa création ; ils sont tous inclus impartialement à l'intérieur de Lui-même. Il est impossible que certaines personnes ne soient pas élues par Dieu et que d'autres le soient. Il a créé tous les hommes et toutes les femmes, et donc tous sont les élus de Dieu. Tous les peuples sont une manifestation de Dieu, de même que toutes les formes de la vie végétale sont des manifestations de la nature. L'égalité réside dans la réalité ; quant à l'égalité sociale, elle ne dépend que de notre prise de conscience et de notre incarnation de la réalité universelle.

Paragraphes 16, 17, 18 et 19. Nous progressons non pas en niant mais en unifiant toutes choses avec la source. Ainsi, elles commencent à manifester leur similitude avec la source et toute apparence disparaît, comme l'ignorance en présence de la connaissance ou les ombres en présence de la lumière. Traiter avec la réalité, c'est chasser les chimères. Travailler avec les fantasmes, c'est travailler avec du vent et ne rien accomplir. Pour réaliser quelque chose, il faut travailler avec des éléments. Une chose ne se concrétise jamais à partir de rien.

Paragraphes 20 et 21. Que votre visage rayonne de joie ou soit assombri par la peine, c'est le même visage, mais il apparaît différemment sous diverses influences. La chair est une substance spirituelle manifeste, qu'elle soit malade ou saine. Seule l'influence qui se trouve derrière ses besoins peut être changée. Quand la conscience s'étend à son véritable état de connaissance de la totalité et de l'unicité de Dieu, la chair manifeste automatiquement cette condition. C'est alors le retour de la chair à son véritable état, comme substance rayonnante du Monde de Dieu.

Paragraphes 22 et 23. Le Royaume de la réalité nous entoure et la seule démarche que nous ayons besoin d'effectuer consiste à rejeter l'idée qu'il est très loin de nous. Tout ce qu'est Dieu se trouve à l'intérieur comme autour de tous les hommes, et les traverse. Inclus dans cette totalité de Dieu, l'Homme est impuissant, il ne peut qu'accepter cette réalité, vivre en harmonie avec elle et en prendre pleinement conscience.

Paragraphes 24 et 25. La cause et l'effet ne font qu'un, et connaître la vérité, c'est être instantanément libre. Savoir que Dieu est santé, c'est se sentir bien aussitôt. Savoir que Dieu est soutien, c'est être instantanément soutenu, car l'un présuppose ou inclut l'autre. Il ne peut y avoir de séparation.

Paragraphe 26. Nous devons prendre conscience que nous sommes en train de revenir à la Maison du Père et n'en partirons plus. Nous progressons vers l'unité et non vers la diversité. « Sache que notre Dieu est Un » est l'hymne de l'âme qui revient au bercail.

Paragraphe 27. La fin de cette leçon devrait se passer d'explications, mais vous pouvez l'illustrer d'exemples et l'élargir, selon votre inspiration ou votre goût. Les élèves doivent apprendre à se débarrasser des opinions développées par l'Homme, opinions qui l'ont amené à ce sentiment de séparation. Ils doivent prendre conscience de son Unicité avec le Tout universel, sa ressemblance avec la totalité et sa possibilité d'accéder à tout ce qui se trouve dans l'espace infini.

8

L'Homme

1) Il est impossible d'étudier la nature de Dieu sans prendre l'Homme en compte, et vice versa. L'Homme est Dieu, Dieu est l'Homme. L'un présuppose l'autre, ils sont inséparables. Il n'existe pas de roi sans royaume, ni de royaume sans roi. Pas de créateur sans création, ni de création sans créateur. Sans l'un, l'autre n'existe pas. L'Homme constitue une part indispensable du Tout universel.

2) Selon les Maîtres, l'Homme est dans son état véritable, toujours actif, car le Principe s'exprime et se manifeste à travers lui. « L'Homme projette Dieu ; l'Homme devient Dieu ; le véritable Idéal de toute Perfection ; Dieu est sélectif mais totalement universel. » La pensée de l'Homme a produit l'idée même de sélection. Certes, il doit procéder à une sélection, mais il ne peut jamais l'effectuer hors du Tout ou hors du Principe, ou Esprit total. Ainsi, l'Homme ne sort jamais de son existence ou de son origine véritable. Chacun de nous détient les clefs de sa propre détermination et reste toujours uni au Principe. Il n'en est jamais exclu et ne dépend que de lui.

3) En tant qu'organisme, l'être humain n'est jamais totalement indépendant, car il est uni de manière insé-

parable au Tout. Comment pourrait-il s'exclure de l'infini ? Son isolement, tout comme les limites qu'il crée, est imaginaire. En réalité, il est toujours uni à sa source, il en fait partie intégrante. Quand l'Homme cessera ses élucubrations et acceptera l'inévitable, il retrouvera immédiatement sa place légitime dans le système universel. Il n'est roi que dans la mesure où il a le privilège d'appliquer les lois du royaume. Mais celui qui n'en tient pas compte ne reste pas roi bien longtemps. Le roi doit se plier aux lois du royaume, tout comme ses sujets. Ils représentent les unités d'un système unique où toujours l'emporte la loi. Le royaume ne demeure une unité harmonieuse que grâce au règne de la loi, auquel nul ne peut se soustraire.

4) L'Homme est trin, mais cette trinité ne se divise jamais ; il est toujours un. Si vous comprenez l'Homme, vous saisissez également tous ses attributs. Les Grecs savaient cela et l'exprimaient ainsi : « Homme, connais-toi toi-même. » À l'évidence, nous ne nous connaissons pas nous-mêmes, pas plus que nous n'avons conscience de notre importance, de notre divinité. L'Homme est divin en ce qu'il fait partie du Tout. Il *est* le *Tout*, dans sa manifestation.

5) Un triangle comprend trois lignes jointes. Trois lignes non jointes ne forment pas une trinité. La trinité dépend de l'unité. L'Homme ne doit pas se disséquer pour comprendre sa trinité, sinon il se disperse. Il avance pour retrouver la maison de son Père. Il n'existe qu'un seul chemin : découvrir qu'il est une unité dans la dimension universelle, où il occupe une place indifférenciée.

6) L'Homme peut élargir sa conscience au point d'être semblable à Dieu. C'est le sens du droit divin des rois. Le roi n'est pas le seul souverain divin. Tous les êtres humains sont potentiellement des souverains divins qui gouvernent ainsi que des rois, en servant autrui, en exprimant l'Amour. L'Homme est uni à sa

propre divinité, ainsi il sert son prochain. Il ne s'élève jamais au-dessus d'autrui. L'égotisme le détruit. Il ne peut rester dans cet état bien longtemps. La royauté de l'Homme naît de son sentiment d'identité avec le Tout. L'égotisme naît du sentiment de division de soi-même, viole la loi naturelle de l'existence et engendre les résultats les plus désastreux.

7) La Bible affirme que « l'Homme est à l'image de Dieu ». Cette traduction est inexacte. En fait, « l'Homme *est* l'image de Dieu ». Le mot « à » n'apparaît pas dans le texte originel. Cette transformation du sens illustre parfaitement le problème majeur de la conception traditionnelle, qui place Dieu à l'image de l'Homme. Elle nous induit en erreur. Si nous concevons Dieu comme un être semblable à nous, mais aux pouvoirs plus grands, nous ne comprenons jamais la véritable relation qui existe entre nous et notre source. Nous incarnons en fait l'universel individualisé, représentons en tant qu'individus ce que Dieu représente universellement. « Je suis Dieu » exprime la vérité suprême. Elle appartient totalement à l'Homme. On traduit le mot *exactitude* du vieux sanskrit par « image » ou « similitude ». On peut assimiler le rapport entre le nom d'une chose et sa nature à celui entre l'effet et sa cause. Ils représentent les deux faces d'une même médaille et demeurent interchangeables. L'activité de la cause est la vie, l'activité de l'effet est la forme.

8) Pourquoi Jésus affirme-t-Il toujours être le Fils de Dieu et ne dit-Il jamais : « Je suis Dieu » ? Il a fait de nombreuses déclarations à ce sujet. Par exemple, Il a affirmé : « Moi et mon Père ne faisons qu'un. » Mais les traducteurs, qui n'ont pas réussi à comprendre la phrase « Vous serez Dieu car vous incarnerez Dieu, par conséquent j'incarne Dieu pour vous », l'ont tout simplement éliminée. Il a pourtant déclaré : « Celui qui m'a vu a vu le Père – Dieu. »

9) « Je suis Dieu » était une phrase imprononçable pour les Anciens. Ils la répétaient dans le silence de

leur âme, et sa réalité s'exprimait dans le rayonnement naturel de l'autorité, de la perfection et du pouvoir qui émanaient de cette reconnaissance secrète et intérieure. « Le Père qui te regarde en secret te remerciera ouvertement. » C'est l'expression silencieuse de l'Être silencieux de Dieu, la réalité intérieure et universelle de toute création. Nous avons expliqué que « Je suis Dieu » signifie aussi « Je suis silencieux ». L'expression « Je suis Dieu » témoigne silencieusement de la Réalité universelle à l'intérieur de la nature de l'Homme. C'est le nom dissimulé dans le nom de Jésus-Christ, le nom secret de tout homme qui respire, et ce nom est la Respiration.

10) Prononcer cette phrase était considéré comme un blasphème. Les contemporains de Jésus analysèrent Ses déclarations et décidèrent qu'Il avait prononcé le nom interdit. Voilà pourquoi ils Le condamnèrent. Jésus, pourtant, respectait la loi des mystiques. Il ne s'en réclamait pas explicitement, même si Ses affirmations le confirmaient : « Tu as dit », « Je suis », « Celui qui m'a vu a vu le Père ». Quoi qu'Il ait dit dans Son cœur, personne ne L'a jamais entendu déclarer : « Je suis Dieu. » L'Homme *est* le verbe lui-même, sa présence dans l'univers le prouve et n'a besoin de nulle autre énonciation. Au commencement était le Verbe – le verbe devint chair – et, quand l'Homme apparaît dans la création, il *est* le verbe imprononçable, dépourvu de sons et de syllabes, le verbe réalisé. Je Suis toute chose, j'en suis la vivante incarnation qui va de soi et se suffit à elle-même. Toute phrase prononcée, née de cette conscience, constitue l'autorité de l'univers. Elle renferme tout le pouvoir du paradis et de la terre.

11) L'Homme représente l'incarnation visible de Dieu. Dieu, tel qu'on peut Le voir, S'incarne dans la forme humaine. Voilà le sens de la phrase : « Avant qu'Abraham fût né, Je Suis. » Jésus se référait directement à la loi d'Abraham en vieux sanskrit : *A-Brahma*

– lumière – un dieu. Puis vint David, le porteur de Lumière et celui qui portait la Lumière à tout le genre humain, et Marie, la préceptrice du Principe créateur. Tout cela peut être ramené à *Ah Brahm*, qui signifie un « Enfant de Dieu », l'Union de toutes les forces pour incarner l'Idéal du Christ – l'Homme est Dieu – sur la terre.

12) Inutile de distinguer l'homme universel de l'homme individuel. Pas plus que la circonférence et le centre d'une sphère. La plupart des problèmes sont nés de cette distinction. L'Homme est indivis, Un, Un avec Dieu. « Moi et mon Père ne faisons qu'un », voilà la phrase essentielle de Jésus. Il approfondit encore cette idée : « Quand vous priez, priez le Christ de Dieu; incluez-vous dans le Christ. »

13) Les Maîtres ne distinguent pas Dieu de l'Homme. Ils les considèrent comme une unité indivise. Qu'est-ce qu'un prêtre sans congrégation ou qu'une congrégation sans prêtres ?

14) Huxley, Darwin et leurs pairs tentèrent d'établir l'origine humaine ou animale de l'Homme. Ils espéraient par là démolir la théorie de la Création narrée dans la Genèse. Le Maître, au contraire, considère que l'Homme est divin, d'origine divine, inséparable de sa divinité. Les théories de Darwin et de Huxley refusent l'existence d'une Tête, d'un Principe supérieur. Cela explique leur échec. Ils n'ont finalement jamais réussi à dépasser le Principe, et la dernière déclaration de Darwin exprimait son impuissance : « Au-delà de ce que nous avons construit, demeure toujours le Principe, qui reste pour nous un mystère. » Tout effet a une cause, on ne peut le comprendre sans considérer celle-ci.

15) Emil a affirmé : « Vous pouvez faire ces choses aussi facilement que moi. » Nous tenons les actes des Maîtres pour des miracles, alors qu'ils les accomplissent avec une aisance parfaite. Nous sommes aussi aptes à les accomplir, il suffit d'admettre leur simpli-

cité enfantine, pour peu que l'on abandonne toute pensée égoïste. Voilà l'origine du pouvoir d'accomplissement de Jésus. « Vous en accomplirez de plus grandes. »

16) L'Homme en tant qu'identité séparée n'est rien. « Le Je de moi-même n'est rien », a déclaré Jésus. Isolé, l'Homme ressemble à une locomotive sans wagons. Il a perdu contact avec la force motrice, qui sous-tend toute manifestation. L'activité est la cause, elle représente cette force motrice qui à la fois produit l'effet et le constitue. Pour continuer à avancer, l'Homme doit rester en contact avec ce qui l'a projeté au départ. « C'est le Père à l'intérieur de moi, Il fait le travail. » L'effet doit toujours être motivé par une force : la cause.

17) J'ai connu de nombreux peuples, très différents les uns des autres par leur apparence comme par leurs coutumes. Les Maîtres considèrent ces différences à la lumière de la conscience. Si nous pensons que ces diversités constituent des phases de conscience différentes, nous divisons le Un. Pourtant la seule différence est extérieure, car tous les êtres humains sont motivés par le même idéal intérieur : le Christ, le Dieu Je Suis de chacun. Une telle conception nous aidera à surmonter les différences qui apparaissent extérieurement. Si nous comprenons que nous sommes tous semblables intérieurement, nos différences apparentes ne compteront plus. La nature contient toutes sortes de plantes, d'apparences très diverses, mais, au-delà de leurs formes, elles possèdent la même nature végétale et cohabitent en harmonie.

18) Pour les Maîtres, la réincarnation est inutile. Elle n'est qu'une hypothèse humaine. Si une lumière est placée au centre d'une pièce, et que vous vouliez l'atteindre, marchez droit vers elle. Pourquoi tourner autour indéfiniment ? Si vous vous dirigez directement vers cette lumière, vous vous en saisissez et l'intégrez, vous n'avez plus besoin de réincarnation ou de karma.

L'Homme ne parvient pas à aller directement vers le point central, vers la réalité de la vie, il s'enchaîne à la « roue du labeur perpétuel ». S'il accepte cette réalité centrale, cette lumière qui l'éclaire dès sa naissance, il cessera d'agir inutilement et se réalisera.

19) Quand il adopte l'existence des Maîtres, qu'il connaît son véritable moi intérieur, l'Homme triomphe de tous ses problèmes, il vit sa propre maîtrise. Jésus affirmait que la Vérité nous rend libre. L'Homme rejette l'idée qu'il n'est pas Dieu en refusant d'accepter les affirmations négatives. La phrase « Je suis Dieu » dévoile la réalité secrète de sa propre nature, elle le libère de la phrase négative selon laquelle il n'est pas Dieu. Il vaut toujours mieux affirmer la Vérité que le mensonge.

20) Votre capacité à analyser le « Je Suis » prouve l'existence du Divin. Dans le cas contraire, vous ne pourriez pas le concevoir, cela ne vous viendrait même pas à l'idée. Acceptez le Divin sans lui accoler de pensées ou de paroles négatives, faites Un avec lui. Si vous tentez de le disséquer et considérez qu'il n'a sa place que dans les cérémonies religieuses, vous ne pourrez l'atteindre. Dans la pratique, l'invention précède l'explication. Nous inventons un procédé et cherchons ensuite à expliquer son fonctionnement. Cela s'est toujours déroulé ainsi dans la dimension matérielle tout au long de l'évolution. Il faudrait appliquer ce même processus, avec encore plus de fermeté, à ce qui reste incompréhensible au raisonnement humain actuel. Personne n'acceptait l'idée que l'on puisse faire voler des objets, jusqu'au moment où l'on a effectivement pu voir un avion voler dans le ciel. Aujourd'hui, ce phénomène n'a plus de secrets pour nous. Acceptons que l'impossible arrive, nous chercherons ensuite à l'expliquer.

21) Vous n'êtes pas entièrement éveillé à vous-même et votre prudence vous empêche de comprendre votre nature divine. Pour atteindre ce niveau

de conscience, la foi aveugle ne vous sera d'aucun secours, car elle vous mènera à la division et vous empêchera de parvenir au but. Il vaut bien mieux dire « Je peux », puis passer directement au « Je Suis ». « Je peux » représente la réalité potentielle, mais « Je Suis » est la réalisation dans votre conscience. Jésus a dit : « Je suis le moyen, la vérité et la vie. » Vous ne pouvez être ce que vous n'êtes pas ni être autre chose que ce que vous *êtes*. Vous ne pouvez progresser vers un autre état de conscience puisque vous *êtes* déjà cet état. La question n'est pas de devenir, mais d'être. En adoptant l'attitude du « Je ne peux pas » dans une situation quelconque, vous acceptez une division. Selon Jésus, il n'y a pas de compromis possible avec le péché, vous ne pouvez dévier d'une réalité et continuer à l'exprimer.

22) Lorsqu'on a suggéré à Jésus de changer les pierres en pains, Il s'est rendu compte qu'Il n'en avait nul besoin. Il Lui suffisait de tendre la main pour que le pain apparaisse. « Ce qui devrait être est », voilà l'enseignement des Maîtres. Lorsqu'on a besoin de pain, pourquoi s'occuper de pierres ? Tout ce dont on a besoin existe et nous attend. Jésus le savait, Il n'a pas transformé les pierres mais S'est contenté de rendre grâces pour l'existence du pain.

23) L'Homme ne peut ressentir le besoin de quelque chose qui n'existe pas. Auriez-vous besoin d'air si l'air n'existait pas ? Un besoin traduit une réalité. Abandonnons le sentiment de besoin, et acceptons la réalité implicite dans le besoin et qui existe déjà. Ce qui devrait être *est*. Cela s'applique tout à fait à la limitation du corps physique. Le corps ne connaît pas de limites. Cette notion, fruit d'une influence hypnotique de l'esprit, ne repose sur aucune réalité. L'Homme a donné vie au sens du matériel, et non le corps. Le corps « mortel » est le corps hypnotique et, quand l'Homme se réveillera de son état d'hypnose, toute cette expérience ne sera pour lui qu'un cauchemar. Il

ne se rendra plus compte du rêve (il s'éveillera pour ne plus rêver). L'Homme ressent le besoin d'un corps spirituel rayonnant, sans limites, qui exprime le Corps de Lumière glorieux. Ce rêve perpétuel lui indique qu'il parviendra à un état d'éveil total. La pensée, le besoin, le désir qu'il nourrit pour cet état sont la preuve qu'il lui est accessible. Il le réalisera quand il admettra son existence, car cet état *idéal est* le véritable état de l'Homme.

24) L'Homme pense que son corps n'est pas spirituel. Disons plutôt qu'il a fermé son esprit à son rayonnement spirituel, à son absence de limites. L'Esprit est toujours l'Esprit. L'Homme crée la matérialité. Il n'y a qu'un seul corps et ce corps est spirituel. C'est le temple du Dieu vivant et Dieu est dans ce temple ; que toute la terre se réjouisse devant Dieu. En qualifiant ce corps ou tout état véritable de « matériel », vous niez Dieu et profanez le temple. Vous vénérez le matériel plus que vous ne vénérez Dieu. C'est ainsi que vous entrez en hypnose. Dès l'instant où vous considérez le corps comme matériel, vous êtes sous influence hypnotique et niez Dieu.

25) Le corps doit nous servir à exprimer Dieu. C'est le meilleur véhicule connu pour illustrer l'Esprit. Il a été créé précisément pour qu'à chaque instant vous manifestiez Dieu, dans Sa forme visible. Non pour manifester la matérialité, l'hypnose, le psychisme, le phénomène, mais pour manifester l'Esprit. Nous sommes Dieu. Nous ne pouvons faire de distinction entre Dieu et nous. Si nous refusions catégoriquement d'effectuer cette distinction, nous sortirions de tous les états matériels et de tous les phénomènes psychiques. C'est ainsi que l'Homme vient à connaître et à comprendre *la* Présence et *le* Pouvoir, qui contiennent tout. Tout est Un. Un Pouvoir, Une Réalité. Le Tout fonctionne et opère selon sa propre loi, il n'en connaît pas d'autre. Il fonctionne en tant que lui-même dans son propre domaine.

26) Vous ne pouvez faire de division entre l'âme individuelle et l'Âme universelle ou l'Âme supérieure, c'est-à-dire que vous ne pouvez vous en détacher. Comme l'a dit Jésus, ce serait « détruire le Principe de Dieu ». Chaque être humain fonctionne dans une généralisation, qui constitue une assemblée d'unités universelles. Vous possédez une identité individuelle mais vous faites un dans une assemblée d'unités universelles. Tout être humain est ainsi. Nous sommes un et semblables, opérant dans les mêmes conditions harmonieuses. Toujours en harmonie. Les hommes ne se différencient pas par l'harmonie, ils s'assemblent *dans* l'harmonie.

27) Un Homme-Dieu est un génie, le Christ qui s'avance, l'Homme exprimant Dieu sans réserve et sans retenue. Les enfants nous semblent souvent exprimer un génie inhabituel, car ils n'ont pas encore été hypnotisés par la notion de limitation que partagent les êtres qui les entourent. S'ils continuent à échapper à cette hypnose, ils demeurent des génies. Ils expriment le Soi divin dans leur existence terrestre. Leur connaissance n'est pas de nature terrestre mais universelle. Ils connaissent le Soi-Christ, à jamais.

28) Nous devons découvrir le Maître, le Soi, en nous. Les Maîtres de l'Orient aiment à déclarer qu'aux États-Unis il y a cent trente millions de Maîtres. Chaque être humain, quelle que soit sa nationalité, est un Maître. Les Maîtres interprètent la limite même de l'Homme comme une preuve de sa maîtrise : seul un Maître peut se donner l'apparence de ce qu'il n'est pas.

29) Un avatar ou un sauveur, tel qu'on l'appelle communément, apparaît parfois. Il représente la manifestation suprême du Principe. Le terme de roi, d'avatar ou de génie désigne une personne qui vit près du Principe. Cet homme se positionne dans l'état de royauté accessible à tous. Il a simplement eu le courage et la conviction de se prendre pour ce qu'il *est*. « Le roi ne peut rien faire de mal. » En effet, une mauvaise action

ne se produit que lorsque l'Homme accepte d'être moins que roi, moins que sa divinité, quand il s'est abaissé plus bas que sa propre royauté. Le roi est le maître, le génie, qui s'exprime dans sa vraie nature, où réside sa royauté. Il se gouverne lui-même car il habite son propre royaume. Le royaume du paradis se trouve en lui. Il est cette royauté, et celle-ci constitue aussi son message pour tous les hommes : il n'est pas le seul roi, chaque homme est roi dans son royaume, le maître de lui-même et de son propre environnement, car il vit dans la réalité. Il vit selon sa nature dans un royaume de réalités authentiques. Le chemin qu'il indique et la vie qu'il mène deviennent le chemin de vie pour tous les êtres humains.

30) Son apparition ou sa réapparition sur la terre ne sont pas la conséquence d'une révélation spirituelle car il est cette Révélation dans sa totalité. Il contient toute révélation et vit en unité avec l'Esprit, à jamais. L'idée de révélation appartient à l'Homme et à ses propres théories. Le Maître accepte l'état dans lequel il a été créé au commencement, il personnifie l'Image de Dieu, l'incarnation de l'Infini ou du Divin.

31) Ces âmes éclairées, Maîtres ou Avatars, n'écrivent pas de livres, car leurs enseignements sont d'une simplicité exemplaire. Le « Je Suis » se suffit à lui-même. Leur vie constitue une révélation en soi, le livre de la vie révélé, déroulé comme un parchemin, qui n'a besoin d'autre attestation que lui-même. Quand vous atteignez le sommet d'une montagne, vous oubliez rapidement les efforts que vous avez déployés pour y parvenir. Seule compte la vue qui s'offre à vos yeux. Tout enseignement est donc inutile. Il n'y a que la réalité de la vie, la Vérité de la vie révélée, qui fut et sera toujours. L'Homme voudrait enseigner à ses semblables comment abandonner progressivement le mensonge. Pourquoi ne pas le rejeter d'un seul coup, sans étapes ? « Vous penser ici, c'est être ici », aiment à dire les Maîtres.

Les *paragraphes 1 et 2* nous ramènent à l'Unité éternelle et à la relation inséparable entre Dieu et l'Homme. Les âmes éclairées enseignent depuis toujours qu'il n'y a pas deux entités distinctes, Dieu et l'Homme, mais une seule : Dieu. L'Homme est une unité dans l'Infini et forme une unité avec celui-ci. Il possède en lui toutes les potentialités de l'Infini.

Paragraphes 3, 4 et 5. L'Homme ne peut être un organisme indépendant, car son existence tout entière dépend de sa source originelle, comme sa maîtrise dépend de sa place dans l'univers. Lorsque le fils prodigue revient à la demeure de son Père, il retourne à l'endroit où il vit en relation avec sa source. Sans elle, il n'est rien.

Paragraphe 6. La divinité de l'Homme – le droit divin des rois – réside dans l'exercice du pouvoir que lui offre sa position dans l'univers. Il ne s'agit pas de contrôler les autres, il relève de se gouverner soi-même au sein de son royaume, selon la loi qui régit toutes choses. « Celui qui gouverne son propre esprit est plus grand que celui qui s'empare d'une ville. » La Maîtrise réside dans la souveraineté intérieure. Le Maître ne s'en vante pas. Le Christ ne tentait pas de révéler Sa divinité mais celle de tous les hommes.

Paragraphe 7. L'Homme personnifie le Principe divin. Individualisation de l'univers, il est le dieu individuel, l'incarnation individuelle de l'universel et de l'impersonnel.

Paragraphes 8, 9 et 10. Le « Je suis Dieu » n'appartient pas au sentiment que l'Homme a de lui-même, mais à l'Homme idéal que projette l'Âme supérieure. Pour cette raison, les sages n'ont jamais proclamé : « Je suis Dieu. » Ils le savaient en leur for intérieur, le reconnaissaient devant Dieu, cependant, ils se contentaient en public d'incarner cette réalité, de la laisser exister en elle-même. C'est l'arche d'alliance, l'acceptation silencieuse de la relation secrète qui existe entre le créateur et sa création.

Paragraphes 11, 12 et 13. Brahma est l'un des noms de Dieu. Un Brahma signifie un Dieu. Avant d'être Dieu individuel, j'étais Dieu universel, car l'un dépend de l'autre. Dieu individuel et Dieu universel sont une seule et même réalité, depuis et pour toujours. « Je suis avec toi toujours. »

Paragraphe 14. Il ne peut y avoir d'explication matérielle de l'Homme, car la matière ne produit pas l'intelligence, pas plus que l'intelligence ne représente l'Esprit. Celui-ci est la cause et dote sa création du pouvoir de penser et d'exister, de l'expression. Nous ne pouvons nous définir que comme l'expression de l'Esprit.

Paragraphes 15 et 16. L'Homme reconnaît sur autrui l'existence de certains pouvoirs, mais refuse d'admettre qu'il les possède également. Cette attitude l'empêche d'atteindre sa propre maîtrise. « Si quelqu'un a réalisé quelque chose, je peux aussi le faire, car ce qui est possible pour l'un est possible pour tous. L'Homme parviendra au sommet de sa réalisation quand il se révélera lui-même... Il a atteint ou manifesté ce que Je Suis. »

Paragraphe 17. Considérer tous les hommes comme l'incarnation de la même nature potentielle, comme le Christ, conduit instantanément à dissoudre toutes les différences. En effet, si les hommes sont tous l'équivalent du Christ, ils sont donc égaux entre eux. Là réside le secret du nouvel ordre où la paix et la bonne volonté régiront la terre. La cupidité et les conflits ne se développent que dans le sentiment de la différence.

Paragraphes 18 et 19. Tout ce remue-ménage sur la terre est parfaitement inutile, il ne résulte que de nos efforts pour esquiver la question principale. Acceptons la réalité centrale de la vie, et nous nous libérerons de tous les processus et idées qui ne reflètent pas la réalité. Lorsque nous atteignons un but, nous sommes débarrassés de tous les obstacles que nous avons dû surmonter pour y parvenir. L'Homme doit saisir le commencement de sa vie : Dieu.

Paragraphe 20. « Ce que l'Homme peut concevoir, il peut l'accomplir. » En réalité, l'Homme *est* ce qu'il conçoit. Il est impossible de concevoir ce qui n'a pas de réalité ni de respirer sans air. Chaque fonction naturelle correspond à la réalité dont elle a la charge. La réalité précède le désir, car il est la reconnaissance de son existence.

Paragraphe 21. Seule la prudence retarde nos progrès spirituels. Montrons-nous audacieux face à la réalité sans craindre d'être présomptueux. Acceptons ce qui a déjà été prouvé dans la vie d'autrui comme étant également vrai pour nous-mêmes.

Paragraphe 22. On ne peut inventer une forme à partir d'une autre, car celle que nous voudrions créer existe déjà. Il faut entraîner notre esprit à assimiler ce savoir, à fonctionner dans le royaume de la réalité, et non à tenter sans cesse de transposer une forme de réalité dans une autre. 2 + 2 = 4 et 3 + 3 = 6. Ces deux opérations constituent des réalités évidentes, leurs résultats ne sont en aucun cas interchangeables.

Le *paragraphe 23* reprend les idées développées dans le paragraphe précédent.

Paragraphe 24. Ne tentez pas de transformer votre corps ou de changer votre environnement. Reconnaissez la réalité et rejetez toutes les idées erronées.

Paragraphe 25. Le corps est le temple du Dieu vivant. N'escomptez aucun profit individuel, ignorez ceux qui veulent l'évaluer, le comparer, le transformer ou l'échanger. Admettez le Seigneur des Foules, le Roi des Rois dans votre conscience afin qu'il puisse exprimer ce qu'*il est* par le biais de votre corps.

Le *paragraphe 26* ne nécessite pas d'explications supplémentaires.

Paragraphe 27. Le Maître, le génie, le Dieu-Homme sont une seule et même chose. L'Homme est l'HOMME, lui-même, libéré des préjugés de son peuple.

Paragraphe 28. L'Homme ne peut fonctionner qu'en tant que soi, car, lorsque le soi apparaît, il entre dans le royaume de l'achèvement. Cependant il est toujours occupé, car c'est seulement à ce stade que le travail a commencé.

Paragraphe 29. Le soi divin de chaque homme est l'Avatar, le Sauveur de sa propre existence, et il doit accepter cette réalité.

Le *paragraphe 30* développe le *paragraphe 29*.

Paragraphe 31. L'Homme qui atteint son état divin représente le livre de la vie déroulé comme un parchemin devant tous les hommes. Les sceaux du livre sont brisés, et l'Homme apparaît dans toute sa vérité.

9

La vie

1) Vivre comme les Maîtres, c'est vivre la réalité de la vie, qui représente l'action du Principe unique, jamais divisé ou séparé de sa source. Fidèles à ce Principe, ils indiquent la voie à tous les hommes. La vie n'est pas une théorie, mais un fait établi, une réalité sans commencement ni fin. L'individu adoptera cette manière de vivre lorsque son esprit l'aura assimilée. Les Maîtres enseignent que Dieu a choisi de S'exprimer à travers l'être humain, car Il représente le canal d'expression le plus élevé pour la vie, sa forme la plus totale, son activité la plus intensément spirituelle.

2) Les Maîtres voient la vie qui émane de la réalité, et par laquelle la vie rayonne. Tout ce qui existe appartient à l'essence même de cette vie. Nous pensons que la vie est apparue avec la forme. Mais elle existait bien avant, car c'est elle qui a créé la forme, et ce que nous appelons le commencement de la vie n'est que celui de la forme. La vie est immanente. Si nous choisissons de vivre, nous pouvons incarner la vie dans la forme que nous avons choisie. La vie circule librement et universellement sans interruption, sans fin. Quand nous ne la laissons pas se manifester à son niveau le plus élevé, nous utilisons cette force

de manière dégénérée. Cela peut être le fait d'un individu ou d'un groupe, mais en aucun cas de la vie elle-même. Elle est l'activité qui sait tout, voit et constitue tout le Principe.

3) Quand nous acceptons la vraie nature de la vie, le corps devient une unité vivante, qui respire et exprime pleinement la vie. En la limitant, l'Homme contraint son déploiement. Pourtant, la seule façon de vivre, c'est de laisser la vie s'exprimer totalement.

4) Dans la pensée hindoue, les soixante-dix ans que dure en moyenne la vie humaine devraient représenter le temps qu'il faut à l'Homme pour s'accomplir spirituellement. À soixante-dix ans, l'Homme devrait atteindre sa majorité, c'est-à-dire prendre pleinement conscience de la vie, puis vivre encore cinq fois soixante-dix ans. Le monde occidental n'a pas conçu de théorie semblable.

5) L'Homme ne devrait pas connaître de limites, pas même temporelles. Les hindous ne limitent pas l'Homme. En soixante-dix ans, vous devriez traverser toute la vie et tous ses états de conscience. Vivre trois cent cinquante ans ne représente pas une durée limitée, car vous pouvez passer de trois cent à trois cent cinquante mille ans. Après l'âge de soixante-dix ans, l'Homme en vient généralement à penser de manière plus spirituelle. Cette tendance commence à se développer après quarante ans.

6) Quand Jésus déclarait : « Au milieu de votre existence, vous êtes dans la mort », il n'essayait pas de nous avertir de l'inéluctabilité de la mort. Il exprimait son étonnement face à la certitude de la mort que partagent tous les êtres humains, quel que soit leur âge. L'Homme doit vivre la vie dans sa réalité, l'accepter dans sa vérité, et non la mesurer en années ou selon des critères matériels. Vous êtes la vie éternelle ici et maintenant. Reconnaissez-le, tout simplement. Nous nous séparons de la vie qui *est* en tentant de vivre dans le passé ou dans le futur. Mais le passé n'est plus et le

futur se perpétue dans l'aujourd'hui éternel. Toute la vie de l'espace infini circule en ce moment même, et celui qui le veut peut s'y abreuver librement. Vous n'avez nul besoin de vouloir vivre éternellement car vous êtes déjà éternel. Oubliez le passé, ne tentez pas de vous projeter dans le futur, le présent est le seul temps acceptable. Vous êtes dans l'éternité dès *aujourd'hui*.

7) On dit que les Maîtres reçoivent la lumière au printemps de leur trente-septième année. En réalité, 37 ne désigne pas un nombre d'années de vie ; 37 signifie « Éternité » en sanskrit, car on peut répéter 37, ou 7, autant de fois qu'on le souhaite, ce nombre complète l'octave. Cela renvoie donc à l'extension de la conscience individuelle, à l'universel de la vie, à sa véritable expression spirituelle.

8) La prise de conscience de l'Homme ne dépend pas de son âge. L'individu mûrit intérieurement et beaucoup d'idées disparaissent quand son âme atteint cette maturité. Le mensonge n'a dès lors plus de place dans sa conscience. Le bourgeon gonfle et repousse les feuilles qui le recouvrent pour permettre à sa nature intime d'apparaître. Il ne s'agit pas d'une seconde enfance. Le vieil homme ne devient pas sénile, mais redevient l'enfant qui sait entrer dans le royaume. Le monde matériel et ses nombreux soucis n'ont plus guère d'importance pour lui, il commence à vivre, pleinement conscient de son existence.

9) Les scientifiques affirment qu'aucun corps humain n'a plus de sept ans, car ses cellules sont entièrement renouvelées au bout de cette période. Si la vie est faite de cycles et non d'années, elle n'a plus de limites. Un cycle n'a ni commencement ni fin. L'éternel processus d'accomplissement et de renouveau s'effectue au sein même du corps qui l'exprime. La vie ne s'arrête pas plus au bout de sept ans qu'au terme d'une autre période ; elle est éternelle. Tout objet existant a une vie. Toutes les planètes sont vivantes.

10) Lorsque vous incarnerez la vie dans son expression naturelle, véritable et illimitée, vous vous suffirez à vous-même. Vous n'aurez plus besoin de livres ou de professeurs pour vous guider. De plus, lorsque vous comprendrez que les cellules du corps se renouvellent tous les sept ans, vous commencerez à saisir les possibilités de la vie. Si l'esprit se renouvelle continuellement comme les cellules, la vie peut se poursuivre cycle après cycle, et ne jamais s'arrêter. Les bourgeons de l'arbre restent toujours des bourgeons, malgré les différents âges. Le bourgeon contient en lui l'arbre adulte. Le végétal ne vieillit pas, hormis des limites temporelles que l'Homme lui applique. Le concept de vieillesse n'existe que dans l'esprit humain, la nature est renouveau, jeunesse. Les Saintes Écritures nous enseignent que l'Homme a reçu l'empire sur toutes choses. La vie ne peut être mesurée en années et il est bien temps que nous cessions de fonctionner ainsi. Éternelle, perpétuelle et sans limites, elle ne peut être mesurée qu'à sa propre aune. Elle est l'action vitale du système que l'on nomme l'univers ou Dieu. L'Homme limite le temps en le pensant en termes de durée, et donc de fin. La vie ou le temps n'ont ni fin ni limites. Les formes cessent d'exister, mais la vie et le temps perdurent.

11) Seul l'Homme reconnaît la mort (la seule dimension et la seule condition dans lesquelles la mort est reconnue). Le Christ a dit : « Que les morts enterrent les morts. » L'Homme véritable ne découpe pas le temps en périodes, comme le fait l'homme mortel. Nous entrons dans la dimension mortelle ou physique, car nous interprétons le temps en termes de durée. Nous continuons à construire un monde rempli de doutes, érigeons une muraille de scepticisme infranchissable qui nous sépare de notre condition véritable. Selon les philosophes, la vie est un mystère impossible à élucider. Mais comment pourraient-ils l'éclaircir, barricadés qu'ils sont derrière leurs hautes murailles ?

12) Les Maîtres n'ont pas d'activités lucratives. Ils ont dépassé ce type de préoccupations et consacrent leur vie à servir. Nombre d'entre eux se déplacent pour servir autrui sur le plan matériel. Ils offrent de la nourriture, des vêtements et des provisions de toutes sortes aux nécessiteux. Je ne les ai jamais vus accepter quoi que ce soit pour eux. Un Maître est un serviteur. Il est au-dessus de l'humanité, et les êtres humains ne lui doivent rien. Il doit inverser le processus et, à son tour, donner à l'humanité.

13) En aidant l'humanité, les Maîtres ne recherchent pas nécessairement les hommes, et vice versa. Ils aident ceux qui en ont besoin. Leur assistance n'est pas seulement matérielle, elle se traduit également par une attitude universelle et, sur le plan mental, par leurs pensées positives et leur projection. Ils injectent des idées de perfection dans l'humanité. Bien entendu, quand un homme les appelle au secours, ils répondent immédiatement à sa demande. Je les ai vus secourir des individus isolés aussi bien que des groupes. Et, tout en poursuivant cette tâche, ils continuent d'émettre des vibrations qui, au moment adéquat, remédieront à la situation sur laquelle ils travaillent à petite échelle. Ils pensent que ce travail localisé aidera les êtres humains à acquérir une meilleure compréhension.

14) Les Maîtres montrent aux hommes comment mieux accomplir leur tâche. Ils ne se livrent pas au prosélytisme et ne prêchent jamais. On fait appel à eux pour des motifs divers et ces besoins sont toujours satisfaits. Mais les Maîtres font comprendre aux hommes qu'ils ne reçoivent que ce qu'ils ont eux-mêmes créé dans leur esprit. Ils ne reçoivent donc pas le bien d'autrui, mais leur bien propre.

15) « Toute peine mérite salaire », dit-on souvent. Cela n'implique pas qu'il faille commercialiser la guérison. Celui qui œuvre pour l'humanité n'est « payé » qu'en devenant un Maître. L'individu qui sert autrui

mérite d'avoir une vie spirituelle, de devenir un Maître et non plus un serviteur. Bien entendu, le Maître est le plus grand des serviteurs. Il y consacre sa vie, car c'est ainsi qu'il exprime sa maîtrise.

16) Les Maîtres consomment beaucoup moins de nourriture que nous. Ils ne mangent que trois grains de riz par jour, mais ingèrent assez de substance pranayamique pour nourrir leur corps pendant de longues périodes. Ils mastiquent soigneusement ces trois grains, et, à la fin de la journée, ils ont ingéré assez de pranayama pour résister au moins vingt-quatre heures. N'ayant pas la même notion du temps que les hommes, ils ne mangent pas à heure fixe, mais seulement lorsqu'ils en ont envie.

17) Ils dorment très peu, pas plus de deux heures par jour, pendant lesquelles ils restent conscients. L'Homme peut se passer de sommeil : il lui suffit de ne pas gaspiller ses énergies en contractant sa conscience, ce qui le sépare des énergies universelles. Chez les Occidentaux, le sommeil est devenu une sorte de coma, provoqué par l'état toxique du corps. La toxicité empêche le processus de reconstruction du corps, et des milliers d'individus subissent ce phénomène au lieu de trouver un état de sommeil. C'est ce que Jésus entendait par : « Réveillez-vous, vous qui dormez. » Sortez de cette influence dont vous êtes devenus les victimes !

18) Les Occidentaux consomment dix fois trop de nourriture. L'énergie nécessaire à l'assimilation de tous ces aliments est considérable et inutile ; elle pourrait servir bien plus efficacement à la construction du corps. L'énergie céleste (l'éther) s'ajoute à celle de nos corps, elle ne demande aucun effort d'assimilation, contrairement aux aliments. Elle est bien plus bénéfique aux organes, qui peuvent l'utiliser directement pour se renouveler.

19) Vous pouvez comprendre la vie et ses possibilités sans avoir jamais rencontré de Maître. La vie est

omniprésente. Tout être humain la comprend s'il dirige son attention vers elle au lieu de ne considérer que ses formes d'expression.

20) L'existence des Maîtres n'a rien de miraculeux, contrairement à ce que vous pensez. Ils ne font qu'exalter la vie. À leurs yeux, tout *est* la *vie*. C'est une force intérieure qui se matérialise dans une forme extérieure. Le principe vital de l'univers anime tout espace et toute forme.

21) Beaucoup croient que les Maîtres pratiquent des exercices mentaux et physiques quotidiens. Mais seuls certains d'entre eux le font, afin que leurs élèves reconnaissent qu'ils sont eux-mêmes des Maîtres. Alors, ils sont libres de rencontrer leur véritable Maître. Dès qu'elle pénètre l'esprit de l'Homme, l'idée qu'il y a une vie autre que *la* vie le prive de l'harmonie. L'Homme ne meurt pas spirituellement, il n'est simplement plus en symbiose avec la vie. Ses pensées erronées lui créent beaucoup de difficultés. Une existence difficile n'est pas la vie. Dans un tel cas, l'individu passe dans le domaine de l'inharmonie. Cet état le prévient qu'il doit retourner dans la véritable vie.

22) Les enfants sont heureux parce qu'ils vivent pleinement. Pour eux, la vie n'a aucune frontière. Rien ne limite la vie, hormis la manière dont vous la concevez. Il n'y a pas deux individus qui en aient la même vision. On dit souvent que seuls les enfants et les sages sont heureux, car l'enfant ignore les valeurs matérialistes et le sage sait que le matériel n'a pas de valeur. Ils ne considèrent pas la forme de la vie mais le fait de la vivre.

23) Il existe plusieurs types de fenêtre. Certains regardent le monde par une lucarne et disent : « Je vois une colline, le monde est une colline. » D'autres regardent le paysage à travers de grandes baies vitrées et s'exclament : « Que le monde est vaste ! J'aperçois une chaîne de montagnes qui plonge dans l'océan et, si je monte sur l'une de ces montagnes, je verrai encore plus loin. » En regardant par le petit bout de la lor-

gnette, nous ne soupçonnons pas d'autre vie dans le vaste univers. Si nous considérions l'univers comme l'incarnation et l'expression de la vie infinie, alors notre vision serait plus vaste et embrasserait toute la vie.

24) Les Maîtres ne prennent jamais la vie. Et cela n'est pas nécessaire, car l'homme peut assimiler dans sa conscience tous ses éléments, les faire vivre en lui, et faire toujours un avec eux.

25) On me demande souvent pourquoi les hindous méprisent les formes de vie inférieures. Ils ne sont pas tous des Maîtres, même si on leur a appris qu'il n'y a qu'une vie. Ils ne comprennent pas plus la totalité de ce qu'on leur a enseigné que les Américains ne la comprennent ou ne la vivent. Certaines castes inférieures sont maintenues ainsi parce qu'on leur a enseigné à vénérer cette condition. C'est pourquoi les hindous les méprisent.

26) Et pourquoi, me diriez-vous, les Maîtres ne les aident-ils pas à s'en sortir ? Ils ne peuvent faire le travail à leur place, mais ils leur montrent le chemin qu'ils ont parcouru. Si vous ne voulez pas de cette route, suivez la vôtre jusqu'au moment où vous serez prêt pour une voie meilleure. Tous les membres des castes supérieures, y compris les grands maharadjas, veulent améliorer la situation en Inde, mais ils ne peuvent le faire à la place des masses, pas plus qu'ils n'ont la possibilité de transformer ces individus en êtres supérieurs. Ce travail revient à l'individu.

27) Contrairement à une idée très répandue, les Maîtres ne sont pas des ascètes. Certains sont vêtus de simples pagnes, mais d'autres appartiennent aux classes sociales les plus privilégiées ! Ils ne sont jamais isolés. Un très petit nombre d'entre eux s'est retiré du monde, afin d'offrir plus pleinement à l'humanité certaines vibrations favorables à son élévation. Ce sont des groupes minoritaires qui se rassemblent dans ce but spécifique.

28) Il arrive parfois qu'un yogi vive dans l'ascèse pendant un certain temps et dans un but précis. Mais alors, il ne laisse jamais l'ascétisme devenir hypnotique. Yogi signifie « celui qui vit pour l'expérience ». Les prétendus « saints hommes » de l'Inde vivent souvent dans l'ascèse. Ce sont pour la plupart des mendiants et non des Maîtres. Souvent extrêmement sales, ce ne sont que des sangsues pour l'humanité. Il ne suffit pas de se promener en récitant des mantras ou d'atteindre le samadhi pour devenir un Maître.

29) À ma connaissance, aucun Maître ne mendie. Les Maîtres se consacrent à l'amélioration de l'humanité. Possédant plus qu'il ne leur en faut, ils ne quémandent pas, même pour redistribuer ce qu'on leur a donné, et ne pratiquent pas la charité. Ils offrent leur aide à ceux qui la demandent et se distinguent par leurs actes. Ils sont des milliers à donner en permanence, et je ne les ai pourtant jamais vus accepter un centime de qui que ce soit. Les mendiants qui désirent être appelés des « saints hommes » n'ont de saint que le nom, et ne s'apparentent en aucun cas aux Maîtres.

30) La vie est toujours affaire de don. Nous pouvons tous encourager la vie universelle qui circule librement dans l'espace infini. Ce que nous recevons de cette source, nous devons le distribuer à notre entourage, en lui insufflant le désir d'aller chercher la vie là où nous l'avons trouvée. Tout être humain en a la capacité, pas seulement les Maîtres. C'est ainsi que nous devrions vivre. Se contenter de recevoir de ceux qui vous entourent, ce n'est pas vivre, mais vous enfermer. Chercher la vie dans le monde matériel aboutit à la perdre.

POUR LE PROFESSEUR OU L'ANIMATEUR

Paragraphe 1. L'humanité doit comprendre que la vie est universelle et éternelle, telle que les esprits éclairés la décrivent. Cette vie qui se manifeste dans la forme n'est qu'une goutte de l'essence vitale qui emplit l'espace infini. La vie ne se réduit pas à ses formes éphémères. Elle reste à jamais le mouvement de la force créatrice qui a créé la forme au départ, dans le seul but de lui permettre de s'exprimer. Nul ne vit vraiment avant de savoir que la vie circule en lui, se manifeste à travers lui, et qu'elle recherche toujours une expression plus pleine, plus libre et plus riche.

Paragraphes 2 et 3. La vie étant universelle, elle s'exprime universellement dans chaque forme. Quand le sentiment de division disparaît de l'esprit de l'Homme, celui-ci s'engage plus pleinement dans son activité pour atteindre son but. La conscience humaine s'embarrasse de complications inutiles. La vie et la conscience sont indissolublement liées. Pour se réaliser pleinement, l'Homme doit élargir sa conscience. Il comprendra ainsi ce qu'est la vie et pourra enfin vivre.

Paragraphes 4 à 8. Pendant une période de son existence, la pensée de l'Homme est obnubilée par le matérialisme. Sa compréhension de la vie, de son environnement et de lui-même est erronée, et représente un obstacle à sa réalisation. Ses facultés innées ne peuvent s'exprimer pleinement. Pendant toute cette période, il ne connaît pas la joie de vivre. Le génie échappe, à un certain niveau, à cette oppression de la pensée ; il a le courage ou la force d'âme de suivre le chemin qu'il s'est fixé et de ne pas se laisser limiter par les pensées d'autrui. À la fin de son existence, l'Homme semble mener une vie plus spirituelle. Le mensonge s'arrête comme une horloge que l'on a oublié de remonter. Alors, sa vraie nature s'affirme. Sa conscience eût-elle été préservée pendant les années d'oppression, son corps aurait conservé ses forces vitales, il serait resté dans la force de l'âge indéfiniment.

Paragraphe 9. L'âge du corps ne correspond pas au nombre d'années que nous lui donnons. Les cellules et les tissus du corps se renouvellent constamment par le biais d'un processus naturel. La vie est jeunesse. Mais, ayant décidé que le corps devait vieillir, nous forçons ce processus de reconstruction à se ralentir, ce qui conduit le corps à la vieillesse. Si nous laissions nos esprits se renouveler en accord avec la vérité de la vie, le modèle des processus de renouvellement du corps resterait celui de la jeunesse, et notre corps ne vieillirait pas.

Paragraphe 10. L'Homme est le livre de la vie, la loi de Dieu. Le principe souverain de la vie est écrit en lui, et cette période d'existence devrait constituer un processus de découverte de soi, d'expression de soi. Dans la révélation de sa nature, l'Homme apprend le secret de son existence. Étudiez-vous vous-même pour commencer, étudiez les désirs les plus profonds de votre nature intérieure, regardez-les se révéler et vous comprendrez.

Paragraphe 11. Selon les Saintes Écritures, le péché cause la mort. Toute pensée ou sentiment contraire au but de la vie serait un péché. Ces pensées et ces sentiments négatifs s'opposent à la vie. Éliminons cette opposition. Plutôt que de perpétuer une conscience qui prive le corps de son pouvoir nourricier, et ainsi divise le corps et la conscience par la notion de mort, liquidons cette conscience mensongère. « Oubliez le passé, regardez vers l'avenir. »

Paragraphes 12 à 15. La vie est affaire de progrès, et non de profit comme nous avons tendance à le penser. Le profit dépend de notre progrès, lui-même déterminé par le type et la qualité de notre expression. S'exprimer ne consiste pas à projeter ses petites opinions limitées, mais à vivre en étant fidèle à ses impulsions les plus profondes, qui sont toujours vraies. Et nous abaissant au niveau de l'opportunisme ou de la prétendue nécessité, nous violons notre sens intime du bien.

Paragraphes 16, 17 et 18. « L'Homme ne vit pas que de pain. » Nous ne devons absorber que la quantité d'aliments nécessaire pour reconstruire naturellement notre corps. Un surplus de nourriture donne aux fonctions corporelles un surcroît de travail. Habituons-nous à nous nourrir de la substance qui circule dans le principe créateur de notre être, là est la véritable nourriture. Le sommeil consomme des énergies qui ont été gaspillées pendant nos périodes de vie mensongère. (Le sommeil contribue à réparer ce gaspillage d'énergie. Si nous mangions moins, nous dormirions moins.)

Paragraphes 19, 20 et 21. Apprenons à entrer en relation avec la source de notre bien. Ce que nous cherchons ne vient pas d'autrui. Inutile de nous adresser à un Maître ou à un professeur : cherchons d'abord en nous-mêmes ce qu'il représente pour nous. « La porte ne s'ouvrira pas à ceux qui m'appellent le Seigneur, mais à Celui qui accomplit la volonté de mon Père. »

Paragraphe 22. Les valeurs de la vie résident dans l'Âme, le Soi véritable, le Maître intérieur, et non dans le monde. Le monde ne possède que la valeur qui lui est transmise par l'éveil de la véritable conscience.

Paragraphes 23, 24 et 25. Cherchez à trouver la véritable vie dans ses grands mouvements universels qui se révèlent dans votre nature grâce à vos idéaux les plus élevés et à vos désirs les plus profonds. C'est seulement quand nous mesurons la vie à l'aune de nos petites idées limitées que sa manifestation se limite. Seul l'universel de la vie peut vous nourrir.

Paragraphe 26. Le droit individuel à l'expression ne peut être violé dans les véritables processus de la vie. Notre propre effort, et non celui d'autrui, nous permet de nous élever. Vivre indirectement sans faire d'effort détruit notre propre nature et notre bien-être.

Paragraphes 27 à 30. La vie est action, expression de soi, don. Le don est à la vie ce que le souffle est à la respiration. Nous devons recevoir de notre source et distribuer dans ses expressions les plus spirituelles ce qu'elle nous a donné. Nous commençons par recevoir du Principe en l'intégrant à notre conscience, puis nous l'exprimons extérieurement. Cela s'applique également aux processus de la vie. Recevoir sans donner ou donner sans recevoir, c'est rendre la vie statique par excès ou épuisement. Apprenons à recevoir de notre source et à exprimer ce que nous avons reçu dans la manifestation de nos facultés élargies.

10

L'univers

1) L'univers représente la somme totale du visible et de l'invisible qui emplissent l'espace infini. Le Grand Tout, composé de toutes ses parties. On peut l'appeler Dieu, car celui-ci s'est défini ainsi : « Je suis ce que je suis et personne n'est au-dessus de moi. » C'est la somme de toute vie, de toute substance, de toute intelligence, de tout pouvoir. Il englobe toutes les connaissances car il est l'Omniscience. Il incarne tout pouvoir car il est la Toute-Puissance. Il contient toute substance car c'est à partir de lui que se forme le visible. Il représente l'Amour, un système unique qui opère comme une seule unité. L'Amour constitue le principe d'intégrité, qui maintient l'univers en tant qu'unité et permet à ses opérations de s'effectuer en parfaite harmonie, avec régularité.

2) Selon les Maîtres, l'univers englobe chaque état de conscience et chaque événement. L'individu peut se croire séparé de cet univers. En réalité, il en fait toujours partie, il n'en est jamais exclu quoi que lui dicte sa pensée. Il se croit parfois si étranger à cette grande universalité qu'il se sent divisé et limité. Il s'en croit si éloigné que ses facultés en sont diminuées. C'est alors qu'il s'exclut de cette universalité, même si en réalité il en fait toujours partie.

3) S'exclure totalement de l'universalité signifierait revenir à la non-existence. Lorsque la conscience de l'individu retourne à l'universalité, au Principe, il revient à sa véritable place, à une unité qu'il n'a en fait quittée qu'en pensée. Son état physique et ses facultés spirituelles s'améliorent, il réintègre le niveau de spiritualité qu'il n'aurait jamais dû quitter. La parabole du fils prodigue l'illustre parfaitement : le fils a erré par les chemins et gaspillé sa substance, mais, quand il revient à la maison du père, celui-ci lui souhaite la bienvenue. Son frère, resté à la maison, en éprouve de la jalousie. Mais le père n'aurait pu l'accueillir autrement, car il savait qu'il finirait par revenir. Ainsi, celui qui croit être totalement exclu de l'universalité finit par se rendre compte de son erreur et, quand il revient à la maison du père, il s'aperçoit que l'on attendait son retour, qu'on lui avait gardé sa place légitime. En fait, le père savait qu'il serait de retour pour reprendre sa place, quelle que soit la distance qu'il aurait à parcourir.

4) Lorsque vous vous sentez exclu, isolé, limité, ce sentiment ne résulte pas seulement de votre imagination. Si l'univers permettait à une part de lui-même de s'en exclure, il ne pourrait former un tout. David avait bien compris cette impossibilité de sortir du système universel. Il a déclaré : « Je mourrai si je fuis ton Esprit. » Qu'il souhaite explorer les limites extrêmes de la terre, visiter le paradis ou l'enfer, la relation universelle se trouve toujours au bout de son chemin. L'indivisible ne peut se diviser.

5) Nous considérons la mort comme une séparation, une exclusion du monde des vivants. En réalité, nous pouvons demeurer très proches de ceux que nous tenons pour morts. La séparation n'existe que dans notre pensée consciente. Dans le subconscient, elle n'a nul lieu d'être. Nous continuons à rêver de ceux qui sont morts, leur souvenir reste pour nous aussi vivace que de leur vivant. Ainsi, s'ils n'existaient plus, nous ne pourrions pas même les imaginer. Si nous cessons de penser que

nous en sommes séparés, nous serons de nouveau avec eux, car la division n'existe que dans la conscience ou, plus exactement, quand nous nous trouvons dans un état de conscience imparfait et ne connaissons pas encore la véritable nature de l'existence.

6) La séparation n'est qu'apparence. Si l'univers forme une unité et si tout ce qu'il contient est éternellement uni dans cette unité, comment et où la séparation pourrait-elle exister ? En fait, il ne s'agit que d'un état imaginaire. Seule l'ignorance des réalités provoque un sentiment de séparation, qui disparaîtra totalement avec l'éclairement des esprits. Selon les Saintes Écritures, notre Dieu est Un. Si Dieu représente le Grand Un, tous les individus sont inclus en lui, et ils sont unis en Lui et avec Lui.

7) L'être humain constitue un univers entier en soi, il agit en parfaite harmonie s'il cesse de croire en l'inharmonie et en la séparation. Penser l'harmonie nous ramène à l'unité du Principe. Les maladies, la vieillesse, ou tout autre état discordant ne font pas partie de l'harmonie, ils lui sont étrangers. Nous vieillissons et contractons des maladies uniquement parce que nous n'utilisons pas les catégories de l'harmonie. Si nous croyons en ce processus, agissons en en tenant compte, nous ne connaîtrons pas la maladie. Nous vibrerons en harmonie avec le Principe universel, dans lequel l'inharmonie n'existe pas.

8) L'inharmonie provient de la diminution des vibrations du corps. Ainsi, quand nous laissons nos vibrations diminuer, nous permettons à l'impossible de se produire. En considérant l'accord complet comme impossible, nous vénérons la discorde au lieu de vénérer l'harmonie. Suivons l'enseignement de Jésus : le vous de vous-même est toujours harmonieux. Il faisait référence à cette harmonie du Principe qu'en réalité nous incarnons en permanence. Cessons de compter sur les autres, d'attendre d'eux, d'émettre des désirs égoïstes. Donnons et servons Dieu. Nous ne devons

attendre que de Dieu, notre attitude vis-à-vis des autres doit être celle du don.

9) En demandant aux autres de vous servir au lieu de toujours les servir, vous vous excluez de l'harmonie. Rendre service à un individu ou à des millions ne change rien. Quand nous attendons quelque chose des autres, nous nous séparons d'eux. En rendant service autour de nous, nous plongeons dans l'universalité. En donnant de nous-mêmes nous nous rapprochons de cette universalité où nous avons notre rôle à jouer.

10) Servir, offrir l'Amour et l'Harmonie ne demande pas d'énergie à notre corps. En revanche, provoquer la discorde ou se plonger dans des états discordants, formuler des pensées ou des paroles négatives, capte une vaste somme d'énergie. Les paroles positives ou paroles d'entente ajoutent de l'énergie à notre corps chaque fois que nous les prononçons. De plus, nous créons ainsi un rayonnement qui revient vers nous et nous entoure d'une zone d'énergie.

11) Nous n'avons nul besoin des instructions d'un Maître ou d'un livre pour vérifier notre fidélité aux processus de la vie universelle. Nous savons parfaitement quand nous violons la loi de la vie, aussi clairement que nous savons reconnaître une fausse note. Tout individu sait reconnaître une fausse note, même s'il n'a jamais étudié la musique. Dès qu'un élément discordant ou déplaisant apparaît chez l'Homme, celui-ci devrait savoir qu'il est en train de violer la loi de son existence, et que cela va produire des résultats inharmonieux sur son corps. La discordance d'un état émotionnel ou mental constitue un péché contre la vraie nature de l'Homme. Tout ce qui produit un effet harmonieux, lui donne un sentiment de paix, de liberté, de pouvoir et d'harmonie est parfaitement en accord avec la vie et ne peut amener que des résultats harmonieux.

12) L'Homme ressemble à un tube à essai dans un laboratoire. Si nous mélangeons des solutions harmonieuses, nous obtenons des résultats harmonieux.

Si nous choisissons des solutions qui ne vont pas ensemble, nous établissons un état inharmonieux qui ne produit que des résultats inharmonieux, voire aucun résultat. Notre corps fonctionne de la même manière. Nous n'établissons jamais l'inharmonie si nous n'émettons que des pensées et des sentiments harmonieux. Ainsi, nous nous entourons d'une aura harmonieuse qui ne permet plus à l'inharmonie de se manifester. Tout se contrôle par la conscience. Notre conscience de l'inharmonie n'atteindra jamais notre conscience de l'harmonie, car cette dernière est notre état naturel. Pour y revenir, il nous suffit de refuser de projeter notre vision vers l'inharmonie.

13) Si vous pensez qu'il est difficile de contrôler votre conscience, prodiguez au moins de l'Amour et refusez de projeter d'autres sentiments. Vous parviendrez ainsi au même résultat. Jésus plaçait l'Amour au-dessus de tout. Le petit livre de Henry Drummond, intitulé *L'Amour, la plus grande merveille du monde*, donne la clef pour résoudre harmonieusement tous nos problèmes. C'est l'ouvrage le plus simple jamais écrit, et il connaît une large diffusion. Sa lecture ne prend que dix minutes, mais il faut toute une vie pour en appliquer les enseignements. Il permet d'atteindre l'harmonie et la liberté parfaites.

14) Même si vous refusez de croire en l'importance de la spiritualité, cela ne changera rien. L'Esprit éternel est immuable. Vos idées erronées ne ralentissent que votre propre progrès. Ce qu'autrui fait ou ce que nous pensons qu'il devrait faire ne présente aucun intérêt, car nous ne savons pas quand ses actions ou créations le ramèneront à l'harmonie. Jésus a dit : « Libérez-le et laissez-le partir. » Ainsi Il lui donnait le privilège d'intégrer la conscience du Christ. Il considérait chaque individu comme le Christ. « Je vois le Christ dans tout visage et dans toute forme. »

15) L'apparence du monde ne correspond pas à sa réalité. Vous y voyez partout la limitation, alors qu'elle

n'existe nulle part. C'est l'univers qui lui donne sa forme. La science a démontré que chaque cellule est la réplique de l'univers. Apprenez à découvrir la réalité du monde en cherchant la réalité de l'univers. Alors, vous saurez comment est le monde. Vous vous libérerez en exprimant la vérité, la réalité de votre conscience. Cherchez au-delà de la surface jusqu'à ce que vous trouviez la réalité intérieure. Vous vous apercevrez que « rien dans le monde n'est unique, toutes les unités sont unies entre elles par une loi divine, l'humanité peut atteindre l'harmonie et la liberté parfaites car elles existent ».

16) « Lorsque le premier Homme est né, votre Christ est né », voilà le vrai message du Christ. « Avant qu'Abraham fût, Je Suis... La gloire que tu m'as donnée au commencement existait avant le monde. » Ajoutez l'Amour à toutes ces phrases et elles circuleront en harmonie avec l'enseignement du Christ. Nous pouvons entourer quelqu'un d'amour au point que ce sentiment le submergera et que toute sa vie, toute sa pensée s'en trouveront changées en un instant. Nous ne dominons pas notre prochain quand nous l'entourons d'Amour, car il s'agit de son environnement naturel. Nous ne faisons qu'exercer une influence qu'il peut accepter, qui changera le cours de sa vie, comme nous sommes en mesure de changer le cours de notre propre existence et de nos pensées. Nous le voyons tel qu'il est réellement, tel que Dieu le voit. Notre regard le libère des influences négatives et des obstacles, car nous le plongeons dans l'environnement où il fut créé, dans l'état où tous les hommes vivent en réalité.

17) Aimez vos ennemis et priez pour ceux qui vous persécutent. Ainsi, vous atteindrez un degré de spiritualité supérieur, en même temps que vous les aiderez à se libérer des forces qui les poussent à vous faire du mal. Vous rendrez ainsi un double service. Le don appartient à celui qui donne et c'est à lui qu'il profite

le plus. En outre, nos ennemis pénètrent parfois nos pensées mieux que nos amis.

18) Si un ami vous fait du tort, la conscience de l'amour parfait peut renverser totalement la situation. L'amour n'est pas un devoir, c'est le privilège de l'Homme, ce qui nous motive le mieux à servir. Aimez vos ennemis et exaltez leur spiritualité car, ainsi, vous exaltez la vôtre. Exaltez votre ennemi, hissez-le plus haut que vous, vous vous élèverez d'autant.

19) Cette pratique représente la sincérité suprême, car être sincère, c'est être sans défaut, intact. En éliminant cet individu de votre conscience, vous lui donnez de plus grands privilèges qu'à vous-même. Il vous faut l'élever spirituellement, c'est ainsi que vous pouvez en finir avec lui. Si vous le laissez partir sans l'avoir élevé, rien n'est fini car il vous reste votre propre conscience à amender. C'est ainsi : vous ne connaissiez pas cet homme avant qu'il entre dans votre conscience. Maintenant vous êtes parfaitement conscient de lui, car vous ou lui avez eu besoin d'aide. Quand vous avez obtenu ce dont vous aviez besoin et élevé spirituellement cette personne, vous pouvez la relâcher et la laisser retourner au point où elle en était avant d'entrer dans votre vie. Quand votre devoir est accompli et l'élévation spirituelle achevée, vous êtes tous deux libres. Vous pouvez aller chacun de votre côté, comme auparavant. Si vous n'agissez pas ainsi, un sentiment de manque reste dans votre conscience.

20) L'imperfection n'existe que dans votre conscience. Pour vous, il n'y a pas d'imperfection chez ceux que vous ne connaissez pas. Quand vous reconnaissez un état imparfait chez quelqu'un que vous rencontrez, cette imperfection entre dans votre conscience. Avant que l'harmonie parfaite de votre nature puisse se rétablir, il vous faut effacer cet état d'imperfection. L'amour seul peut tout laver, tout rétablir dans son état naturel, dans le Plan universel. Lui seul vous libérera et libérera l'autre.

21) Vous ne pouvez libérer personne sans l'amour. La pitié que vous ressentez pour vous ou pour l'autre ne mène à rien. Elle ne fait que vous lier plus fermement à l'imperfection. Vous vous lamentez parce qu'on vous persécute, mais ainsi vous vous attachez à vos bourreaux. Vous plaignez vos bourreaux, mais, qui sait, vous en deviendrez peut-être un ? La pitié vous réduit à l'état médiocre que vous déplorez, alors que l'amour l'exalte et l'élève à sa place légitime dans l'universel. L'amour est la pensée la plus spirituelle. Jésus S'élevait et élevait ceux qui L'entouraient par l'amour. L'amour constitue l'essence même de l'univers et, dans l'amour parfait, chacun est uni dans le Tout universel.

22) Pour l'individu, l'univers peut être grand ou petit, selon ce que sa conscience lui dicte. Ce peut être un simple atome, un corps entier, ou bien l'universalité entière de Dieu. Nous sommes en mesure de comprendre l'universel quand nous réussissons à nous débarrasser du concept de division. La pensée embrasse ainsi l'universel comme la lumière entoure et emplit l'espace. Dans le *Mahabharata* se trouve cette parole très juste : « Quand je vois la Lumière, je vois toute l'universalité. » Car la Lumière est le véhicule qui porte l'universalité, qui exprime sa pleine existence. Quand nous exaltons un mot, il devient lumière. L'univers est sans limites. La limitation est un concept humain. L'animal ne se limite jamais. Seul l'Homme se limite.

23) La théorie de l'expansion de l'univers n'est exacte que dans le sens où notre conception de l'univers s'étend. Nous ne cessons de découvrir qu'il est toujours plus grand que nous ne l'imaginions, mais il ne grandit pas car il est la somme de l'Infini. Notre système solaire n'est qu'un atome dans l'univers.

24) L'univers est régi par *une* Loi, car l'univers est Un. Nous n'avons pas à obéir à une loi inférieure à la Loi. Il n'y a qu'Une Loi, la seule à laquelle nous devions obéir. L'être humain n'a pas à obéir à la gra-

vitation, qui n'est que la manifestation de la loi. Vous ne devez obéir qu'à la Loi qui contrôle ces phénomènes. Quand vous n'avez plus conscience de sa manifestation, vous avez pleine conscience de la Loi qui est le Tout, la Totalité, l'universalité du Principe. Alors, toute manifestation de la Loi nous obéit. Nous détenons l'autorité, l'empire total sur toute manifestation de cette Loi.

25) Les idées de matérialité et de mortalité proviennent de lois inférieures, telles que la loi de la matière. Ces concepts ne sont pas venus d'Adam, mais de ses descendants. La matière n'est qu'un état de conscience, tout comme la pensée. Une habitude mentale figée. La pensée et la matière représentent des vecteurs d'expression. Un vecteur n'a pas de limites, sa forme est floue, abstraite. Mais l'Homme transforme le vecteur en canal, en autoroute, il lui impose des limites et un tracé précis. La pensée et la matière n'ont pas de tracé précis. Adam avait, bien entendu, une conscience, mais il n'a jamais exprimé l'idée que la conscience était mortelle, la notion d'une mortalité de la conscience. Cela lui fut attribué bien après.

26) Pour le Maître, il n'existe pas d'univers matériel. L'univers visible incarne l'Esprit, il est d'essence spirituelle et régi par sa loi. Il tire son pouvoir de ce savoir, c'est là que réside le secret du pouvoir individuel. Connaître la loi de l'Esprit et vivre en harmonie avec elle procure un pouvoir illimité. Et cette loi est la loi de l'Amour qui gouverne l'espace infini et toutes les formes projetées dans l'espace. Les Saintes Écritures affirment que si vous aimez, vous êtes en Dieu et Dieu est en vous. L'Amour est harmonie, il fait régner l'entente entre les êtres et les conserve en lui. Lorsque l'Homme a conscience de l'Amour, comprend qu'il est uni au Tout, il se trouve dans un état d'harmonie parfaite avec tout être, animé ou inanimé. L'Amour exprime la cohésion, il s'agit d'une force qui lie les

êtres à leur source. Œuvrant en harmonie avec leur source, les hommes sont en harmonie avec toutes ses projections. L'Amour dissout tout ce qui n'est pas en harmonie avec l'Ordre universel, car il exige l'adhésion absolue au principe de sa nature, l'Esprit. L'Amour détruit la haine, la cupidité et l'égoïsme qui naissent de ces états de conscience.

27) Lorsqu'il s'inclut dans ce Tout, l'Homme est la réplique de l'univers, il devient un univers. S'il cesse de penser en termes dogmatiques, il sortira de la superstition, sera sans limites. Quand nous cessons de nous limiter, la lumière rayonne de chaque cellule de notre corps, nous pouvons aujourd'hui le montrer sur des photographies. De la même manière, la lumière jaillit de chaque cellule de l'univers. La source de cette Lumière et de cette énergie, qui vivifie et emplit l'étendue de l'univers et l'univers de notre corps, c'est le grand soleil central. Cosmique signifie grand ; l'Homme fait partie de ce Tout.

POUR LE PROFESSEUR OU L'ANIMATEUR

Paragraphes 1 et 2. Cette leçon, comme les précédentes, évoque l'universalité de tout être, et montre que toutes les formes manifestes sont contenues dans le Tout et en constituent une part inséparable. Chaque organisme individuel incarne en miniature ce que représente l'univers infini. L'élève doit prendre conscience que le pouvoir et la force incommensurables qui circulent à travers l'espace infini circulent aussi à l'intérieur de lui, et que ses réalisations dans la vie sont déterminées par son niveau de conscience de ces forces et son degré d'harmonie avec elles.

Paragraphes 3 et 4. L'Homme ne s'isole que par ignorance et parce qu'il s'ingénie à perpétuer la notion de séparation. Rien dans l'attitude de Dieu ne sépare l'Homme ou ne le renvoie à l'obscurité et à la faiblesse.

Dieu veut seulement S'exaucer et, plutôt que de priver l'Homme de Ses bienfaits légitimes, Il cherche toujours à S'incarner à travers lui. L'Homme doit cesser de faire obstacle à Ses desseins.

Paragraphe 5. La mort n'existe pas ! Elle n'est qu'un état provoqué par l'Homme en évacuant de son existence la Réalité divine à tel point qu'elle ne peut plus nourrir le corps. Elle n'est donc pas inévitable. L'Esprit a créé le corps, le corps reste Esprit. L'ignorance produit le mensonge et, quand le corps est entièrement dominé par le mensonge, qu'il ne connaît plus la vérité de la vie, il perd le pouvoir qui constituait sa véritable nourriture et ne peut plus fonctionner ; voilà ce que nous appelons la mort. L'Homme spirituel, celui que Dieu a créé et le seul Homme que Dieu connaisse, vit éternellement, tout comme Dieu est éternel. Vos idées continuent à vivre alors même que la forme dans laquelle vous les avez exprimées n'est plus. L'idée qu'a Dieu de l'Homme continue à vivre alors même qu'elle est évacuée du véhicule désigné pour l'exprimer. Mais, dans la chair ou hors la chair, tous les hommes peuvent comprendre l'existence de l'Unité éternelle, du Principe du Père. Il suffit que l'ignorance qui produit ce sentiment de séparation soit rejetée de leur conscience.

Paragraphes 6 et 7. L'ignorance constitue le seul ennemi de l'Homme. La connaissance des réalités l'amène à l'harmonie avec les forces de l'espace infini, qui sont toutes amicales et circulent de façon constructive pour son bien. Le Principe ne permet pas d'opposition. Tout ce que contient l'univers circule dans la nature même de l'Homme. Il représente le véhicule du Pouvoir infini et de ses possibilités.

Paragraphes 8, 9 et 10. Nous ne pouvons trouver la paix et l'harmonie tant que nous attendons que les autres fassent pour nous ce que nous devons faire nous-mêmes. Personne ne nous donnera ce que nous possédons déjà et n'éveillera en nous ce que nous refusons d'exprimer. Les autres ne nous donneront pas ce dont nous avons besoin ou ne satisferont pas nos désirs. Le don qui nous convient, le don parfait, vient d'en haut. La Loi de l'univers circule à partir du Principe, Dieu, à travers l'incarnation individuelle, puis met sa nature véritable au service des êtres humains. En inversant le processus, en attendant des autres qu'ils nous donnent afin qu'en retour nous puissions être heureux et atteindre notre Divinité, nous ne pouvons qu'être déçus. Dieu est le commencement et le Grand Serviteur de l'humanité. Recevoir Son esprit, c'est devenir les Fils de Dieu. Nous devons distribuer autour de nous ce qu'Il nous a donné, servir avec grâce et générosité.

Paragraphe 11. La nature propre de l'Homme représente le Livre de la vie. En étudiant les tendances éternelles de sa nature intérieure, il permet à l'aspect le plus profond de sa nature de s'étendre et de croître. Ainsi il se comprend lui-même, comprend l'univers et la loi de l'univers. Il n'aura plus besoin de personne pour l'instruire.

Paragraphe 12. Cela devrait paraître évident à tous ceux qui ont connu intérieurement le trouble et la paix. L'Homme est perturbé quand le mensonge s'introduit en lui. Il éprouve la paix intérieure quand il reçoit l'harmonie. Comme un chimiste, l'Homme mélange en lui-même les ingrédients de ses douleurs et de ses plaisirs.

Paragraphes 13, 14 et 15. Chacun peut distinguer en lui ce qui est ou n'est pas en harmonie avec le dessein de Dieu, aussi facilement qu'il distingue une fausse note d'une note juste. Cette différence frappe les oreilles du profane comme celles du musicien accompli. L'élève le plus ignorant n'a pas plus de difficultés que le Maître à distinguer l'harmonie de la discorde. Apprenons à faire un choix. Refusons de nous abandonner à une réaction mentale ou émotionnelle qui anesthésie notre sens de la perfection.

Paragraphe 16. Ce n'est pas Adam mais l'ignorance qui a fait oublier à l'Homme sa nature divine, et l'enchaîne. La réalité ignore les chaînes. L'infini emplit tout l'espace et le temps. À nous de comprendre que tout l'Infini circule en nous et que nos facultés ne se mesurent que par ce fait.

Paragraphes 17 à 21. L'enseignement essentiel du Christ est l'Amour, car celui-ci non seulement réalise toute loi mais résout aussi tous les problèmes. Il est la loi de l'univers, et, quand cette passion gouverne l'individu, alors celui-ci entre en harmonie avec toutes les forces de l'espace infini. Celui qui aime est en Dieu. L'individu doit commencer par développer l'Amour en lui, car il représente l'Union inséparable avec l'Infini. En faisant un avec l'Infini, vous faites un avec toutes les manifestations de l'Infini. Cela ne signifie pas que vous deviez avoir de l'indulgence pour les imperfections humaines. Éliminez-les de votre conscience et unissez-vous avec le Divin. Ôtez ce masque qui vous empêche de voir et de connaître Dieu.

Paragraphes 22 et 23. Vous n'avez d'autre univers que celui que vous voyez. Mais vous pouvez toujours élargir votre vision. « La Terre que tu vois, je te la donnerai en héritage. » La Lumière est tout, car au commencement était la Lumière. Elle est devenue la vie de l'Homme. Les scientifiques les plus matérialistes affirment qu'elle est à la base de toute forme. Le véritable corps de l'Homme n'est pas fait de chair mais de lumière, ce qui inclut la chair, car la lumière nourrit la chair de la même manière que l'oxygène et l'hydrogène nourrissent l'eau. Quand l'ignorance disparaîtra de notre conscience, nous verrons et incarnerons la lumière.

Paragraphes 24 et 25. L'obéissance à la Constitution des États-Unis d'Amérique, qui donne à chacun le droit à la vie, à la liberté et à la recherche du bonheur, n'implique-t-elle pas automatiquement l'obéissance à toutes les autres lois du pays ? L'obéissance à la Loi spirituelle suprême implique automatiquement le respect de toutes les autres lois. La loi de l'univers est l'Amour, et si nous agissions dans l'Amour, l'union consciente, et l'unité avec Dieu et l'Homme, nous ne pourrions violer aucune loi secondaire. Mais, ainsi, nous serions infiniment plus libres. Nous obéirions aux lois secondaires sans nous sentir asservis.

Paragraphes 26 et 27. L'Homme doit comprendre que l'univers est le Tout, qu'il contient tout, et acquérir la connaissance de la vérité, de la réalité. À l'échelle de l'univers, cette mission est de peu d'importance, mais elle libérera l'Homme.

11

Votre moi

1) Lorsque Jésus-Christ a déclaré : « Celui qui ne devient pas comme un petit enfant ne pourra accéder au royaume des cieux », Il a énoncé une vérité fondamentale. L'enfant n'est pas encore hypnotisé par l'idée si commune de limitations matérielles et vit tout naturellement en harmonie avec sa source. La plupart des adultes adorent la compagnie des enfants, car ceux-ci irradient l'harmonie fondamentale de l'univers, cet environnement naturel de l'Homme. Si nous abandonnions toutes les idées qui nous enchaînent à ce monde, nous serions en contact avec cette détermination qui procède du mouvement universel et nous accomplirions les œuvres qui tentent constamment de se manifester à travers notre nature. « Partout où tu découvres ton moi, abandonne-le », ont écrit les anciens hindous, et ce conseil demeure l'enseignement central des Maîtres. Nous devons nous débarrasser des habitudes étrangères à la nature originelle de l'Homme si nous voulons atteindre la vraie vie. La plupart de nos efforts pour vivre sont à ce point opposés au but et à la pente naturelle de la vie qu'ils ne mènent qu'à la décomposition de la chair. « Il y a une voie qui semble juste à l'Homme, mais elle se termine par la mort », a dit Jésus.

2) Rien ne limite vraiment l'Homme, seul son esprit le maintient dans l'incertitude et l'impuissance. Dès lors qu'il balaie ces idées, il accède facilement à la vie de l'univers, et sa propre vie commence à manifester ses potentialités naturelles. « C'est le jour où tu n'y penses pas que le Fils de l'Homme arrive », a dit le Grand Maître. Les pensées qui, depuis le monde extérieur, parviennent à la conscience humaine ne reflètent pas du tout des impressions sensibles : l'Homme n'est pas un miroir, il est la projection du Divin. Dès qu'il ouvre la voie aux impulsions les plus profondes de sa nature, il rejoint le courant de la vie.

3) Le but divin de la loi de la vie est d'améliorer et de purifier la nature de l'Homme jusqu'à ce qu'il en devienne l'expression pleine et entière, la plus parfaite. Lorsque la vie est ainsi vécue, à l'abri des réserves et des limitations résultant de la fascination hypnotique pour l'intellect, la nature de l'Homme ne cesse de s'améliorer. L'individu doit exercer un contrôle permanent sur lui-même, jusqu'à ce qu'il constitue une unité orientée tout entière vers l'unique dessein. L'élan de cette force vers l'extérieur est alors extérieurement parfait, comme il l'est dans l'universel. L'Homme pourra accomplir sa destinée et recevoir toute l'assistance des forces de l'universel. Certains se demandent pourquoi Dieu ne Se manifeste pas à travers leurs propres idées et ne leur apporte pas ce qu'ils souhaitent. Mais Il n'agit pas plus à travers les idées humaines que la nature à travers des semences stériles, sinon pour les détruire. Dieu, l'Esprit, S'occupe de Ses affaires, poursuit Son propre idéal, Son propre dessein, et l'Homme doit se mettre en harmonie avec cet objectif universel. Alors, seulement, il atteindra cet état d'enfance élémentaire qui lui permettra de vivre de façon naturelle. La vie naturelle est parfaite et produit des résultats parfaits. Nos idées sont absolument imparfaites et lacunaires. Elles ne prennent pas en compte la nature ou le projet de la Tendance univer-

selle et il faut s'en débarrasser, pour que les influences supérieures deviennent les facteurs décisifs sur tout notre être.

4) On vous a enseigné que la première loi naturelle est la survie, et c'est vrai. Mais cela ne signifie pas qu'il faille protéger sa propre vie aux dépens d'une autre. La loi de la vie agit pour préserver et promouvoir la vie. Un Maître, durant son existence, promeut et préserve la vie parce que son existence est en harmonie avec la seule vie qui soit. Il n'y a en lui nul ressentiment, et ses motivations sont entièrement du côté de la protection de la vie contre la moindre intrusion. C'est là le secret de la maîtrise. Tant qu'on ne maîtrise pas ce qui dans notre propre nature détruit la vie, on demeure hors de la vie. Mais, dès lors qu'on se libère de ce qui détruit la vie, on est projeté vers elle, totalement. Même Jésus n'a pas condamné ceux qui Le crucifiaient, Il les a au contraire libérés du karma de leur propre ignorance, grâce à la loi du pardon.

5) Quand on jette le blâme sur quelqu'un d'autre, ou même qu'on essaie de le faire, cette personne s'empêtre dans son ignorance. Protégez la vie partout où elle est manifeste. Protégez votre propre vie et celle des autres de toute intrusion de l'ignorance. Protégez-vous et protégez les autres de toute pensée ou de tout acte qui les écarterait de l'expression pleine et harmonieuse de la vie. Tout autre comportement est suicidaire. Purifiez constamment votre vie en protégeant la vie autour de vous. Pour mettre les autres à l'abri non seulement de la violence corporelle, mais aussi de leur propre ignorance et de l'ignorance qui les entoure. Libérez-vous de votre pensée hypnotique et considérez-vous comme le libre enfant du Très-Haut. Vous trouverez la vie, deviendrez votre propre Maître. Si quelqu'un vous nuit, libérez-le aussitôt dans votre esprit et affranchissez-le de tout risque de critique ou de condamnation de

la part des autres. Maintenez-le toujours dans la vie universelle.

6) De nombreuses personnes sont intriguées par le halo de lumière que les artistes ont peint autour des saints et des maîtres. De fait, le rayonnement de ces âmes illuminées apparaît dès que se dissipent le voile de l'ignorance, le nuage de l'hypnotisme. Cette lumière se devine à un certain degré chez les enfants. Leur aura nous apaise dès que nous nous trouvons en leur présence car ils sont les véhicules parfaitement libres de la vie universelle. On ressent ce genre d'impression auprès d'un Maître, que nimbe une telle lueur. Libéré des idées de ce monde, qui obscurcissent la lumière, il est redevenu comme un petit enfant. La lumière est la vie même. Dès que l'on se trouve vraiment dans le courant vital, on baigne dans, on est cette lumière. Quiconque s'y trouve intégralement élève les autres jusqu'à cette clarté, dans la mesure où ceux-ci acceptent de répondre à nos vibrations. Il n'y a donc rien d'extraordinaire à ce que l'on voie une lueur émaner d'un Maître. Cette manifestation est tout à fait naturelle, car il s'agit de la vie à son état fondamental. Vous possédez toutes les potentialités et pouvez reconnaître la véritable vie chez ceux qui vous entourent, du moment que vous vous autorisez à la percevoir. Une seule chose vous en empêche : votre réticence à oublier ce que vous croyez être votre état, votre condition. Laissez tomber le voile et regardez, là se trouve la lumière.

7) Pour progresser, vous devez vous considérer comme un Maître et vous conduire comme l'un d'eux. Personne ne vous enseignera la maîtrise ni ne vous l'accordera, parce qu'elle se trouve déjà en vous. Avant même de rencontrer un Maître, si tant est que cela doive vous arriver, exercez-vous à vivre à sa manière, à penser, à agir comme lui.

8) Comment un Maître affronterait-il les situations que vous rencontrez quotidiennement ? Essayez de

régler vos problèmes à sa façon. Comment s'adresserait-il à ceux qui l'entourent ? Tentez d'avoir ce genre de comportement. Quelle serait son attitude envers ceux qu'il rencontre ? Cherchez à en adopter une semblable. Pouvez-vous imaginer un Maître préoccupé par les affaires ? S'adonnerait-il aux ragots, à la haine, à la jalousie, à la colère ? Reculerait-il devant certaines tâches ? Vous détenez en vous le modèle de ce que doit être un Maître, et sa manière d'affronter la vie doit devenir la vôtre. Si vous le faites, en étant persuadé que vous êtes uni à la force qui meut l'univers, vous verrez pointer les germes de votre propre maîtrise, et ils prendront vite leur essor.

9) Ce que les Maîtres ont toujours enseigné est vrai. Inutile de méditer de longues heures en samadhi, ni de subir des rites mystiques et des rituels religieux afin d'atteindre l'illumination. Les Maîtres ont frayé le chemin. Lorsque l'on agit en abandonnant le terrain de la réflexion et de la pensée, que l'on entre simplement dans la vie, on accède à la maîtrise. Faites-en un mode de vie et vous deviendrez un Maître. Abandonnez le moi que vous croyez vôtre et mettez-vous à vivre votre vie comme vous pressentez au fond que vous aimeriez la vivre. Vous découvrirez que c'est bien *votre* vie.

10) Inutile de vous rendre en Inde pour trouver votre Maître ou votre guide, contrairement à ce que croient beaucoup de gens. Votre *moi* est votre guide et votre maître. Ni les Maîtres ni Jésus n'ont acquis leur savoir et leur pouvoir en parcourant le monde entier. Ils ont regardé en eux-mêmes vers ce moi, vers le Dieu intérieur, et sont devenus des Maîtres. Tant que vous chercherez hors de vous-même ce qui se trouve en vous, vous ne le découvrirez pas. Seul un tel état d'esprit permet de comprendre l'enseignement d'un vrai Maître. Ceux qui n'ont pas rencontré la lumière prétendent qu'il faut trouver un guide, mais les Maîtres affirment que ce guide est en chacun de nous. C'est la leçon essentielle que le Christ a voulu

communiquer au monde. « Voyez par-ci, voyez par-là » ressemble plutôt à une consigne de l'Antéchrist. *Trouvez votre Père intérieur* exprime beaucoup mieux le véritable enseignement du Christ.

11) Ce que vous trouvez en vous immergeant dans votre moi, l'aspect le plus profond de votre personnalité, doit être rendu manifeste. La pratique rend parfait. Exercez votre maîtrise, transformez votre vie en ce qu'elle doit être, agissez comme vous pensez qu'un Maître aurait agi. Vous découvrirez que tout ce que vous avez cherché est manifestement déjà là, tout entier. Dégagez-vous totalement du rôle que vous avez joué jusque-là et adoptez-en un autre, en prenant la vie comme elle doit être vécue.

12) Quand on apprend à vivre à partir de l'âme, du moi, et non de l'intellect, tout devient clair et compréhensible. On sait ce que l'on doit faire, où l'on doit aller, et la vie devient simple et harmonieuse. C'est la vie telle qu'elle est conçue, la vraie vie, celle à laquelle nous devons finalement aboutir. Lorsqu'on le leur enseigne, les enfants ne vivent plus que dans le domaine de l'intellect. Mais ils commencent par vivre naturellement, et nous devrions devenir semblables à eux, au lieu d'essayer de les façonner à notre image. Cela ne signifie pas que notre vie sera dépourvue d'intelligence et de réflexion, mais que nous vivrons vraiment intelligemment et que nos pensées exprimeront fidèlement notre moi le plus profond.

13) Pour passer de ce que nous semblons être à ce que nous sommes réellement, pour pénétrer dans la vraie vie, il faut une certaine résolution. Quoi que pense un hindou, il s'y engage entièrement. Il est prêt à marcher des centaines de kilomètres pour accomplir ce qu'il considère comme son devoir spirituel. Si nous sommes aussi déterminés que lui à devenir ce que nous sentons d'instinct devoir être, nous y parviendrons sans difficulté. Cessons d'espérer et de souhaiter, mettons-nous à être et à faire.

(*Nous intégrons ici la lettre de Mme Grace G. Hahn, car elle nous a semblé fort instructive. Mme Hahn faisait partie du groupe qui accompagnait M. Spalding en Inde.*)

Je vais essayer de vous relater quelques-unes des expériences que j'ai faites depuis ma dernière lettre.

M. Ghose, un ami de M. Spalding, nous avait invités à une croisière en bateau jusqu'à Dacca, à l'ashram du Swami Paramananda. Il serait très difficile de décrire la jungle que nous avons traversée. En certains endroits, la rivière était si étroite que deux bateaux n'auraient pu se croiser. Puis le cours d'eau s'élargissait jusqu'à atteindre huit cents mètres de large. Tout se déroulait bien, le voyage était merveilleux. Le soir du troisième jour, à huit heures et quart, nous étions pour la plupart assoupis sur nos couchettes lorsque nous ressentîmes un terrible choc. Des cris s'élevèrent à proximité. Nous comprîmes bien vite que nous avions heurté un autre vapeur. Il va sans dire que la confusion et la panique régnèrent un certain temps. Nous avons ensuite appris que le canot de l'autre vapeur avait coulé en quelques instants. Ayant subi quelques avaries, mais sans avoir à déplorer de pertes humaines, il nous était impossible de continuer notre route, et nous avons jeté l'ancre pour la nuit. Il n'y avait plus de lumières et les bateaux faisaient eau gravement. Le petit garçon de notre hôte est entré tranquillement au milieu du cercle de gens surexcités sur le pont et a dit : « Dieu nous a tous sauvés ; *Baba* (père), puis-je maintenant aller me coucher ? » Un murmure s'est élevé durant quelques instants, puis nous avons tous compris la leçon que ce bienheureux enfant hindou venait de nous donner. Apaisés, nous sommes retournés à nos couchettes, certains que tout allait bien. Il s'agissait d'un Maître potentiel, capable d'apaiser tout un navire par son aplomb tranquille et son humble foi enfantine.

Le lendemain matin, nous avons repris notre route à petite allure jusqu'à la ville la plus proche et nous sommes rentrés à Calcutta par le train. Nous rencontrons en ce moment des hindous merveilleux. Un certain M. Sircar a présenté son livre à M. Spalding, et j'aimerais en citer un passage qui m'a fortement impressionnée. « La Vérité complète et la vie dans son épanouissement le plus pur ne peuvent être goûtées tant que toutes les forces, naturelles et spirituelles, ne sont pas maîtrisées et appliquées au développement de la vie dans sa pureté croissante. » Nous avons passé un certain nombre d'heures en sa compagnie, et cela nous a grandement enrichis.

Je vais vous raconter une anecdote riche d'enseignements et qui nous a été rapportée un après-midi à l'université de Calcutta. L'incident s'est produit six cents ans avant notre ère. À cette époque, il existait déjà des désaccords doctrinaux, si bien qu'une partie des adhérents s'était séparée du groupe principal et avait tenté de convaincre le guide de changer sa façon de voir. Après un certain temps, le dirigeant de la faction dissidente a compris l'inanité de cette démarche et décidé d'appliquer une solution radicale. Il s'est posté en embuscade et a tiré son épée au moment où arrivait le guide. Lorsque celui-ci est tombé, grièvement blessé, il a demandé à son assaillant de s'asseoir à ses côtés, afin de pouvoir s'entretenir avec lui durant ses derniers instants. Sur un ton plein d'amour et de gentillesse, il l'a adjuré de continuer sa route, pour que personne ne sache jamais ce qui s'était passé, que nul ne tente de venger sa mort, car le meurtrier irait ainsi vers un accomplissement supérieur. S'il retournait d'où il venait, son acte provoquerait de nombreuses souffrances chez autrui. Il valait mieux qu'il pâtisse seul du crime qui était le sien. Le grand Maître a donné cette leçon à l'homme qui avait cru pouvoir lui nuire.

Nous avons quitté Calcutta lundi dernier pour l'ashram du Swami Omkar. Cet endroit, situé au milieu de la campagne à une cinquantaine de kilomètres de la voie ferrée, jouit d'une paix extraordinaire. Après quelques jours de repos, nous avons été invités à nous entretenir séparément avec le Swami. Alors que j'étais assise en sa présence, que je l'écoutais parler de sa voix calme et tranquille, j'ai perçu la lumière qui le baignait. Je me suis figée, craignant qu'elle ne disparaisse, mais elle a persisté tout au long de l'audience. La pièce en était illuminée, exactement comme M. Spalding nous l'avait raconté à de nombreuses reprises. C'était ma première expérience de ce genre, et j'en garderai à jamais un souvenir ému.

Hier soir, j'ai eu de nouveau le privilège de passer deux heures avec le Swami. Il m'a expliqué en détail le sens de l'enseignement des Maîtres, et de la maîtrise. Les Maîtres deviennent d'abord maîtres d'eux-mêmes. Ils ont surmonté la colère, la jalousie, l'envie, l'égotisme, la possessivité – la femme veut posséder son mari et vice versa –, l'égoïsme, et un millier d'autres choses que nous avons placées au-dessus de nous-mêmes.

Nous avons parcouru des milliers de kilomètres pour rencontrer un Maître, un homme ayant réussi ce que nous pourrions et devrions faire chez nous, dans notre milieu. Exactement comme une vache désire brouter l'herbe du pré de l'autre côté de la clôture, bien qu'il y en ait partout en abondance. Selon le Swami, la *pratique* constitue la base de tout. Il faut pratiquer chaque jour ce que l'on sait déjà. S'exercer à contrôler la colère, à éprouver de l'amour pour tout ce qui existe dans l'univers. Il s'agit d'une exigence très lourde, je vous l'accorde, mais une pratique quotidienne, assidue, permanente, doit amener des résultats rapides et nous disposer à percevoir les autres enseignements de l'école de la vie. Ces hommes silencieux connaissent la valeur de la maîtrise du moi et ne se mêlent pas à ceux qui n'ont pas encore appris à rester silencieux au moins quelques heures. Comment pourrions-nous espérer communiquer avec eux, étant donné notre état d'esprit chaotique, typiquement occidental ? L'intellectualisme bloque le passage, alors que l'ouverture d'esprit, l'intuition ouvrent grand les portes. Voilà ce que j'ai appris en Inde. Je croyais déjà le savoir, mais, lorsque je me suis trouvée en présence de ces saints hommes, j'ai vite compris que ma formation était restée trop théorique. Il faut une véritable pratique et un désir sincère du fond de l'âme pour maîtriser le moi et devenir vraiment ce qu'ils sont devenus.

J'ai rencontré ici un enfant hindou merveilleux. À douze ans, c'est un petit Maître en devenir. Il anticipe nos désirs avant même que nous soyons en mesure de les exprimer. Ses yeux sont les fenêtres de son âme, et son sourire rayonne lorsqu'il reste silencieux devant nous, dans l'attente de nos ordres. Il était longtemps resté devant ma porte la nuit dernière et semblait hésiter à s'en aller. N'étant pas encore accoutumée aux mœurs indiennes, j'ai attendu qu'il dise ce qu'il voulait. Il s'est avancé vers moi, avec son merveilleux sourire, en me regardant droit dans les yeux, pour me déclarer : « Je vous aime tant. » Puis il s'est détourné et s'est éclipsé en un éclair. Pendant l'exercice de méditation, il se tient totalement immobile, silencieux, une heure durant. Certains participants plus âgés s'endorment, mais pas lui.

Après l'heureuse semaine passée auprès du Swami, nous avons dirigé nos pas vers Madras. M. Spalding a continué jusqu'à Tiruvannamali, pour y rencontrer Paul Brunton, l'auteur de *The Secret Search of India*. Il nous a envoyé un câble et ils nous ont tous deux accueillis après notre voyage de nuit, avant de nous emmener à l'ashram d'un des plus grands saints vivants de l'Inde : Sri Ramana Maharishi. Nombre de pèlerins y restent assis en tailleur pendant des heures, à même le sol, rien que pour se trouver en présence de ce grand homme. Il fait partie de ces saints qui consacrent une partie de leur temps à leurs élèves. Il ne prend jamais la parole, à moins qu'une question ne soit posée, et demeure silencieux jusqu'à ce que la réponse vienne de l'intérieur. Cette simple prise de contact justifie le déplacement.

De Tiruvannamali, nous sommes allés à Pondichéry, où vit un grand homme qui ne paraît en public que trois fois par an. Sa prochaine apparition aura lieu le 24 février. L'atmosphère de cet ashram m'a profondément marquée. De nombreux hommes, très attachants, y demeurent. Leur visage reflète la vie qu'ils mènent, cela ne fait aucun doute. Nous avons appris qu'un *mela*, ou pèlerinage, aurait lieu à Allahabad le 13 janvier. Nous sommes retournés à Calcutta avant de gagner ce lieu. Je n'oublierai jamais le spectacle de ce mela. Des pèlerins y viennent de l'Inde entière pour se baigner dans les eaux sacrées du Gange, à l'endroit où se jette la Jumna. Après avoir parcouru, au prix de terribles difficultés, des distances considérables, ils viennent participer à ce rite religieux en s'immergeant dans l'eau glacée. Ce million de personnes n'a qu'une idée, se baigner dans le fleuve ce jour-là. Leurs « toilettes » sont incroyablement disparates, certains sont nus, d'autres semblent encore tout près de la sauvagerie. Certains viennent à dos d'éléphant ou de chameau, d'autres en char à bœufs. J'ai été particulièrement impressionnée par des manifestations d'un zèle religieux indiscutable. Qu'est-ce qui pousse un million d'individus à venir là ? Cela dépasse mon entendement, et une question m'a obsédée : « Que viens-je chercher ici ? » De retour à l'hôtel, la réponse m'est apparue : « Tu cherches la cause fondamentale de la fraternité. » Comment ne faire qu'un avec l'humanité si l'on s'arrête aux apparences, si l'on pense que ce sont des psychopathes ? Si l'on persiste à affirmer que le noir est noir et que le blanc est blanc ? N'est-ce pas l'amour même qui fait tressaillir le cœur d'une mère quand elle caresse son bébé dont le petit corps est sali, maladif et infirme, tandis qu'elle se traîne dans la poussière, victime de la misère, sans logis, et mourant de faim, sur des kilomètres, rien que pour se baigner dans ces eaux « sacrées » ? Quoi donc, sinon l'étincelle innée du Divin, pourrait encourager ces hommes et ces femmes à sacrifier le peu qu'ils ont à leur conception de Dieu ? Nous révérons Dieu dans le luxe, tandis qu'eux, ils n'ont rien. Leurs pieds sont fatigués et meurtris, ils n'ont que leur énergie, mais ils la brûlent une fois par an et une fois tous les six, douze ou vingt-quatre ans, pour se retrouver ensemble, se baigner et rendre un culte à leur façon. Songez-y. Un million de personnes se rassemblent sur une petite zone paisible en chantant gaiement. Il n'y a ni confusion ni conflits, chacun respecte les droits de son frère à rendre le culte qui lui plaît.

Ce que l'on voit là me paraît une véritable fraternité, malgré des conditions inimaginables, des milliers de situations dont nous n'avons pas idée. De ces cœurs de pèlerins jaillit l'amour. Dans leurs yeux se lit une profondeur insondable que nous ferions bien d'envier. Tous rendent grâces à Dieu, Dieu, Dieu. Dans des langues très différentes, riches ou pauvres, boiteux, estropiés et aveugles. Un sourire appelle toujours un sourire. De fait, ils semblent étonnés de nous voir daigner leur répondre ou les saluer à leur manière. Je me demande sincèrement si, à leur place, nous serions encore capables de sourire. Pourrions-nous, voudrions-nous ramper sur les mains et les genoux jusqu'au fleuve, tout en rendant grâces à Dieu à chaque souffle, à demi morts ? Le pourrions-nous, je vous le demande, le pourrions-nous ?

Nous avons vu des *saddhu*, les cheveux tressés en natte, le corps couvert de cendres, nus à l'exception d'un cache-sexe, et j'ai demandé pourquoi ils traitent ainsi leur corps. Ils ont renoncé à tout orgueil et ce monde ne les concerne plus. Telle est leur conception et, une fois que tout est dit, nous agissons et nous pensons tous comme le dicte notre conscience, en fonction des progrès de notre évolution personnelle.

Nous « bichonnons » notre corps avec orgueil, tandis que ces hommes-là vont à l'autre extrême pour passer toute leur vie dans des cavernes de l'Himalaya, à contempler Dieu. Il leur faut d'abord atteindre eux-mêmes cet état avant d'enseigner aux autres leur expérience intérieure. Nous avons de nombreux « ismes », des croyances, des dogmes, très souvent purement théoriques ou intellectuels. Ces milliers de pèlerins qui viennent de l'Inde entière pour ce mela font l'expérience de la vie divine comme ils l'éprouvent. Il existe, bien sûr, de nombreux mendiants professionnels et l'on apprend vite à les repérer. L'intuition constitue le meilleur des guides. Les mendiants sont ce qu'ils sont partout, en Inde comme aux États-Unis. Nous les rencontrons ici à l'état « brut », alors qu'ils se trouvent là-bas jusque dans la meilleure société.

Nous avons vu un homme revenir du Gange en s'aidant d'une canne pour marcher, alors que son serviteur le suivait en portant ses béquilles. Vous pouvez en tirer vos propres conclusions.

Un autre grand jour approche. Vendredi 24, ce sera le mela des six ans, et nous allons rester pour y assister. Je continuerai cette lettre après cet événement. Aujourd'hui, M. Spalding a emmené deux personnes de notre groupe jusqu'au fleuve. Je suis restée à la maison pour vous écrire.

Grace G. Hahn

POUR LE PROFESSEUR OU L'ANIMATEUR

En introduction à ce chapitre, lisez à votre classe la lettre de Mme Hahn, parce qu'elle illustre parfaitement notre propos. Chaque événement vécu par le groupe est expliqué dans la leçon et le professeur peut aisément passer de la leçon aux exemples donnés dans la lettre.

Paragraphe 1. Bien qu'elle soit rebattue, l'analogie avec l'enfance n'implique ni le fait de perdre toute volonté ni celui de manquer d'intelligence. Elle signifie que nous devons vivre la vie comme elle se dégage de notre nature intérieure. Les enfants ont du mal à comprendre les adultes. Leur esprit n'a pas été gavé de concepts, ils ne vivent que ce qu'ils ressentent intérieurement. Lorsque ces sentiments sont complètement émoussés par l'imposition de pensées extérieures, les enfants deviennent aussi ternes et incapables que les adultes. L'intellect n'est pas le facteur déterminant de la réussite, mais l'expression d'une vie réussie. Chaque pas dans le sens du progrès humain a résulté de la conviction intime d'un individu et la pensée a évolué pour décrire ce qui a été accompli.

Paragraphe 2. L'Homme n'est absolument pas limité, car il est la reproduction de l'Infini. Seule sa pensée peut l'amener à se limiter. Vivez la vie au fur et à mesure qu'elle se construit de l'intérieur, et vous découvrirez sa vraie nature, voilà la clef de la maîtrise. La pensée, le mot, l'acte sont les débouchés ou les véhicules à travers lesquels s'exprime la vie, et non le modèle à partir duquel elle est vécue.

Paragraphes 3 et 4. Le but de l'univers est de perpétuer et de parfaire la vie dans toute sa plénitude. Il ne conforte chez l'Homme que ce qui se trouve en harmonie avec la vie et détruit ce qui dans sa nature agit contre la vie. On dit que le mal porte en lui les germes de sa propre destruction, ce qui est exact ; mais, dans le mal, le germe de destruction, c'est le bien originel, et, lorsque ce bien se manifeste, il éradique le mal, sans rien en laisser subsister. La vie est le bien toujours présent, qui ne cesse d'agir pour s'accomplir.

Paragraphe 5. Ne blâmez jamais personne, ni vous-même, ni autrui. Protégez-vous et protégez les autres de tout ce qui n'est pas la Divinité universelle. Le monde se remplira de Maîtres authentiques lorsque nous nous consacrerons entièrement à la préservation de la nature potentielle qui est en nous et chez les autres, avec autant d'ardeur que nous préservons aujourd'hui nos biens matériels.

Paragraphe 6. Regardez-vous dans une glace. Décelez-vous la moindre lueur sur votre visage lorsque vous êtes triste ? Et lorsque vous êtes radieux ? Imaginez la lumière qui émanerait de vous si vous viviez le type de vie idéale à vos yeux. C'est la vie que vous êtes capable de vivre et que vous devriez vivre.

Paragraphes 7, 8 et 9. « Si vous voulez connaître Dieu, agissez comme Dieu lui-même. »

Si vous voulez savoir à quoi ressemble la vie d'un Maître, vivez-la. C'est le seul moyen. Personne ne sait rien de la nature de Dieu, sauf ce que lui en révèle la part d'esprit divin qu'il abrite.

Paragraphes 10 et 11. La différence cruciale entre ceux qui ont reçu l'illumination et les autres, c'est que les premiers enseignent à chercher en soi-même la connaissance, tandis que les seconds cherchent hors d'eux-mêmes et conseillent de les imiter. Il est difficile de trouver ailleurs ce que l'on n'a pas su trouver en soi-même. Le monde rend ce qu'on lui apporte.

Paragraphe 12. Étudiez la différence entre l'état de votre esprit et celui de votre âme. La pensée affirme telle ou telle chose, assure que ceci ou cela est possible. L'âme connaît sa propre immortalité, elle sait qu'elle est un Maître, et son activité ne change jamais. Votre désir le plus profond est identique à la manière d'agir de n'importe quel Maître.

Paragraphe 13. Consacrez-vous totalement à votre idéal et vous l'atteindrez. Ne souhaitez pas et n'espérez pas que les choses s'arrangeront, mais travaillez sans cesse à la perfection.

12

Le *Prana*

1) La Force de vie cosmique entoure et imprègne toute réalité, jusqu'au moindre atome, et notre respiration est capable de l'attirer dans notre corps. Chaque acte peut s'accorder à cette Force de vie, chacune de nos pensées s'harmoniser avec elle.

2) La respiration elle-même n'attire pas cette Force de vie cosmique dans le corps humain. Nous ne pouvons vraiment nous approprier cette Force que si une concentration spécifique accompagne notre respiration physique. Cette Force de vie est tellement plus subtile que notre atmosphère qu'elle échappe aux processus physiques. L'électricité ne pénètre pas davantage dans notre corps par la simple respiration. Une certaine quantité d'« électricité » s'intègre bien entendu à notre métabolisme avec chacun de nos gestes, et il en va de même avec la Force de vie cosmique, parfois appelée *Prana*. Tout ce vers quoi s'oriente notre attention laisse une trace dans notre esprit. Cette impression se développe en idée, exprimée ensuite par des mots. Il s'agit d'une espèce de respiration mentale. L'attention intérieure, l'attente profonde, doit être parfaite dans chaque domaine de notre être. Lorsque l'attention vers l'extérieur se couple à cette concentration

intérieure, lorsqu'elle s'oriente constamment vers la perfection de l'univers, comme dans le cas de « l'œil de l'âme » évoqué par Sénèque, les éléments des forces cosmiques pénètrent en nous. Les mystiques ont toujours enseigné que la concentration renferme le secret de la réussite dans notre rapport avec les Forces cosmiques. Une attention profonde, sincère, permanente, à l'éther spirituel dans lequel nous baignons, un corps complètement décontracté, un intérêt à tout, une ouverture d'esprit absolue sont indispensables à cette « respiration intérieure ». Cette « respiration de l'âme » permet au moi de retrouver son éther d'origine, la Force de vie qui pénètre toute chose, l'éther spirituel selon Steinmetz, jusqu'à ce que la concentration l'aspire dans l'ensemble de l'être.

3) Cette Force de vie étant cosmique, elle imprègne tout. Elle stimule la multiplication cellulaire, en permet le développement, active la croissance du corps ou des plantes. Élément fondamental de la vie, elle génère toute forme de développement. Elle imprègne la vie, car elle est, comme toute force, à la fois négative et positive. Elle agit et interagit avec elle-même, comme les courants d'air agissent et interagissent. On pourrait dire que l'air respire, qu'il se meut et qu'en même temps il réagit sur lui-même.

4) La méthode d'appropriation consciente de la Force de vie cosmique, ou Prana, s'appelle le *Pranayama*, que l'on peut considérer comme l'inspiration du Prana. Il s'agit d'une pratique de respiration consciente de la Force de vie cosmique. Je ne peux ici indiquer de procédure précise, et il serait trop long de décrire intégralement la technique de la respiration pranique. Vous devez commencer par une respiration saine, puis définir, minutieusement, sincèrement, une méthode personnelle conduisant à un processus équilibré. Comme je l'ai dit plus haut, la concentration représente l'aspect fondamental de ce processus – elle doit être dirigée vers la plus haute source d'énergie

existante, la présence universelle, Dieu. Comme l'esprit doit se détendre complètement, la mise au point d'une méthode de relaxation, quelle qu'elle soit, constitue l'étape suivante d'un processus sain. De fait, le Prana, la substance spirituelle, est si subtil, si sensible, que la moindre action le perturbe. Avez-vous jamais essayé d'attraper un morceau de gaze ou du duvet flottant dans l'air ? N'importe quel geste nerveux ou brusque l'éloigne. On ne peut s'en saisir qu'en agissant doucement, comme si on le laissait venir entre nos mains, de sa propre volonté. Cette image donne une assez bonne idée de la méthode à suivre. Elle s'apparente au mécanisme de la remémoration : un effort mental intense ne permet pas de retrouver le souvenir enfui, mais, quand on laisse l'esprit se reposer et que l'on réfléchit tranquillement, l'idée refait rapidement surface. Il en va de même avec le Prana, on l'inspire dans la tranquillité et la confiance. L'esprit doit être totalement libre et le corps complètement détendu. Il faut éprouver une sensation de liberté totale et d'expansion complète, comme si les cellules du corps se déliaient les unes des autres jusqu'à se retrouver presque séparées. Et poursuivre cet exercice jusqu'à oublier tout sentiment de limitation physique. Nous nous trouvons alors dans l'état mental et physique idéal pour accueillir la Substance universelle à travers tout notre être. Ayant accès à toutes nos cellules, ce facteur de vie nourrit et revigore, particulièrement le corps humain. Cette méthode de contrôle aide le corps à demeurer jeune et plein de vibrations.

5) Cet exercice nourrissant et revigorant permet aux cellules et aux tissus du corps de se dilater, d'où une meilleure oxygénation du corps. Chaque cellule bénéficie d'une aération spirituelle générale grâce à l'action des éthers originaux dont nous procédons. De même que, dans un rayon de lumière, on retrouve les diverses couleurs fondues en une seule, de même le Prana contient tous les composants de la vie, l'essence

profonde de toutes les forces inférieures. Le Prana n'est pas l'oxygène, mais ce qui lui donne vie, il est la vie effective présente dans cet élément. Il apporte sa force à l'électricité, sa conscience à l'esprit. En d'autres termes, il se trouve au fondement de toutes les forces inférieures, se tient à leur principe et les nourrit. Les Écritures le nomment Esprit divin. Le Pranayama – la respiration spirituelle – permet le développement sain de tous les éléments impliqués dans la croissance du corps, qui se trouvent ainsi oxygénés, « aérés », comme on le dit d'objets exposés à l'air ou au soleil pour les rafraîchir. Lorsque le corps est relâché, que l'esprit et l'âme sont libérés, que l'être se détend pour permettre consciemment au Prana de l'imprégner tout entier, notre nature est entièrement requinquée, ravivée, rafraîchie, nourrie. La concentration constitue le secret fondamental du Pranayama, de l'art de la respiration spirituelle. Même pour tirer le meilleur parti d'un bain de soleil, il faut faire attention au soleil.

6) Grâce à ce genre d'entraînement, certains yogis réussissent à suspendre leurs processus vitaux pendant un certain temps. Ils reposent l'ensemble de leur métabolisme, ainsi régénéré au contact de l'origine, de la source. Les composants fondamentaux de la vie se retrouvent en relation avec la chair elle-même. De la même façon, et avec les mêmes résultats, les yogis suspendent leur respiration. C'est un peu comme de revenir à l'air libre après une longue immersion dans l'eau. Si l'on tente de suspendre ses processus vitaux et la respiration, on se « noie » littéralement. Mais s'étendre et se relaxer jusqu'à devenir conscient des éthers qui donnent la vie nous apporte une telle vitalité, une telle fraîcheur, une telle satisfaction, que l'on n'a plus besoin ni de la respiration ni des autres fonctions corporelles. On devient vivant de l'intérieur.

7) Cet exercice revitalise le corps, mais aussi l'esprit. Les hommes pensent de manière erronée à cause de leur tension d'esprit, de leur confusion – il en va de

même pour la parole –, qui les empêchent de fonctionner librement. Avec le Pranayama, la nature se détend et fonctionne de façon plus libre, plus parfaite. C'est comme si l'on desserrait les courroies trop tendues d'une machine et que l'on y injecte de l'huile. Tout marche alors plus librement. La mémoire s'alimente à un millier de sources différentes et l'on se souvient de ce que l'on était à l'origine. Tout vient sans effort, ce que l'on veut savoir se présente aussitôt à l'esprit. Comme le Prana imprègne tout, il y a nécessairement une relation étroite entre lui et cette fonction de l'esprit. Le Prana n'autorise par nature aucune séparation, car il unifie toutes les fonctions de l'individu dans l'universel. Énergie au fondement de tout, universel, il donne accès à toutes les activités, des milliers et des milliers en même temps. La matière, à son état originel, est énergie et vice versa. Ces deux formes ne sont que deux aspects d'une énergie primaire unique, le Prana, ou l'Esprit.

8) Plus profondément, nous pouvons considérer le Prana comme l'un des éléments de l'Esprit, car celui-ci n'est pas seulement énergie mais aussi intelligence et substance. Il est plus subtil que l'éther. Le monde occidental définit l'éther comme du Prana, alors qu'il y a une différence de subtilité et d'effet. L'éther est potentiel, alors que le Prana est toujours actif. L'éther est le Prana en devenir, le Prana en voie d'apparition. Les forces les plus subtiles de la nature, telles que l'électricité ou les autres éléments fugaces de la création, sont des séparations et des supports par lesquels et à travers lesquels le Prana agit.

9) Lorsque le corps humain ou toute entité matérielle se décompose, il retourne au Prana, d'abord sous des formes d'énergie variées, puis il rejoint la Force universelle originelle. Si le Prana était en permanence absorbé par tout le corps humain, la chair serait éternellement revitalisée, elle deviendrait de plus en plus animée, de plus en plus vivante, et le dernier ennemi serait vaincu.

Certains réussissent à triompher de la vieillesse et de la mort grâce ou à travers la compréhension du Prana. Ils reconstruisent leur corps sous influence pranique. Cela se produit à un degré infime chaque fois que l'on dort ou que l'on se repose, mais si l'on se concentre sur la Présence pranique, si l'on détend complètement son corps et son esprit, l'attention attire dans tout l'être le Prana omniprésent ; on atteint alors le plus haut degré de renouveau spirituel et corporel.

10) Comme on le voit, l'intelligence est l'attribut primordial de l'être, l'activité de la conscience est le Prana, ou force vitale de création, et la substance est la forme à travers laquelle toutes deux agissent. L'intelligence, la vie et la substance composent la trinité des éléments fondamentaux définis par le monde occidental. L'intelligence est l'aspect de *connaissance*, la vie son aspect d'*animation*, son aspect vital, et la substance l'aspect qui a la capacité de *forme*. Le Prana sert d'ordinaire à réunir la matière et les composants de la vie. Ce sont les véhicules ou supports à travers lesquels l'intelligence agit pour diriger et déterminer les formes créées.

11) Cette intelligence primordiale, la vie et la substance sont très exactement le Tout-Puissant en action, mais chaque être humain doit en devenir conscient. Dieu élit l'individu et Se sert de lui consciemment autant que l'individu Le choisit.

12) Le Rayon cosmique dont parle Millikan est une onde pranique incluant neuf subdivisions qui peuvent se révéler fort utiles, si l'on sait s'en servir correctement. Ces neuf types de rayonnement émanent de l'Énergie pranique, de la même façon que les sept couleurs proviennent de la lumière blanche. La création n'est faite que de la séparation et de la recombinaison des diverses influences, ou énergies, qui dérivent des éthers praniques.

13) Lorsqu'on retourne au centre de quelque chose, on trouve une pure lumière, la lumière intérieure dont

parle Jésus. La lumière de l'illumination est d'autant plus intense que l'éveil spirituel d'un individu est plus élevé. N'avez-vous pas remarqué que votre visage rayonne lorsque vous vous réveillez dans la joie ? Quelqu'un de spirituellement éveillé émet une lumière vive. Voilà pourquoi les artistes représentent Jésus avec un halo. La lumière est vie. C'est « la lumière qui illumine chaque homme qui vient au monde », le feu que les postulants aux écoles initiatiques devaient traverser pour accéder à l'illumination. Cette lumière nous entoure de toute part. Émanation des éthers praniques, elle est l'alpha et l'oméga de la création. Dès que vous pourrez vivre dans la lumière, comme vous vivez aujourd'hui dans la conscience de votre corps, vous serez immortel car la lumière ne meurt jamais. J'ai lu qu'une espèce de lueur était apparue en Transjordanie, alors que les archéologues étaient convaincus qu'il n'y avait jamais eu de grande civilisation antique dans la région. Ceux qui ont suivi cette lumière ont presque aussitôt découvert des restes archéologiques. Il en est allé de même en Iran. Nous ne l'avons pas encore vue dans le désert de Gobi. L'histoire dit néanmoins que la lumière s'est toujours manifestée dans ce pays. Elle est apparue sur la première tour de Babel, une tour de pierre en forme de pyramide à degrés. Seul l'Œil unique peut voir cette lumière qui nécessite de concentrer son attention au point que tous les sens, toutes les facultés d'un individu soient orientés dans une seule direction. C'est ce que les Écritures appellent la « lumière de Son visage ».

14) Dans les Révélations, Jean évoque la lumière de la Nouvelle Jérusalem. Sachant très bien utiliser la Lumière pranique, il a élargi sa vision jusqu'à l'embrasser tout entière. Cela va, bien entendu, très au-delà de ce que nous appelons la clairvoyance, bien qu'elle en soit un moment. En réalité, la clairvoyance n'est qu'un pas en retrait dans l'évolution. Si on l'uti-

lise, on se place sous une lumière empruntée à autrui, alors que la véritable lumière, celle qui éclaire chacun de nous, se trouve en nous-mêmes.

15) Nous devons nous avancer jusqu'à cette lumière pour que les sens inférieurs, qui nous empêchent de recouvrer nos titres de naissance, nous laissent passer. Les activités bornées nous éloignent du développement et de l'utilisation de la Lumière pranique au moyen de notre sens le plus élevé. Nous nous mettrons à utiliser les facultés psychiques, qui deviendront de précieux instruments, lorsque la Lumière pranique se sera déployée. Elle est à la source des pouvoirs psychiques. Mais la médiumnité et le prétendu « développement psychique » ne sont nullement des étapes du développement de la Lumière pranique directe.

16) On peut toujours l'invoquer pour vaincre une force dégradante et hostile, de même qu'on utilise la lumière afin de dissiper l'obscurité. Elle peut devenir le centre du Je Suis. L'affirmation « Je suis la force de cette Lumière pranique et je la projette et je la mets en avant dans sa toute-puissance » brisera chaque fois cette configuration des forces ou des voix conflictuelles. Mais il faut que ce soit la voix du Christ Lui-même, le véritable Je Suis en chaque individu. Ce Je Suis ne se situe ni au-dessus ni en dehors, mais au centre même de notre être. Comme Jésus l'a déclaré : « Je n'ai rien, sauf ce qui vient au Nom et par le Pouvoir du Christ. » Une telle phrase met en jeu l'incarnation la plus haute du Prana.

17) La transfiguration du Christ a eu lieu lorsque la conscience de Jésus a compris que l'intelligence, la vie et la substance ne faisaient qu'*un* en dernière analyse et que cette Unicité était ce que nous appelons le Père, ou la Cause primordiale, de même que les couleurs du spectre renvoient toutes à un pur rayon de lumière blanche.

18) Il n'y a qu'*une* Conscience, *un* Principe, *un* Sens. Tout paraît compliqué lorsqu'on s'attache trop aux

particularités, aux fonctions et aux attributs apparemment divergents. L'application de l'esprit à des facultés diverses ne mène qu'à la dispersion, et on s'éloigne de plus en plus de la source. Regardez, notre Dieu est *un*. Avec l'idée unique de Forces praniques toujours actives en nous et autour de nous, nous retrouvons notre unité, nous faisons un avec le tout. Comme l'a dit Jean : ce qui est dehors est en réalité dedans. Il a approché cette grande Force pranique permanente, toujours active. Son action se déploie tout au long de la création, dans l'univers entier.

POUR LE PROFESSEUR OU L'ANIMATEUR

Cette leçon concerne un sujet essentiel, car elle révèle la relation étroite entre l'esprit de scientifiques hindous et orientaux, d'un côté, et la religion de l'Orient, de l'autre. Bientôt les murailles des particularismes seront abolies, l'union ultime de la religion et de la science sera reconnue, même si elles abordent la plupart des faits isolés à partir de points de vue opposés.

Paragraphe 1. En ce qui concerne la réussite de la vie, il faut comprendre que l'Homme ne dépend pas de ce qui est en général considéré comme essentiel. Son alimentation réelle doit nécessairement provenir du mouvement des forces qui l'ont créé à l'origine. Elles contiennent tous les éléments qui composent la création visible. On ne peut espérer parvenir à vivre sa vie dans ses potentialités les plus complètes qu'en entretenant un contact conscient avec ces forces originelles.

Paragraphe 2. La « Respiration cosmique » ne dépend pas de la respiration physique mais du contact conscient avec les forces de vie qui se meuvent dans les éthers spirituels autour de nous. La respiration simple fait pénétrer dans votre être les éléments présents dans l'air et rejette ce que le corps n'assimile pas. La respiration spirituelle, elle, fait passer dans la conscience de l'Homme ce qui se trouve dans les éthers spirituels, grâce à l'attention paisible et profonde de l'esprit. On la compare souvent à la respiration physique, mais il ne faut pas les confondre. Tout ce que nous observons impressionne notre conscience, et tout ce que nous faisons exprime ce qui nous a impressionnés. En nous concentrant sur les éthers spirituels, nous pouvons attirer leurs éléments dans notre être, ce qui vivifie l'expression de toute notre vie, du fait de la nature même de ce qui occupe notre attention.

Paragraphe 3. Nous devons contempler la présence saturante de toutes les forces de l'Être jusqu'à devenir aussi conscients de ces forces que nous le sommes de la forme. Là réside le secret du développement des pouvoirs illimités et de la maîtrise.

Paragraphe 4. La Respiration pranique n'est ni mystique ni difficile, elle ne requiert pas un grand entraînement. Nous absorbons aisément les rayons du soleil car, par nature, la lumière solaire baigne tout ce qu'elle illumine. Les énergies vitales des éthers spirituels sont encore plus pénétrantes. Une attention paisible, détendue, voilà tout le secret.

Paragraphe 5. La tension physique résulte d'une contraction de la chair provoquée par des crispations mentales. Celles-ci sont causées par le constat des limitations apparentes des formes et de notre environnement. Une vision plus large de la vie libère l'esprit, ce qui en retour libère le corps. Apportez chaque jour à tout votre être une bonne aération pranique et toutes vos capacités s'accroîtront.

Paragraphe 6. Lorsqu'on suspend l'animation, on ne met pas simplement entre parenthèses des fonctions corporelles. On identifie son moi à une intervention supérieure qui satisfait toutes les exigences de l'être physique ; dès lors, les fonctions dites normales ne sont plus indispensables. Le supérieur l'emporte toujours sur l'inférieur, et satisfait les besoins de celui-ci. N'essayez pas d'arrêter de manger, de respirer ou de faire battre votre cœur. Concentrez-vous sur la Présence de Dieu jusqu'à découvrir qu'Il dynamise tout votre être.

Paragraphe 7. La vitalité, ou l'énergie vitale, ne provient pas de l'alimentation ou de la respiration. L'activité de la force de vie de l'univers ré-anime l'être de l'Homme.

Paragraphe 8. L'esprit est l'activité de toute la machinerie créatrice de l'univers, Dieu agissant. Cette action concerne tous les éléments dans la nature de Dieu et implique, par conséquent, tous les éléments de la création.

Paragraphe 9. La mort et la décomposition ne sont qu'un manque d'animation de la source de l'être, tout comme l'échec et la pauvreté.

Paragraphes 10 et 11. La Cause universelle sait ce qu'elle fait et sait ce que vous devriez faire pour accomplir ses desseins. Une attention permanente à toutes les activités de l'Esprit permet de savoir quel est notre objectif et comment y parvenir.

Paragraphes 12 et 13. La lumière est vie, cependant il existe des formes supérieures de lumière, de même qu'il y a des formes supérieures d'éther et d'énergie. Seul l'individu qui pratique la présence de Dieu peut savoir exactement ce qu'est la lumière, mais quiconque s'adonne à une méditation profonde peut facilement en avoir un aperçu.

Paragraphe 14. La véritable clairvoyance – la vision claire – ne consiste pas à percevoir les formes et les couleurs. Il s'agit d'une conscience spirituelle qui voit et connaît la pure action de l'Esprit.

Paragraphe 15. N'espérez pas atteindre la maîtrise avant de vous sentir capable de prendre la voie qui mène à l'illumination. Engagez-vous dans la lumière et laissez se consumer ce qui est faux. Abandonnez vos imperfections, vos maladies, votre situation déplaisante. Faites face à la lumière, et cette situation se dissipera.

Paragraphes 16 et 17. La Lumière pranique, ou Lumière spirituelle, n'est pas plus difficile à percevoir que la lumière physique. Elle vient sans cesse à vous et agit à travers vos idéaux les plus élevés ou le plus infime de vos besoins avec une vivacité infinie, exactement de la même manière que la lumière physique passe instantanément à travers la moindre ouverture.

Paragraphe 18. La réduction de toute chose à l'unique simplifie toute la question de la vie et du progrès spirituel.

13

La théorie des quanta

1) La théorie des quanta fait appel aux principes de la physique et concerne la répartition de l'énergie dans la nature. Elle a été développée à l'université de Berlin, à la suite des recherches sur le rayonnement du corps noir. Tous les corps émettent un rayonnement d'une énergie caractéristique et il n'y a pas de masse inerte dans le monde de la forme. Toute forme recèle une certaine quantité d'énergie, émanation particulière de l'énergie qui remplit l'espace infini. La quantité d'énergie qu'émet chaque forme particulière dépend directement de sa relation à l'Énergie universelle.

2) De même qu'un pendule se balance le long d'un arc plus ou moins étendu, selon l'intensité de la force qui lui a été appliquée au lancement, de même toutes les formes conservent la quantité d'énergie utilisée pour les mettre en mouvement. Cette énergie est conservée par la forme dans la mesure où celle-ci maintient sa relation avec l'énergie qui l'a mise en mouvement. Le pendule s'arrête lorsque la force motrice a cessé d'exercer son influence sur lui. La matière devient de moins en moins active au fur et à mesure qu'elle perd une partie de son lien avec la force motrice qui l'a actionnée.

Lorsque cette énergie cesse d'agir au sein de la forme, celle-ci se désintègre.

3) Du point de vue métaphysique, ce processus a une importance fondamentale pour les Occidentaux. Le mouvement de l'Histoire est entré en dépression aux États-Unis parce qu'il n'avait pas de fondement véritable et ne reposait que sur une demi-vérité. La réalité est un fondement de notre métaphysique, mais celle-ci a été négligée ou mal comprise par la plupart de ses tenants aux États-Unis. J'expliquerai tout cela dans mes considérations sur la théorie des quanta.

4) Les Orientaux, tout au moins ceux qui ont une pensée supérieure, connaissent la réalité dont s'occupe la théorie des quanta. Ils ne s'intéressent qu'à une réalité, l'universalité de toute chose, et possèdent ainsi une base commune à la science et à la métaphysique. Surtout fondée sur la théorie, la psychologie occidentale n'est qu'un enfantillage. Chaque fois que nous voulons nous occuper des séparations (mentales, matérielles ou physiques), les trois quarts de nos hypothèses partent de la théorie. La séparation n'est pas l'unité et l'unité n'est pas la séparation. Or, la base de la création, c'est l'unité. « Je suis ce que je suis et il n'y a personne d'autre », cette phrase exprime l'unité universelle de toute chose. Si l'on considère que l'esprit a des états ou des facultés, on heurte de plein fouet cette unité fondamentale. En réalité, l'esprit est un, non seulement chez l'individu mais dans et par l'univers. La forme matérielle n'est pas isolée et indépendante de l'univers, elle est une, dans et avec la matière universelle. Le corps physique n'est pas un aspect isolé du projet de la création. Il est un dans et avec l'Énergie universelle. Attenter à cette unité fondamentale revient à s'isoler dans un état hypnotique, où l'on croit constituer un être séparé. On se coupe du monde, on se dévitalise, et on finit par détruire sa capacité à exister sur ce plan. Dénier la relation entre le visible et l'invisible revient à s'expulser de son corps, à tomber dans l'invisible.

5) La philosophie orientale n'est pas fondée sur la moindre théorie, mais sur une réalité ou un principe scientifique bien déterminé – ce qu'Einstein a mis en évidence avec la théorie des quanta, d'une manière bien plus manifeste que n'importe quel autre scientifique occidental. Beaucoup considèrent que cela comble le fossé entre la science, la physique et la pensée religieuse.

6) L'Oriental n'aborde pas du tout la pensée religieuse comme une théorie. De fait, il démontre qu'il ne s'agit pas de théorie. Il la réalise, avec tout ce que cela implique. Les philosophes orientaux ne bâtissent pas de théorie, ils se fondent toujours sur la réalité, sur des faits correspondant à une réalité scientifique. Ce que le Christ a clairement révélé en affirmant : « Mon père et moi sommes *un* », sauvegardant ainsi son unité avec la totalité. Toute vie réussie doit évoluer à partir de cette base. Si l'individu préserve cette unité, alors il pourra réémettre l'énergie qui l'a fait exister. C'est la base de la théorie des quanta appliquée du point de vue purement religieux ou métaphysique. Voilà pourquoi les philosophes orientaux lui ont accordé tant d'attention. Selon eux, les scientifiques du monde entier sont en train de retrouver la base de leur propre pensée religieuse, qu'ils défendent depuis des millénaires.

7) Einstein n'a pas déclaré tout de go que tout était Esprit. Il a laissé entendre que le physique, le matériel, n'est pas une réalité, et a montré qu'il dépend d'une détermination commune. Il définit cela comme un Principe général, qui mettrait tous les aspects de la physique sous une seule direction. Les esprits orientaux supérieurs l'ont compris depuis longtemps – il n'y a qu'un Principe, une seule base scientifique, et cette base est unique pour l'Être.

8) Le monde occidental n'ignore pas ce Principe, il l'utilise de l'extérieur. Il n'a donc pas de véritable raisonnement : la forme qu'y prend la réflexion n'est pas

vraiment scientifique. Toute raison véritable part du principe et va vers sa manifestation, et non l'inverse. Essayez d'imaginer la solution d'un problème en raisonnant à l'envers, tentez de remonter au Principe en étudiant la taille, la forme et la structure de ses divers éléments. Les Occidentaux veulent résoudre l'énigme de la vie avec cette méthode. Ils ne réussissent, selon nous, qu'à se montrer très abstraits, très intellectuels. Et ils soumettent sans arrêt leur savoir intellectuel à des révisions, car il ne se vérifie pas. Un scientifique contemporain a pu dire que tous les travaux écrits sur la science et datant de plus de dix ans devraient être brûlés. Le monde oriental va au-delà de l'intellect, car, pour lui, le véritable principe, la raison authentique, à partir de la Grande Réalité, est la forme d'intellect la plus haute. Mais l'hypothèse originale du monde oriental lui donne une véritable base intellectuelle, source d'une conception claire.

9) L'intellect occidental couvre un large panorama, néanmoins ses hypothèses et ses théories n'aboutissent à aucune conclusion définitive. Toute sa science est fondée sur cette démarche. Les Occidentaux ont progressé au point de connaître l'existence de certains facteurs décisifs, cependant, ils ne vont jamais directement au simple dénominateur du Principe unique quand ils s'occupent de la réalité. Les philosophes orientaux ont toujours fondé leurs prémisses sur une seule réalité naturelle. Et l'on retrouve ici la base de la théorie des quanta. Une réalité universelle d'où dérive toute forme et qui agit comme la force d'animation de la forme créée – la répartition universelle de l'énergie.

10) Contrairement à l'hindouisme, le monisme élimine toutes les forces de la nature ou de la création sauf une, celle qui est aveugle. Les hindous, eux, l'ont toujours considérée comme une force active, intelligente, pleine d'énergie, qui sait ce qu'elle fait et a suscité une création intelligente allant vers un objectif

intelligent. Ils considèrent que quiconque agit de concert avec cette force peut tout accomplir.

11) La juste connaissance se trouve donc au centre de cette question. Ce que nous avons jusqu'ici appelé la connaissance ne convient plus. La véritable connaissance va au-delà de nos sens, elle puise dans la compréhension de la force motrice et de son but. Elle constitue le sens moteur, la tendance profonde de la force motrice de l'univers qui a initié l'existence de tout et amène tout à l'être à travers l'individu qui ressent et agit en harmonie avec son but.

12) La véritable connaissance advient à travers le samadhi, le silence. Elle naît d'un sentiment intérieur, d'une compréhension intuitive. Il s'agit exactement de ce que nous appelons la compréhension. Vous devez l'acquérir au cours de votre apprentissage. Lorsque nous obéissons à ce que nous ressentons intérieurement, nous atteignons l'accomplissement. Nous avons alors une connaissance juste, car fondée sur l'action du Principe. Toute connaissance véritable surgit ainsi, non seulement dans le domaine spirituel, mais en relation avec les principes que nous utilisons chaque jour. Nous découvrons certains principes, nous les appliquons, et les résultats suivent. Et à partir de ceux-ci nous formulons notre savoir.

13) Lorsque nous acquérons cette connaissance hors de notre état hypnotique, nous parvenons à la racine de la réalité fondamentale, à la vérité. La connaissance n'existe pas nécessairement dans la réalité fondamentale, car celle-ci la précède (lui préexiste) et lui est supérieure. La connaissance, comme le précisent les hindous, vient directement de l'expression de la réalité fondamentale.

14) Lorsque la Bible dit que « la chair ne sert à rien », cela ne signifie pas que la chair ne soit rien. Sa seule réalité dérive de l'Esprit qui l'a créée. La chair ne produit rien, elle est produite par l'Esprit, elle est Esprit dans sa forme. Les Maîtres ne font aucune dis-

tinction entre chair et Esprit, entre le matériel et le spirituel. La chair est identique pour eux et c'est là qu'ils s'accomplissent. Le Verbe fait chair est sa vraie forme spirituelle.

15) Lorsque l'Esprit travaille sous une forme manifeste, il suit une manifestation de la Loi. Si on réussit à connaître cette Loi, on peut vraiment connaître l'esprit. Comme Paul l'a dit, « la foi est la matière de l'Esprit ». La foi devenue connaissance est toute substance. On détient le savoir, au lieu d'avoir la foi. L'enseignement sanskrit ne dévie jamais sur un point : l'Esprit, qui est d'abord foi puis connaissance, crée. L'Homme crée toujours à travers cette évidence, à travers la substance comme Esprit, et non par ses sens ou la perception de l'instance matérielle, physique.

16) La foi représente le principe actif de l'esprit. L'esprit agissant sur la connaissance ou la compréhension intérieures mûrit en connaissance, devient une connaissance absolue. L'intuition spirituelle constitue une connaissance directe ; elle s'alimente à la conscience infinie, directement à sa source. Ce pouvoir de connaissance directe est présent en chaque individu. Certains le manifestent très tôt dans leur vie, surtout parce qu'ils sont moins que les autres sous l'emprise de l'hypnose. Moins nous sommes soumis au savoir supposé de l'espèce humaine, à son ignorance en réalité, plus il est facile de suivre ce que, d'instinct, nous savons vrai. Ce pouvoir toujours présent dans l'individu doit être exprimé.

17) Lorsque Jésus a dit : « Je n'ai que ce qui vient au nom du pouvoir du Christ et à travers lui », Il S'est placé en harmonie directe et permanente avec l'intuition spirituelle. Jésus nous a donné une véritable leçon sur la manière dont chacun devrait agir aux diverses étapes de sa vie. On peut ne former qu'Un avec le Père, comme il l'a fait lui-même ; son contact a toujours eu lieu à travers le Christ, à travers la Parole de Dieu, c'est-à-dire la réalité intérieure présente en chaque être

humain. « Christ est tout et en tous », et Christ est la réalité intérieure de chaque individu.

18) Il n'existe qu'une seule forme d'intuition, de même qu'il y a une seule sorte de vision physique. Nous pouvons observer avec nos yeux et découvrir tout ce que nous voulons. Que nous regardions la beauté ou la laideur, nous faisons toujours appel au même sens, même si l'une est attirante, et l'autre indésirable. Nous pouvons exercer notre intuition pour distinguer les principes fondamentaux et leurs mécanismes ; nous sommes capables de l'appliquer aux plans psychiques pour découvrir ce qui s'y passe ; ou nous entraîner à deviner notre prochain, à découvrir ses pensées secrètes et ses motivations. Mais l'intuition, appliquée à tout autre chose qu'à la découverte des mécanismes du Principe lui-même, pervertit ce sens qui fonde tous les autres, et nous plonge dans un état d'hypnose, qui obscurcit la lucidité. Un seul remède : amener l'intuition à explorer les voies de la connaissance directe. C'est le chemin de lumière. Toute perversion de l'intuition nous conduit à un sentier perdu dans l'obscurité.

19) La vieille théorie de l'occultisme affirme que les sens doivent être annihilés ou retournés, ce qui contredit les enseignements de la pure philosophie hindoue. Tout est Esprit, les sens sont Esprit, mais ils doivent être utilisés à leur manière. Il faut préserver leur véritable signification spirituelle parce qu'ils sont destinés à être les voies royales de ce que l'intuition reconnaît comme venant de l'Esprit. Cette connaissance directe est aussi une manifestation directe. Si nous acceptons la réalité telle qu'elle est révélée par le Principe, elle devient immédiatement manifeste pour nous. C'est aussi simple que cela. Les Occidentaux n'ont fait que noyer cette vérité sous d'innombrables complications.

20) Quand on comprend la nature de la « matière » comme une substance purement spirituelle, alors on peut saisir exactement pourquoi cette proposition est

vraie. Les hindous disent : « Comprimez le dé et vous obtiendrez une substance différente. Dilatez-le et vous en aurez une autre. » On ne le définit pas comme une substance matérielle ou physique, puisque, par la compression ou la dilatation, on n'en change pas la nature. Seules les positions relatives des atomes sont modifiées. L'eau ou la glace ont la même formule chimique, H_2O, quelle qu'en soit la forme. Le pouvoir de contraction ou de dilatation d'un corps constitue sa quatrième dimension. La modification d'un objet d'un ordre de grandeur à un autre par le simple réarrangement de la disposition de ses atomes est sa quatrième dimension. Sa nature fondamentale demeure inchangée. Si toute chose est composée de substance spirituelle, il n'existe pas de ligne de démarcation entre ce que nous avons appelé l'Esprit et sa manifestation. Mais, sous l'emprise de l'hypnose, l'individu imagine une autre réalité que la nature unitaire du Tout et impose des influences fallacieuses à la forme. Ces distorsions ne sont que le fruit de son ignorance.

POUR LE PROFESSEUR OU L'ANIMATEUR

Paragraphes 1 et 2. Cette explication de la théorie des quanta permet de souligner que toutes les insuffisances de l'individu sont dues à sa séparation d'avec la cause originelle. De même qu'un moteur s'arrête quand il est débranché du courant électrique qui l'alimentait ou qu'une lampe cesse d'éclairer quand on actionne l'interrupteur, de même un homme cesse de fonctionner s'il se sépare de l'Esprit de Dieu.

Paragraphe 3. Quand on essaie de manipuler le monde par la pensée, en prétendant faire des démonstrations par affirmation, on finit par épuiser sa capacité à aboutir. Seule une méditation profonde sur l'unité de toutes choses, l'unité de l'Homme avec Dieu, permet de raviver nos capacités au point de revenir au degré d'intensité qui doit être le leur. Par lui-même, l'Homme ne peut rien faire. Seul l'Esprit vivifie et, quand notre esprit et la nature sont réanimés par Lui, nos paroles et nos actes deviennent vivants, et nous pouvons alors agir avec puissance.

Paragraphes 4 à 7. Pour l'Homme, la situation varie considérablement selon que son hypothèse de départ est vraie, aventureuse ou fausse. Les conclusions auxquelles il parvient dépendent du fondement ou principe auquel il se réfère. Si ce fondement est erroné, la conclusion sera fausse. De même que la Création a débuté dans le Grand Tout universel, de même l'Homme ne trouvera jamais un point de départ pour ses propres activités s'il ne part pas de cette base. Il est impossible d'adapter un principe à notre propre pensée, nous devons au contraire nous adapter au mouvement du principe et extraire nos idées de ce dernier. L'acte doit à son tour se conformer au principe. Nous pourrons alors espérer obtenir des résultats compatibles avec notre nature fondamentale.

Les *paragraphes 8 et 9* concernent les différences entre la raison juste et la raison fausse, la logique intelligente et la logique erronée. Nous mettons nos esprits complètement à l'envers quand nous travaillons de l'extérieur ou lorsque nous travaillons seulement pour des résultats que nous croyons correspondre à notre idée des choses. Il existe un ordre établi dans l'univers : si nous nous alignons sur cet ordre naturel, nous aboutirons à des résultats satisfaisants.

Paragraphe 10. La force qui a conçu et créé l'univers n'est ni une force intelligente ni une puissance aveugle agissant sans direction consciente. L'électricité doit être orientée par une intelligence dans la vie de tous les jours, sans cela nous n'aurions ni lumière, ni chaleur, ni énergie. Elle constitue en soi une force aveugle, mais, soumise au contrôle de l'intelligence, elle produit des résultats constructifs. Toutes les forces créatrices de l'univers sont, de même, soumises aux directives de l'intelligence, sinon il n'y aurait pas de création ordonnée.

Paragraphes 11, 12 et 13. La bonne connaissance n'advient que si le calme s'installe en nous au point que nous sentions le mouvement des forces de l'universel, l'Esprit de Dieu. Son activité n'exerce pas seulement une influence revitalisante mais elle éveille la compréhension dans l'esprit humain. « L'inspiration du Tout-Puissant donne la compréhension. » De même que nous devons d'abord comprendre l'action d'un principe mathématique en nous soumettant silencieusement à sa règle, de même il nous faut contempler l'action du Principe divin jusqu'à la comprendre. La connaissance est une accumulation d'idées, et la connaissance véritable serait le résultat de la contemplation de l'Esprit de Dieu devenu manifeste. La connaissance arrive au terme d'un processus. La compréhension discerne la voie vers les résultats.

Paragraphe 14. Ni l'esprit ni la matière n'ont le moindre pouvoir de créer ou de produire. Seul l'Esprit qui vivifie dispose de ce pouvoir. Se cramponner à ses idées pour diriger le corps ne fait qu'épuiser l'Homme. La vie est renouvelée, le pouvoir éveillé par la communion avec l'Esprit.

Paragraphes 15 et 16. La foi nous permet de discerner et d'appliquer le principe. Tout d'abord, elle repose l'esprit de ses propres activités et permet un nouvel élan. Puis elle dépend de cet élan jusqu'à ce qu'il produise des résultats. Comme une espèce de transformateur mental, la foi permet à des choses non accomplies ou à des pouvoirs latents de se manifester.

Paragraphe 17. Le secret des pouvoirs de Jésus reposait intégralement sur ce qu'il ressentait au plus profond de Son être, sur Son Père intérieur. La loi de Dieu est inscrite au plus profond de nous et, lorsque nous lui obéissons expressément, nous extériorisons cette capacité intérieure. L'action du Principe universel opère au plus profond de la nature humaine.

Paragraphe 18. L'intuition permet également d'élargir la conscience. Grâce à elle, nous approchons les faits les plus intérieurs de notre vie. Entraîné à comprendre l'omniscience de Dieu, cette intelligence qui enveloppe tout, l'Homme peut comprendre n'importe quel aspect d'une situation du point de vue de la connaissance absolue.

Paragraphe 19. Les sens orientés vers l'extérieur constituent des débouchés, des voies royales par lesquelles nous communiquons au monde extérieur notre connaissance intérieure. Vous ne devez ni condamner ni annihiler les sens orientés vers le monde, cela détruirait vos ouvertures sur lui. Veillez à ce que le fonctionnement de tout votre être s'aligne sur les tendances les plus profondes de l'Être, jusqu'à ce que vous puissiez exprimer ce que vous êtes aux yeux de Dieu.

Paragraphe 20. Les choses ne sont pas des éléments isolés ou séparés mais une seule et même entité à différents stades de progression. Quand on comprend leur vraie nature, on acquiert le pouvoir, la maîtrise, qui nous reviennent puisqu'ils sont un produit de la Cause primordiale.

14

Résumé

Lors de ce voyage, nous avons surtout tenté de présenter au lecteur un aperçu des enseignements et pratiques des Maîtres plutôt que de fournir une liste détaillée de leurs capacités. Nous n'avons guère insisté sur nos contacts effectifs en Inde, mais nous avons donné suffisamment d'informations sur nos voyages et nos relations pour satisfaire la curiosité de ceux qui voudraient acquérir quelques renseignements sur le voyage lui-même. Si nous avions voulu relater tous les incidents survenus et toutes nos expériences, il ne nous aurait plus été possible de communiquer cette instruction vitale qui aidera le lecteur à connaître par lui-même ce que les Maîtres vivent et manifestent. Le lecteur ordinaire s'intéresse davantage à la philosophie et à la science pratiquées par les Maîtres. Seule cette connaissance permet à un individu de réussir à atteindre sa propre maîtrise. De plus, les exploits miraculeux et les mœurs des Maîtres ont été largement décrits dans *La Vie des Maîtres*.

Ce voyage nous a fourni une grande partie de notre savoir, dont il s'agit maintenant de passer en revue les principaux points, afin de les fixer dans l'esprit du lecteur. Il disposera ainsi d'une base de travail claire pour continuer à réorganiser sa vie en fonction des principes qui ont permis aux hommes inspirés par Dieu de parvenir à la maîtrise. Celle-ci est à la portée de chacun d'entre nous, mais on n'atteint pas cet état de conscience à travers la lecture, l'étude ou la théorisation. Il faut vivre la même vie pratique que les Maîtres.

La vie de l'individu ordinaire s'apparente à un état hypnotique. La majorité des hommes et des femmes ne vivent absolument pas la vie comme elle a été conçue. Il n'existe pas un être humain sur un million qui n'ait la liberté de vivre ce qu'il sent intérieurement devoir vivre. La plupart sont soumis à l'influence de l'opinion commune et lui obéissent au lieu de suivre la loi de leur être propre. Ils vivent donc sous l'effet d'une sorte de maléfice hypnotique. Ils se considèrent uniquement comme des êtres humains, habitant un monde strictement matériel, dont ils n'espèrent échapper que par la mort, afin de gagner ce qu'ils appellent le Ciel. Mais ce n'est pas ce que prévoit le projet, le dessein de la vie. L'obéissance à sa propre nature, l'expression de la vie telle que l'Homme sent qu'elle devrait être exprimée, voilà le fondement de ce que les Maîtres révèlent comme seul mode de vie authentique.

L'enseignement et la pratique des Maîtres diffèrent de ceux des fakirs, car ces derniers ne font que renforcer l'état hypnotique. Des images matérielles encore plus fausses s'impriment sur les esprits sensibles, ce qui jette les êtres humains dans un état d'hypnose aggravé. Selon les Maîtres, « Ce qui semble extérieur n'existe pas du tout », l'apparence n'est pas la réalité de la vie qui, elle, vient du centre même de l'être. Les Maîtres essaient par des voies multiples de débarrasser leur esprit des impressions du monde et ils restent ainsi de longs moments en samadhi – dans le silence – afin de percevoir clairement la tendance la plus profonde de leur nature. Puis ils tentent de vivre en pensées, en paroles et en actes ce mouvement qu'ils ont discerné en leur for intérieur. On atteint la véritable maîtrise lorsque l'on suit les instructions de son Maître intérieur, de son moi intérieur, et que l'on ignore les opinions d'autrui.

La méthode des fakirs ne diffère pas beaucoup de la métaphysique et de la pratique profane de l'Occident. Si l'on accumule des idées en écoutant des professeurs et en lisant des livres pour les intégrer à la nature consciente de son être, on établit une fausse détermination, largement d'ordre hypnotique. On fabrique sa conscience en l'alignant sur les pensées développées par d'autres esprits et on s'impose une situation fausse. Lorsqu'on manipule le corps, les affaires, ou que l'on se concentre sur le corps pour y éveiller ses centres ou ses fonctions, on ne fait que s'écarter un peu plus de la véritable détermination de la vie, et « l'état final de cet homme est pire que le premier ». L'instruction reçue du dehors doit être intégrée à la mentalité et assimilée, analysée, contrôlée par les réalités les plus profondes de notre nature intérieure afin de déterminer si elle est compatible avec le moi. Il vaut mieux consulter d'abord le moi et obtenir, de première main, le savoir concernant l'extérieur. La première méthode ralentit, retarde notre progression, tandis que la seconde, plus rapide, nous libère. Remarquez la différence lorsque vous suivez les instructions de quelqu'un, ou que vous obéissez à ce que vous sentez d'instinct être l'attitude à prendre. Le chemin de la vie va de l'intérieur vers l'extérieur.

Les forces de vie sont silencieuses, et c'est la principale cause de la nature silencieuse des Maîtres. Ils parviennent ainsi à demeurer en harmonie avec la vie elle-même. Même nos Écritures admettent, au fond, qu'une multitude de mots ne peut être dépourvue de péché. Lorsque nous parlons en harmonie avec ce que nous ressentons intérieurement, nous nous autorisons à être en complète harmonie avec la véritable détermination de la vie. Avez-vous remarqué combien vous vous sentez libre lorsque vous parlez conformément à ce que vous ressentez, ou que vous agissez comme vous le jugez juste ? Quand vous extériorisez ce que vos sentiments intérieurs n'ont pas ratifié, vous vous liez les mains.

La philosophie de non-violence que Gandhi a proposée domine dans les enseignements de l'hindouisme. Le Christ a mis l'accent sur les mêmes notions. Lorsque l'on parle ou agit en inharmonie avec soi-même, on crée une résistance qui traduit l'effet des pratiques hypnotiques. Elle raidit l'essence de l'Homme et l'empêche d'extérioriser ce qu'il est réellement. Cette résistance ne se produit pas seulement dans son être, car, lorsqu'elle devient perceptible aux autres, ils l'aggravent et ainsi le monde entier demeure dans l'obscurité. « Le Père qui voit tout en secret te récompense publiquement. » Quel individu, même s'il est terriblement triste, s'offusquerait du rayonnement de la joie pure ? Mais tentez de le persuader d'être joyeux et il s'en offensera. Dites à un homme pauvre qu'il n'a pas besoin d'être pauvre et il vous en voudra probablement. Il essaiera d'alléguer toutes sortes d'excuses à sa pauvreté. Soumettez-le silencieusement aux vibrations de l'abondance et son âme se réjouira. Si vous tentez de séparer deux hommes qui se battent, vous risquez fort d'être agressé, mais, si vous émettez une onde de paix depuis votre for intérieur, ils saisiront sans doute votre intention pacifique et s'arrêteront de frapper. Loin d'être passive, la doctrine de la non-violence entretient une relation dynamique avec le *moi* intérieur.

La réorganisation sociale et la réforme économique doivent naître de l'éveil de la conscience de l'Homme. On ne peut légiférer, fixer des règles qui gouvernent l'Homme tant qu'il demeure dans un état d'hypnose. Impossible d'organiser les pensées et les mobiles des hommes tant qu'ils demeurent incompatibles. Ce type de situation engendre la séparation. L'un est égoïste, l'autre altruiste. L'un réussit, l'autre rencontre l'échec. L'un possède une force et une capacité inhabituelles, l'autre se montre faible et incapable. L'un ne pense qu'à son confort matériel, l'autre sépare totalement son bien-être spirituel de sa nature extérieure. Comment organiser tant de pensées et de sentiments divergents en une masse harmonieuse ? L'Homme n'est semblable à son prochain qu'au plus profond de son être. La paix et l'harmonie ne régneront sur terre que s'il met au jour ce qui est en lui.

Ce qui est à l'œuvre dans la nature la plus profonde de l'Homme est identique au Grand Esprit universel, à Dieu. « La loi de Dieu est écrite en vous. » La maîtrise ramène à la surface ce qui y est enfoui. Il faut une méditation approfondie et une consultation du moi, le seul Maître qui puisse nous guider vers le but de la vie.

La maîtrise consiste avant tout à apprendre à abandonner tous les états apparents de l'esprit, du corps et des affaires, et à recommencer la vie à son point de départ. Partez de l'idée que vous êtes ce moi qu'intérieurement vous souhaitez devenir et consacrez-vous à le devenir, au point d'en oublier tout le reste. Une fois que vous l'aurez découvert et que vous le serez devenu, vous serez un Maître, un de ceux qui peuvent aider le monde. Une telle action massive, accomplie en silence, exercera sur le monde une influence supérieure aux phénomènes qui ont résulté de l'industrialisation, de la guerre ou des réformes sociales. L'efficacité d'une vie ne réside pas tant dans ce qu'on fait que dans la manière dont on le fait, et cela dépend du degré de découverte du moi intérieur.

Si vous n'utilisez que des paroles et vous reposez sur leur pouvoir ou leur effet vibratoire, vous ne deviendrez pas un Maître. La conscience de l'individu qui utilise des mots limite leur pouvoir. Celui-ci dépend de la profondeur de réalisation ou du degré de conscience sous-jacent. Les « mots » ne produisent pas la conscience, ne guérissent pas les corps, ne changent rien. Seule une réalisation éveillée produit les mots et impulse l'action vers l'extérieur. Leur puissance est fonction de cet éveil intérieur.

Les paroles ou les actes motivés par des raisons extérieures n'entraînent pas seulement un état d'hypnose spirituelle : ils donnent l'impression qu'il existe deux esprits opposés et que l'esprit s'éparpille en de nombreuses activités distinctes. L'esprit est Unité et il agit en tant que tel. Toute prétendue dualité spirituelle n'est qu'une dualité intellectuelle. Si la pensée de l'homme subit les impressions venues de l'extérieur, l'esprit, lui, prend sa source dans son état naturel, originel. Il s'unifie et s'harmonise complètement en refusant ou en rejetant toute pensée ou impulsion qui ne jaillit pas de la nature intérieure. Ce processus éclaire tout le mouvement de la conscience et laisse l'individu libre de penser et d'agir comme il le doit pour se mettre en parfaite harmonie avec l'Esprit universel. Telle est l'essence même de la maîtrise.

Parler et vivre dans cette unité, sans avoir un sentiment de séparation, représente le plus grand don de l'Homme, car il a reçu un « esprit sain », d'après les Écritures. En d'autres termes, il a été créé pour vivre en parfaite unité avec sa source. Il était sain, complet, et Jésus a dit qu'il devait retourner à cet état de santé mentale. « Restez à Jérusalem jusqu'à ce que l'Esprit-Saint – complet – descende sur vous » ou jusqu'à ce que vous retourniez à ce sentiment d'unité avec l'Esprit universel.

L'Esprit est la Cause, et, lorsque l'Homme retourne à la Cause, sa Source, il devient complet et sain. Cette santé est non seulement mentale mais aussi corporelle ; ses affaires deviennent saines, car tout son être est uni dans cette grande unité qui est la nature fondamentale de toute chose. C'est la santé, ou l'unité, de toutes choses dans et par la Source. La santé ou l'unité ne peut signifier rien de moins que le Tout. Elle ne peut se référer à un individu particulier ou à une partie du tout, mais à l'unité de l'ensemble. Chaque chose est un pôle d'unité, un centre où l'unité de toutes choses doit être préservée et manifeste. Circonscrire ou séparer une réalité, c'est lui retirer sa nature et perdre sa signification. Lorsque le Christ a dit : « Ces choses-là, et d'autres plus grandes, tu les accompliras », ou lorsque Emil a déclaré : « Tu peux faire ces choses aussi facilement que moi », ils parlaient en ayant conscience de la seule véritable unité, la santé de l'individu dans son lien avec le tout.

Cette vie unitaire est la vie des Maîtres et n'importe qui peut la vivre à condition de se détacher des institutions et des religions, des races et des nations, et de s'allier avec l'univers. Cette « Arche d'alliance » a permis aux fils d'Israël de réussir, mais ils n'ont pas pu gagner leur liberté à partir de l'opposition, lorsqu'ils l'ont perdue.

Toute séparation n'est qu'un postulat individuel. Nous ne pouvons réellement être séparés du Tout, car nous avons été créés en son sein, nous en faisons partie, et nous sommes semblables à lui. L'amour unifie la conscience de l'Homme. Si nous nous maintenons en permanence dans une attitude d'amour, nous progresserons vers l'unité. Nous préservons notre vie, notre santé et notre pouvoir. Nous n'avons pas besoin d'essayer d'aimer tout le monde, mais nous devons éternellement chercher à conserver l'intégrité de notre propre nature par l'accroissement de l'amour. Lorsque notre propre nature se dilatera dans l'amour, nous finirons tôt ou tard par nous trouver en situation d'aimer tous les hommes, et cela nous élèvera, ainsi que tous ceux qui sont autour de nous, dans cette même unité. Les séparations disparaissent lorsque notre sens de l'amour s'éveille.

On n'acquiert pas la maîtrise ou l'illumination en allant en Inde et en s'asseyant aux pieds d'un Maître. On l'obtient en écoutant les réalités les plus profondes de son propre être, en obéissant à ce qu'on apprend à cette occasion. Toute aide requise est instantanément disponible si on se tourne dans la bonne direction et que l'on agisse à partir de cette réalité. Le pouvoir de l'univers inspire chaque mobile spirituel, chaque impulsion authentique provenant de la nature intérieure de l'Homme. Comme le germe de la vie intérieure présent dans la graine, toutes les forces de la nature agissent pour le faire naître avec l'expression de toutes ses potentialités. Les Maîtres se comportent ainsi et conseillent toujours d'être vrai avec le moi, de vivre la vie du moi, d'exprimer ce qui est authentique jusqu'à devenir extérieurement ce que l'on est intérieurement.

Lorsque l'Homme retourne à cette motivation de la vie, tout ce qu'il y a dans l'univers commence à se tourner vers lui pour se manifester à travers lui. Non seulement l'Homme a besoin de l'intelligence pour s'orienter et de la capacité d'effectuer sa mission, mais il doit aussi détenir la substance qui le nourrit et le soutient au cours de ce processus. Il ne connaîtra aucun manque, sauf dans le champ des idées hypnotiques qui ont coupé son esprit de la réalité. Une fois de retour dans l'unité originelle, où il reçoit consciemment ce que l'univers lui fournit en abondance, la pénurie ne se manifestera dans aucun aspect de son être ni dans ses actes.

La théorie des quanta permet à la science d'aborder la réalité fondamentale de la vie, et il ne peut y avoir de science, de religion, de structure sociale authentiques, ou de vie réussie, en dehors de l'unité invincible et indissoluble de toutes choses.

Telle est la voie vers la maîtrise, la vie des Maîtres, et il n'y a de vraie vie que celle-là. Il faut la trouver là où l'on est, dans les lieux secrets de sa nature intérieure. Les Maîtres enseignent que la libération ne s'obtient que par cette voie. Le Christ, parlant à travers l'Homme Jésus, a voulu dire la même chose : « Personne n'ira au Père que par moi. » Le Christ qui est en vous vous délivre le même message. Votre seul contact avec le Maître, c'est la maîtrise de vous-même.

QUESTIONS ET RÉPONSES
SUR
LA VIE DES MAÎTRES

Note de l'éditeur

Les éditions DeVorss possédaient depuis longtemps dix cartons de documents ayant appartenu à Baird T. Spalding, l'auteur de *La Vie des Maîtres*, ouvrage qui a connu un immense succès. De Los Angeles à Eagle Rock, de Santa Barbara à Marina del Rey, ces archives nous ont suivis dans nos nombreux déménagements et ont finalement échoué dans un entrepôt, où elles se sont bientôt couvertes d'une épaisse couche de poussière. Nous pensions que ces cartons ne contenaient que des épreuves corrigées, des lettres aux imprimeurs, notes, reçus et autres paperasses concernant uniquement l'édition et la réédition de *La Vie des Maîtres*. Nous les avions presque oubliés.

En mai 1990, poussé par la curiosité et l'espoir qu'ils puissent contenir des informations intéressantes, je transportai les cartons dans mon bureau, les vidai et commençai à classer soigneusement ces papiers. Bien sûr, la plupart étaient insignifiants. Mais, à ma grande joie, je découvris aussi des matériaux biographiques (lettres, photographies) et les effets personnels de Spalding trouvés dans le motel de l'Arizona où il est décédé. J'y trouvai également des manuscrits inédits, une correspondance couvrant le voyage du groupe en Inde (1935-1936), ainsi que des articles de *Mind Magazine*, une revue qui a cessé de paraître depuis très longtemps, mais que DeVorss publia entre 1929 et 1939. Spalding y avait écrit de nombreux articles entre 1935 et 1937, notamment ses questions-réponses, entretiens dont les lecteurs d'*Ultimes paroles* sont familiers.

Après avoir inventorié ces matériaux précieux, nous les avons lus, catalogués et rangés dans des dossiers accessibles pour une recherche future. Grâce à la coopération amicale de la Société de recherche philosophique de Los Angeles et de la Public Library de New York (ni l'une ni l'autre ne détenait la totalité des articles de Spalding), j'ai pu rassembler l'ensemble de ses contributions à *Mind Magazine*, publiées dans cet ouvrage[1].

Nous avions lancé, en vain, de nombreux appels afin de retrouver des personnes ayant connu Spalding. C'était bien là l'un des nombreux paradoxes caractérisant cet homme presque mythique, et entouré de nombreux amis et connaissances : durant toute sa vie, une grande partie de sa personnalité et de ses activités était restée insaisissable. En mai 1987, nous avons pourtant reçu une lettre de Mme Lois Binford Proctor. Elle nous rapportait les souvenirs du Dr Neva Dell Hunter du Quimby Center (Alamogordo, Nouveau-Mexique), « qui connaissait très bien Baird Spalding et m'a raconté ses expériences avec lui ». Nous reproduisons cette lettre dans son intégralité, avec l'aimable autorisation de Mme Proctor.

Dans *Ultimes Paroles*, nous avions déjà publié l'éloge funèbre de Baird T. Spalding, prononcé par l'éditeur Douglas DeVorss, le dimanche 22 mars 1953, à la chapelle mortuaire de Carr (Tempe, Arizona). Nous transmettons ici l'autre éloge prononcé à cette occasion par David Bruton, l'ami de Baird T. Spalding. Les deux discours gagnent à être lus en parallèle, comme l'indiquent les remarques de David.

1. En 1986, un incendie survenu à la Public Library de Los Angeles détruisit une collection de *Mind Magazine*.

Ce livre complète ainsi les deux ouvrages précédemment parus, et contient les éléments suivants :

1) Des articles et questions-réponses, extraits de *Mind Magazine* et tous écrits par Spalding.

2) Une nouvelle biographie extraite de *Mind Magazine*.

3) Des manuscrits et notes de Spalding.

4) L'éloge funèbre de Spalding, par David Bruton.

5) Les souvenirs du Dr Neva Dell Hunter, rapportés par Lois Binford Proctor.

Nous avons déployé tous nos efforts afin d'authentifier les manuscrits et notes reproduits ici. Les titres entre guillemets ont été choisis par nos soins.

Avec ce dernier volume, l'œuvre de Spalding est enfin accessible dans son intégralité. Espérons que son message, qui a touché des millions de personnes pendant près d'un siècle, continuera à se répandre.

Arthur VERGARA

Extraits de Mind Magazine

(1935-1937)

Le message et son messager[1]

L'œuvre de Baird T. Spalding, depuis la publication de *La Vie des Maîtres*, a donné lieu, dans le monde entier, à de nombreuses spéculations parmi tous les êtres en quête de vérité. Aussi variées ou opposées qu'elles soient, elles ont toutes été émises à partir d'un point de vue purement extérieur à la situation.

Il est temps d'apprendre à faire la différence entre le message et son messager, la Vérité et son véhicule. La Vérité reste identique, quel que soit le livre qui la présente ou le professeur qui la proclame. Le cadre dans lequel elle est annoncée offre peu d'intérêt en regard de son contenu; c'est en effet le contenu d'un enseignement, et non la façon dont il est transmis, qui importe. Si nous apprenons à les différencier, la confusion qui règne en nous cédera sa place à l'illumination spirituelle. Le contenu d'un livre comme *La Vie des Maîtres* rejoint celui des plus anciens écrits religieux de la philosophie hindoue. Il recoupe aussi, explicitement ou implicitement, l'enseignement de la religion moderne ou de la métaphysique. Dans ses textes, Baird T. Spalding reprend les enseignements de la Bible et de Jésus-Christ. Le décor et l'histoire

1. Introduction rédigée par l'éditeur de Baird T. Spalding en février 1936.

varient légèrement, mais la vérité proclamée reste la même, si l'on sait la décrypter. Celui qui ose divulguer la vérité telle qu'elle lui est révélée suscite toujours la critique. Les contemporains du Christ ont aussi contesté Son autorité. Ils L'ont jugé hérétique et crucifié en raison de Ses « blasphèmes ». L'ont torturé et humilié parce qu'il enseignait ce pour quoi nous Le vénérons aujourd'hui. Le temps nous a permis de distinguer Sa mission et Son message des événements qui les ont entourés, et Ses actions des conditions dans lesquelles elles se sont déroulées. Nous devons également, afin de perpétuer la même Vérité éternelle, prendre nos distances avec les conditions et la réalité actuelles.

« Plus on est loin de l'objet aimé, plus il embellit. » Sans que nous nous en rendions toujours compte, cet adage influence notre estimation d'une situation et notre rapport avec autrui. Un événement qui se produit en Inde peut avoir un effet différent, voire opposé, sur un Américain et sur un autochtone. Des hindous considèrent certains Américains comme des Maîtres, grâce à des signes irréfutables. Notre Bible peut sembler bien prétentieuse aux yeux de ceux qui considèrent la *Bhagavad-Gîtâ* ou les *Veda* comme les livres sacrés contenant l'essence de la Vérité. Lorsqu'un Indien vient aux États-Unis pour assister aux miracles modernes accomplis par quelques citoyens de ce pays, nous estimons qu'il fait preuve d'intelligence. Mais, aux yeux des Américains, le désir qu'éprouvent certains de leurs compatriotes d'aller observer les mêmes miracles et de recevoir les mêmes enseignements en Inde trahirait plutôt une faiblesse mentale. N'est-ce pas pourtant, dans les deux cas, la preuve qu'une même soif de connaissances authentiques habite le genre humain ? Que l'on prenne l'enseignement d'un métaphysicien hindou ou chrétien, ancien ou moderne, la teneur du message ne varie pas : la Vérité réside dans le cœur des hommes. Ainsi, elle est accessible à tous, en tout lieu et à tout âge.

Il existe de multiples sources d'enseignement spirituel : la Bible n'est que l'un des soixante livres sacrés qui circulent dans le monde. Un individu isolé peut également nous parler de notre propre divinité comme le font ces ouvrages. Prenons donc le temps d'écouter les propos ou d'étudier les écrits qui croisent notre route. Si l'on nous décrit le Principe infini de la vie, que nous l'appelions Dieu, Brahma, Rê ou Ain Soph, nous buvons à cette fontaine de vie. Nous découvrons la Vérité en la cherchant à sa source, sans nous soucier du véhicule qui la proclame.

Le préjugé religieux est l'un des plus ancrés dans la nature humaine. Pour découvrir la Vérité, nous devons dépasser nos propres faiblesses et oser lui faire face, où qu'elle se niche, et quels que soient les effets de cette découverte sur nos croyances étriquées.

Comme l'a déclaré Baird T. Spalding : « Les Maîtres considèrent que les États-Unis abritent cent vingt millions de Maîtres. » Autrement dit, tous les hommes sont des Maîtres. Entrer en relation avec votre Maître, c'est trouver votre Moi divin. Toute présentation de la Vérité qui vous aide à atteindre ce but est vitale. Si vous perdez cet objectif, aucun enseignement ne vous sera utile.

Les titres de maître, de saint, de guru (en Inde, *guru* signifie « porte-parole de l'Infini ») ou, aux États-Unis, de prêtre, pasteur ou prédicateur indiquent la même mission. Chaque individu doit se demander s'il est fidèle à la foi qu'il a adoptée. D'autre part, nous devons tous nous efforcer de discerner la Vérité, qu'elle provienne de Dieu, ou qu'elle soit le fruit de notre propre système d'illusions mentales.

Conférence donnée
à Triunity, Los Angeles,
le 28 juillet 1935

Nous menons des recherches archéologiques et je travaille dans un domaine peu connu du public. Pourtant, de plus en plus de gens s'interrogent sur l'authenticité de ces événements et la réelle existence des Maîtres. Je suis ingénieur et non conférencier. Mais, devant l'afflux des demandes, je crois nécessaire de révéler quelques résultats concernant nos contacts avec les hommes qui ont mené et mènent encore une vie qualifiée d'extraordinaire.

À leurs yeux, en revanche, elle est tout à fait normale. Il s'agit simplement de l'ordre naturel et logique d'une vie bien vécue. Notre recherche a démontré que chacun de ces « phénomènes » peut être prouvé scientifiquement et ne comporte aucun aspect surnaturel. Nous savons, en fait, que tous leurs actes ont un fondement réel, scientifique. Les Maîtres se trouvent dans un état de conscience qui leur permet d'accomplir ce qui nous paraît impossible. Plutôt que de nous étonner ou de perdre notre temps en conjectures, mieux vaut nous efforcer d'atteindre ce même niveau de conscience. Tout deviendra alors parfaitement simple. Le monde occidental semble fonctionner *à travers* des états complexes, contrairement au monde oriental qui fonctionne *avec* eux. Pour accomplir une chose, vous devez ne faire plus qu'un avec elle. Il faut vous impliquer totalement dans sa réalisation, puis vous atteler à la tâche suivante dans un ordre parfaitement logique.

Nos recherches nous ont fait comprendre que la mort n'existe pas en soi et n'est pas inéluctable. Elle constitue, au même titre que toute action de l'individu, un accomplissement volontaire. Bien entendu, il est plus facile de naître que de mourir, car la vie est plus attrayante. La mort intervient lorsque les vibrations de votre corps ralentissent à tel point que la vie ne vous soutient plus. Nous serons bientôt en mesure de vous l'expliquer scientifiquement.

Nous vous présenterons une formule mathématique de la perfection physique, aussi simple qu'une table de multiplication. Des chercheurs travaillent à son élaboration en ce moment même aux États-Unis, alors que beaucoup d'entre nous la considèrent encore comme un mystère. Mais elle n'en est pas un... Si nous n'y croyons pas et ne tendons pas vers elle, elle demeurera hors de notre portée. Nous avons mené cette recherche avec la conviction qu'elle serait un jour utile.

Un peuple ancien, qui n'existe plus aujourd'hui, menait une vie bien plus spirituelle que la nôtre. Son héritage possède une valeur inestimable pour la civilisation contemporaine. Si l'humanité peut en jouir, tant mieux ; si certains éléments se révèlent inapplicables, qu'elle les laisse de côté. Ainsi, je tente de délivrer cet enseignement concrètement, en le dépouillant du mystère ou du mythe. S'il est compris, il peut être vécu et mené à bien. Si une personne l'a accompli, alors chaque être humain le fera aussi.

QUESTIONS ET RÉPONSES

Q : *Dans l'ouvrage* La Vie des Maîtres, *vous racontez comment, avec l'aide des Maîtres, vous parvenez en des lieux qu'il semble impossible d'atteindre physiquement. Pouvez-vous nous éclairer sur ce point ?*

R : Souvent, le transfert de nos corps s'opère à notre insu. Si nous nous projetons par la pensée dans un lieu précis, nous nous y retrouvons instantanément. Mais, pour cela, nous devons d'abord admettre qu'une force extérieure nous retient là où nous sommes. Si nous cessions de croire en l'existence de limites spatiotemporelles, nous pourrions nous projeter en tout lieu, par l'intermédiaire de la visualisation. Nous serions en harmonie parfaite avec l'état de conscience qui permet d'être transféré dans l'endroit visualisé et durant lequel la vibration du corps s'élève à une fréquence supérieure. Elle s'unit à ces puissantes vibrations. Nous possédons un corps électronique inaliénable, à l'intérieur duquel nous vivons véritablement. Il s'agit seulement d'une autre détermination de notre véritable vie. Ce corps possède tous les attributs de l'être. Si nous n'opérions pas cette division, nous pourrions nous déplacer instantanément où nous voulons. Nous pouvons effectivement quitter notre corps, mais mieux vaut encore l'emmener partout avec soi.

Q : *Pourrions-nous faire venir Emil, ou un autre Maître, ici ?*

R : Je n'ai jamais essayé. Voici ma position : je me trouve ici. Si j'ai besoin de l'un d'eux, il viendra à moi. Ils sont libres de me rendre visite s'ils le souhaitent et, lorsque nous sommes totalement unis à eux, ils ne nous quittent plus jamais. Le Christ nous accompagne constamment. Il n'y a pas de séparation, c'est l'Homme qui en a créé une.

Q : *Vous prétendez qu'il n'existe qu'une seule présentation du Christ.*

R : Le Christ universel est l'humanité. Si nous ne faisons qu'un avec Lui, nous incarnons Son image.

Jésus a présenté le Christ aux hommes et nous sommes tous en mesure d'agir ainsi.

Q : *Le Christ est-Il toujours un homme ?*

R : Il habite toujours dans chaque individu.

Q : *Les murs de Jéricho se sont-ils effondrés sous l'action de vibrations ?*

R : Peut-être, mais de récentes fouilles montrent que les fondations de ces murs étaient en très mauvais état. Il reste possible qu'ils aient été détruits par des vibrations.

Q : *Où se trouve le comte de Saint-Germain ?*

R : Je l'ignore et je ne sais pas s'il s'est retiré dans un lieu précis. Comme tous les êtres ayant une vie spirituelle intense, il s'est mis au service de l'humanité. Saint-Germain opère dans les sphères politiques, mais je ne pense pas qu'il se soit retiré.

Q : *Chaque âme doit-elle faire son ascension comme Jésus ?*

R : Non, chacune doit l'effectuer comme elle l'entend. Vous n'êtes pas lié à un état de conscience, mais à votre propre détermination de cet état. Vous possédez toute liberté de monter au ciel au moment qui vous convient. En imaginant cet idéal, vous avez déjà atteint un niveau de développement spirituel supérieur.

Q : *Qu'en est-il des défunts ?*

R : Ils ne sont pas morts. Certes, leurs corps sont inertes parce que la vie les a quittés, mais elle n'a pas cessé. Il s'agit seulement d'une transition. La mort est un concept erroné.

[Sans titre 1]

On m'a suggéré de donner un peu plus de détails sur le commencement de mon travail. Beaucoup semblent ne pas comprendre mes motivations. Lorsque mon arrière-grand-père a créé la Fondation sous l'égide de laquelle nous travaillons, il désirait vérifier l'authenticité des mythes concernant l'Inde et certaines civilisations disparues.

Depuis des siècles, on racontait en Inde qu'une civilisation supérieure avait existé de nombreuses années auparavant et un grand nombre d'Indiens croyaient à ce récit. Lorsque mon arrière-grand-père entreprit ses recherches, il pensait mettre vingt à vingt-cinq ans pour aboutir à des certitudes. Le temps passa et il n'avait toujours rien trouvé d'essentiel. En fait, l'exploration du désert de Gobi a commencé il y a soixante-sept ans, après des dizaines d'années de travaux préalables. Les matériaux découverts là-bas n'ont cessé de m'intriguer et m'ont finalement ramené aux États-Unis. J'ai soudain découvert que ce peuple extraordinaire, aux conceptions spirituelles étonnamment développées, avait vécu aux États-Unis, pays que nous croyons si neuf...

Nous savons maintenant que nos hypothèses étaient exactes. J'ai récemment plus approfondi mon étude : d'après moi, au moins quatre grandes civilisations ont existé, et probablement six. La civilisation actuelle est la sixième à connaître un développement spirituel, elle fusionnera avec la septième civilisation, et ne retournera pas en arrière comme ce fut le cas pour les précédentes. Une part de l'héritage spirituel de ces civilisations nous a été transmise. J'espère vous en administrer bientôt la preuve. Nous sommes aujourd'hui nombreux à travailler sur ce sujet, ce qui devrait accélérer les résultats.

L'avènement de la septième civilisation est proche. Il nous faut y entrer de pied ferme. Le processus de l'évolution s'intensifie. Grâce à l'héritage des anciennes civilisations, le dynamisme de l'humanité s'est accru. Nous revenons aux accomplissements précédents. Nous ne sommes pas condamnés à subir la situation actuelle. L'engagement d'un être humain vers l'accomplissement d'un but souhaité profite à la civilisation tout entière. Nous sommes si proches de cet objectif que je n'hésite pas à l'affirmer. Mes déclarations semblent visionnaires, mais la plupart des êtres humains sont impatients d'assister à la réalisation de cette vision. La notion d'impossibilité s'est progressivement effacée des consciences. Nous avons tant progressé durant les quinze dernières années que nous commençons réellement à le penser, et ce processus constitue un atout considérable pour le monde entier.

Une pensée précise, qui suit une ligne juste, sert l'humanité bien plus que nous ne l'imaginons. Nous ignorons à quel moment nos propres idées peuvent conduire autrui à une plus grande compréhension. De plus, le destinataire d'une idée la comprend souvent plus profondément que celui qui l'a émise. Ainsi, l'un émet une idée et l'autre l'applique. Beaucoup d'actions n'auraient abouti à aucun accomplissement sans cette complémentarité. Celui qui a émis l'idée ne s'en souvient pas forcément, mais celui qui la reprend a saisi sa vérité profonde.

Nous ne mesurons jamais les conséquences de nos paroles et de nos pensées quand elles sont dirigées dans la bonne direction. Lorsque vous tenez fermement à vos idées, et que votre attitude est cohérente, elles finissent par se réaliser et ont un effet bénéfique. Ainsi, vous aidez autrui à comprendre ce que les vibrations ou les pensées peuvent accomplir. Les scientifiques affirment aujourd'hui que nous vivons entourés par la vibration. Même l'acier le plus dur vibre et fond, et c'est grâce à sa fréquence vibratoire qu'il demeure dans cet état. De la même manière, le corps humain conserve la forme stable qu'on lui connaît grâce à ce même processus d'ordre spirituel. Nos scientifiques déclarent que toute forme animée ou inanimée peut se réduire à une vibration. De nombreuses personnes s'interrogent à ce sujet : comment explique-t-on ce phénomène ? Certains répondent : Par Dieu. Il s'agit là d'un grand pas en avant. Je me souviens d'un de mes professeurs qui construisait un raisonnement déductif en formulant une série d'hypothèses successives. Il acheva sa démonstration par cette exclamation triomphale : « Quelle est la détermination ultime ? C'est Dieu ! » Et beaucoup ont adopté cette très ancienne approche, qui détermine tout par le spirituel.

Certes, pendant des années, nous avons considéré le domaine spirituel comme inclassifiable. Mais comment pourrait-on le classer avant de l'avoir appréhendé par la pensée ? En songeant à la détermination spirituelle, nous lui donnerons l'impulsion qui la fera exister. L'idée selon laquelle il ne faut croire que ce que l'on voit, touche et sent ne tient pas debout. La majeure partie des savants affirment aujourd'hui qu'au fondement de toute chose se trouve un élément déterminant qui possède le pouvoir de donner vie et faculté d'action dans toutes les dimensions.

Vous êtes nombreux à douter de l'existence de la vie après la prétendue expérience de la mort. Je vais vous expliquer en quoi celle-ci consiste réellement : le facteur vie vibre à une certaine fréquence et, lorsque les vibrations du corps diminuent, il ne peut plus rester associé à ce corps. La mort représente donc ce processus durant lequel les vibrations du corps ne sont plus en harmonie avec celles de la vie. Dès qu'il a quitté un corps, le facteur vie cherche à en construire un nouveau auquel il peut s'associer. C'est l'objectif même de ma recherche.

Ces réalités sont actuellement acceptées comme telles, et non plus comme des mythes ou des superstitions. Elles disposent d'une explication scientifique et obéissent à une loi précise. Chaque individu agit conformément à celle-ci, dans ses actes les plus héroïques comme les plus quotidiens, tels que marcher ou respirer. Cela ne fait aucun doute. Beaucoup de phénomènes restent encore inexpliqués, mais de nombreux chercheurs s'y attellent et aboutiront à des résultats remarquables. Chaque pensée, à l'instant même où elle est émise, revient au principe ou à la loi. Dès lors, elle devient un véritable facteur déterminant. Ces phénomènes ne sont pas fortuits, il nous faut parvenir à les comprendre totalement.

Bientôt, cette pensée sera commune à tous : mieux vaut nous fixer un but unique plutôt que de disperser nos pensées et nos forces. Nous devons nous déterminer et nous réaliser dans la spiritualité. Il nous faut aussi accomplir une action après l'autre, en progressant avec logique. Une grande partie des Orientaux et des Occidentaux adoptent aujourd'hui cette attitude et se rencontreront à ce sujet. Chacun a beaucoup à apporter à l'autre.

Le développement physique des Occidentaux ne doit rien au hasard. Un facteur déterminant a joué un rôle : il est plus facile d'élever sa pensée dans un corps en bonne santé et un environnement favorable. Même si nous ne nions pas que cette évolution physique est en fait spirituelle, cela ne changera rien. En gardant nos yeux fixés sur le but, nous l'atteindrons et l'accomplirons grâce à la pratique spirituelle, résolus à progresser efficacement.

Voilà ce que l'humanité attend aujourd'hui. Nous n'en sommes pas conscients, tout comme nos ancêtres qui s'éclairaient à la chandelle, alors que la lumière électrique se trouvait tout près d'eux. Il a suffi de l'intervention et de la vision d'un homme qui a compris qu'en fabriquant un minuscule filament, et en y faisant passer du courant, ce filament chaufferait jusqu'à produire de la lumière. Il en a été de même avec la radio et bien d'autres inventions. L'Homme ne crée rien, il apprend à exploiter ce qui existe déjà. Cependant, ayant accepté cette idée, nous disposons d'une impulsion plus importante. Point n'est besoin de saisir les phénomènes qui s'offrent à nous. Lorsque nous en prenons conscience, nous en découvrons de plus grands encore. Nous progressons lentement, jusqu'à ce que nous comprenions qu'il n'y a pas de retour possible, et que nous ne le souhaitons pas.

QUESTIONS ET RÉPONSES

Q : *Les livres d'or mentionnés dans votre notice biographique contiennent-ils les mêmes textes ?*

R : Ils traitent de la même civilisation, mais chaque ouvrage contient un récit différent. Ces livres ne datent pas de cette civilisation. À cette époque reculée, l'on pensait que de nombreux témoignages de cette civilisation ancienne risquaient d'être perdus ou détruits. Ces ouvrages ont été écrits afin d'indiquer les emplacements précis où l'on pourrait retrouver ces vestiges. Ce sont plus ou moins des glossaires, rédigés de façon à stimuler la recherche des documents anciens.

Q : *Tous les livres ont-ils été découverts en Inde ?*

R : Nous en avons découvert quatre en Inde et le cinquième y est également. Par ailleurs, nous avons trouvé des ruines de cités en Alaska, mais guère plus. Près de l'embouchure de la rivière McKenzie nous avons creusé et mis au jour des ruines de cités. Ce peuple connaissait l'art de tailler la pierre, comme en témoignent les sculptures dans les murs des bâtiments, de même que le peuple appartenant à la civilisation sur laquelle nous travaillons dans le désert de Gobi. Nous n'avons pas trouvé de vestiges en Alaska, faute d'avoir pu y poursuivre notre recherche, mais nous avons découvert des documents dans le désert de Gobi, qui indiquent les lieux où étaient dissimulés les livres. Il nous a fallu douze ans dans le désert de Gobi, après le début de la première fouille, pour localiser le premier caveau, puis encore un peu plus de quatre ans pour en situer trois autres. Ils sont en bon état de conservation.

Q : *Pourriez-vous nous parler des apparitions et disparitions des Maîtres et de l'aide qu'ils vous ont apportée dans votre travail ?*

R : Elles ont été nombreuses. Bien que je n'en connaisse pas le fonctionnement, ces apparitions et disparitions n'ont rien de mystérieux, comme je le pensais au départ. Durant les trois ans et demi passés en compagnie des Maîtres, ces expériences m'ont profondément marqué. Je ne peux vous expliquer précisément ce que je ne comprends pas moi-même. À plusieurs reprises, alors que nous nous trouvions loin de notre source d'approvisionnement, nous nous installions pour le repas, et la nourriture apparaissait devant nous. Nous pensions cependant que nous ne devions pas dépendre de cette aide. Les Maîtres nous avaient fréquemment indiqué l'emplacement des ruines et des vestiges des civilisations anciennes. Si nous avions compté seulement sur les informations qu'ils nous donnaient, nous n'aurions rien appris de la méthode qui permet de localiser les ruines et les documents. Nous avons donc choisi de continuer nos investigations, qui se sont révélées tout aussi fructueuses. Aujourd'hui, nous utilisons davantage l'enseignement de nos Maîtres, et notre travail avance beaucoup plus rapidement. Malgré tout, nous ne comptons pas sur eux pour nous approvisionner. Nous emportons une réserve de nourriture que nous faisons durer le plus longtemps possible. Mais, ayant été si souvent ravitaillés, nous ne craignons pas qu'elle s'épuise. Nous transportons notre réserve d'eau à dos de chameau sur cinq cent soixante kilomètres. L'éloignement de ce lieu l'a préservé du vandalisme.

Il est difficile de vous décrire les Maîtres autrement que par les actes extraordinaires qu'ils accomplissent. Lorsqu'une chose doit aboutir, ils apparaissent et agissent. Quand nous nous retrouvons devant un fleuve apparemment infranchissable, ils se présentent et le traversent en marchant sur l'eau. Cet acte n'a pour eux rien d'un miracle, il obéit à un principe strict, qu'ils appliquent instantanément et sans prononcer un seul mot. Je possède une photographie montrant six hommes qui marchent sur l'eau et un septième qui s'avance sur le fleuve.

Q : *Vous trouviez-vous avec Emi et Jast quand ils ont traversé la forêt en flammes ?*

R : Oui. C'est la seule expérience marquante dont je n'ai pas de photographie. Nous n'étions que trois. Même si j'avais eu un appareil, je crois que je n'aurais pas songé à prendre une photo. Quand je me suis avancé entre ces deux hommes, une grande voûte s'est ouverte à travers le feu. S'il me restait un doute, il s'est évanoui. Cela s'est passé en 1895.

Q : *Pouvez-vous nous parler du temple de la Guérison ?*

R : Ce temple ouvert comporte huit grandes voûtes surmontées d'un dôme immense. Nous n'avons jamais vu personne y officier, ni entendu parler de son pouvoir de guérison. Or, il suffit d'y pénétrer pour ressentir un bienfait évident. Je ne prétends pas que tout le monde en ressorte guéri, mais j'ai assisté à de nombreux miracles. Un jour, un homme allongé sur un brancard fut conduit dans le temple, au stade terminal d'une maladie qu'on appelle la maladie de la pierre. Tous ses muscles s'étaient transformés en os, il demeurait immobile. Au bout de quarante-cinq minutes, il se leva du brancard et sortit du temple, complètement guéri. Il se joignit à notre groupe. Un autre jour, on amena un petit musulman âgé de quatre ans ; cet enfant aurait pu tenir dans mes deux mains et son corps semblait aussi léger qu'une plume. À peine vingt minutes plus tard, il descendit des bras de sa mère et sortit en courant du temple, cette dernière avait peine à le reconnaître. Ses formes s'étaient modifiées, sa chair avait grossi, forci sous mes yeux. Je l'ai photographié, avant et après sa guérison.

Q : *Voulez-vous nous raconter comment vous avez essayé de chanter* Hail ! Hail ! The gang's all here ! (« Salut, salut, Toute la bande est là ! ») *à l'intérieur du temple ?*

R : J'avais entendu dire qu'il était impossible d'émettre un son discordant dans le temple. J'essayai de chanter *Hail, Hail, The gang's all here !* mais aucun son ne me parvint. Ensuite, je chantai seulement *Hail, Hail, Hail,* les mots retentirent comme s'ils étaient amplifiés mille fois.

Q : *Combien de temps faut-il pour aller visiter ce temple ?*

R : Vous devez d'abord vous rendre à Calcutta, puis parcourir environ douze cent quatre-vingts kilomètres pour atteindre ce sanctuaire, dont quatre cents au moins à pied. Les pèlerins prennent leur temps et vivent des produits de la campagne. Cela leur prend en général seize ou dix-sept mois. Un jour, ce temple sera peut-être accessible par avion.

[Sans titre 2]

Il me semble que vous désirez plus de détails sur le temple de la Guérison et son rapport avec les Maîtres.

Ceux-ci se réunissent de temps à autre pour y méditer ou enseigner. Au cours de notre pèlerinage, nous arrivâmes devant un fleuve large de soixante mètres, au courant tumultueux. Nous nous demandions comment atteindre la berge opposée, quand douze individus se mirent à le traverser, en marchant tranquillement à la surface de l'eau. Cinquante-deux membres du groupe osèrent les suivre. Moins audacieux, nous fîmes un détour de quatre jours jusqu'au pont le plus proche pour les rejoindre.

Ils nous avaient incités à les suivre, mais aucun d'entre nous n'avait eu le courage de s'y risquer. Nous n'arrivions pas à saisir la signification de ce que nous voyions, ni à comprendre que ce phénomène s'accomplissait en vertu d'une loi précise, à la portée de tous. Durant notre trajet vers le temple, nos pensées furent absorbées par ce que nous avions vu et connu, en si peu de temps, en compagnie des Maîtres. Nous tentions d'accepter leur enseignement : ce que nous les avions vus accomplir, nous pouvions également l'accomplir aussi facilement.

Quatre cents kilomètres séparaient le lieu de rassemblement du temple lui-même. Nous étions plus de trois cents. Si l'on excepte notre petit groupe, la plupart des pèlerins allaient chercher la guérison. Emil était le principal responsable ; quant à Jast et Neprow, ils s'occupaient spécialement de nous.

Le temple représente le Christ dans l'individu. Ouvert en permanence à tous ceux qui souhaitent guérir, il représente l'idéal. Bien que les Maîtres eussent pu guérir les pèlerins, et donc leur épargner le voyage jusqu'au temple, ils préféraient les encourager à s'y rendre avec eux. Durant cette longue marche, les pèlerins comprennent que le pouvoir intérieur des Maîtres existe aussi en eux, qu'ils sont eux-mêmes des Maîtres.

Les vibrations parfaitement harmonieuses qu'émet le temple proviennent de son utilisation perpétuelle. Elles rejettent tout élément non harmonieux. Comme nous l'apprîmes, le même processus se déroule quand un être humain décide de ne prononcer que des paroles harmonieuses. L'harmonie est si présente dans le temple, depuis si longtemps et si nettement, que sa structure même l'a absorbée, si bien qu'il vous est impossible de traduire en paroles une pensée dont les vibrations ne coïncident pas avec celles du temple. De même, si votre corps répond à une onde spirituelle, une vibration d'une autre nature peut le frapper, mais elle est immédiatement rejetée. Le temple a cette aura spirituelle depuis au moins huit cents ans. Vous aussi pouvez développer cette vibration en vous, il vous suffit d'en éprouver le désir.

Ces guérisons nombreuses et totales m'amenèrent à me poser des questions. Je ne voyais aucune trace de cérémonie ou de service officiel dans ce temple. Les bienfaits sont tout simplement issus des vibrations. J'ai assisté à la guérison immédiate d'un enfant au corps atrophié. J'ai vu une main mutilée retrouver ses doigts. Des aveugles, des sourds et des malades ont été guéris, instantanément et intégralement, sous mes yeux. Tous ceux qui pénétraient dans le temple en ressortaient en meilleure santé. Je suis resté en contact avec certains des ex-malades et, chaque fois, leur guérison était durable.

En liaison avec le temple et avec toutes les autres formes de guérison, les Maîtres opèrent de manière à façonner l'idéal dans l'esprit de ceux qui guérissent. Ils leur apprennent à être responsables de leur propre guérison, plutôt que de demander à autrui d'accomplir cette tâche à leur place.

QUESTIONS ET RÉPONSES

Q : *Ces temples existent-ils uniquement au Tibet ?*

R : On en trouve en Inde et dans d'autres pays d'Orient. Il doit probablement y en avoir aux États-Unis, mais je n'en connais pas l'emplacement, il me reste encore beaucoup de lieux à visiter.

Q : *Où se trouvent les demeures et les monastères de ces Maîtres ?*

R : Ils habitent principalement en Inde, ainsi qu'au Tibet, en Chine et en Perse. Ils ne possèdent ni monastères ni organisations. Ils opèrent de manière indépendante, dans la fraternité humaine.

Q : *Comment pouvons-nous entrer en relation avec eux et fonctionner selon ces lois ? Si nous ne pouvons les mettre en pratique, nous nous sentons impuissants.*

R : Changez d'attitude : admettez l'existence de ces lois et obéissez-leur. Si vous les acceptez, elles s'instaurent d'elles-mêmes et vous pouvez vous y conformer. Les Maîtres n'excluent personne, mais ils ne peuvent vous donner ce qu'ils possèdent. Ils se contentent de vous indiquer la voie. Nous devons nous accomplir de l'intérieur, car tout se trouve en nous. Nous sommes des êtres spirituels et nous devons croire à cette idée, afin d'être en mesure de la vivre et de la projeter nous-mêmes. Lorsque nous dépendons d'une personne, nous en faisons une idole et perdons de vue l'idéal qu'elle présente.

Q : *Vos ouvrages sont-ils le fruit d'une expérience réelle ou d'une inspiration divine ?*

R : Ils relatent mes expériences avec les Maîtres pendant trois ans et demi. Tout ce que je décris s'est réellement déroulé. Ces individus vivent dans la dimension spirituelle, tout en possédant les mêmes caractéristiques physiques que nous. J'ai pris des notes sur le moment et les ai utilisées pour écrire mes livres. J'étais libre d'emmener qui je voulais avec moi, et j'ai toujours choisi les individus les plus sceptiques, à l'esprit le plus cartésien. Ils ont eux aussi rédigé des rapports, qui concordent avec mes conclusions personnelles. Tous mentionnent le fait qu'ils doutaient en partant pour l'Inde et qu'ils sont revenus totalement convaincus de l'existence de cette dimension spirituelle. Je ne vous blâme pas de ne pas y croire. Je ne pensais pas que tout le monde m'écouterait. Chacun doit effectuer sa propre enquête. Il me fallait cependant amener les choses à un point où je pouvais moi-même y croire. J'avais connu de nombreuses expériences de ce type avant de me lancer dans cette expédition, mais je restais très sceptique au départ. Mes doutes se sont dissipés en moins de trois semaines.

Q : *Comment peut-on changer radicalement un monde où la majorité des hommes boivent, jouent, fument et mènent une vie malsaine ?*

R : Ce sont les mots mêmes que vous venez d'utiliser qui permettent à cette situation de perdurer. Nous nous exprimons, sans réfléchir, en des termes qui ne font que perpétuer le malheur. Affirmons plutôt : seuls le bien et la perfection existent. Nous devons voir partout l'absolue perfection.

Q : *Les mots et les pensées ont-ils donc le pouvoir de transformer la réalité ?*

R : Ce n'est pas la pensée de l'autre mais la nôtre qui détermine la situation. Nos pensées créent la réalité. Nous possédons le pouvoir de renvoyer une pensée à son auteur avec une force capable de le détruire. Dès lors, ne sommes-nous pas responsables ?

Q : *Peut-on entrer en relation avec les Maîtres à tout moment ?*

R : Oui. Ils ne cherchent pas à s'isoler de nous. Ils ne demeurent pas en un lieu précis. Tout est Esprit. Agissant selon cette conception, ils conservent partout, à chaque instant, cette même attitude. Comment pourrait-il en être autrement, si tout est Esprit et qu'ils fonctionnent en symbiose avec Lui ? Nous avons inventé la séparation avec l'Esprit, mais eux ne font qu'un avec Lui.

Q : *Les Maîtres peuvent-ils opérer dans plus d'un corps simultanément ?*

R : À ma connaissance, ils se sont manifestés, à de nombreuses reprises, dans trois corps en même temps, et une fois dans quatre.

Q : *Est-il interdit à certains Maîtres appartenant au monde ésotérique secret d'apparaître en public ?*

R : Nous n'avons jamais entendu parler d'une telle interdiction. Beaucoup ont choisi de travailler dans l'ombre, mais je ne crois pas que ce choix leur ait été imposé.

Q : *Vous parliez de personnes qui opèrent dans différents corps. Jésus se manifeste-t-Il dans un autre corps que le Sien ?*

R : Pourquoi vous soucier de Lui ? Le même Esprit se trouve en chacun de nous.

Utilisez le pouvoir que Dieu vous a donné

Je voudrais souligner que je ne cherche pas à tirer bénéfice de mes livres. Ils contiennent l'enseignement que j'ai reçu. Je mène une recherche scientifique, et en cela les Maîtres m'ont grandement aidé. Ils m'ont permis de ne pas me retrouver dans des impasses et d'avancer. Indubitablement, ma rencontre avec les Maîtres m'a beaucoup apporté sur le plan spirituel. Vous pouvez comme moi les rencontrer ; personne n'est rejeté. Cette rencontre peut se produire directement là où vous vous trouvez, en Inde ou dans n'importe quel pays. Elle ne dépend que de la conscience de chaque individu.

Ne vous laissez pas perturber par la dimension astrale. Utilisez le pouvoir que Dieu vous a donné. Élevez votre pensée jusqu'à la pensée de Dieu. Quel que soit votre problème, vous pouvez y trouver Dieu. Un Maître, ou un professeur, peut vous offrir son aide, mais il ne peut vivre à votre place. Allez le trouver pour l'inspiration. Adressez-vous à Dieu si vous êtes en quête de Vérité.

C'est Dieu que vous cherchez, alors ne Le cherchez pas dans la personnalité de Jésus. Découvrez plutôt le Christ en vous, et le Christ en vous, c'est Dieu. En révélant Dieu à l'intérieur de vous-même, vous L'atteindrez. Telle est la source du pouvoir de Jésus.

Vous ne gagnerez rien à prier un Dieu individuel. Considérez Dieu comme le Pouvoir spirituel et exigez ce Pouvoir. La prière élève votre vibration jusqu'à vous révéler la force de la conscience universelle. Quand la pensée de la vie éternelle pénètre votre conscience, vous atteignez le sommet de la spiritualité. Il n'existe pas de règles établies, c'est à vous de trouver votre propre formule.

Moïse fit connaître les documents de Babylone. Dans ses travaux, il fait référence aux documents d'origine qu'il a découverts et recopiés. Il ne put terminer son œuvre, et les traducteurs qui tentèrent de l'achever échouèrent. Il souhaitait décrire la vie universelle, mais son travail fut présenté comme un ensemble de lois.

Aujourd'hui, beaucoup d'entre nous redécouvrent le fait que Dieu a toujours vécu dans l'Homme. Nous avons dépassé les enseignements traditionnels fondés sur l'intérêt. Et, par cette nouvelle compréhension, nous effacerons toutes les limites.

QUESTIONS ET RÉPONSES

Q : *Comment doit-on se préparer avant d'entrer en contact avec les Maîtres ?*

R : Je ne connais pas de forme précise de préparation. Ma rencontre avec eux résulte d'une relation déjà ancienne avec ma famille, mais certaines personnes les ont vus sans aucune forme de préparation extérieure. J'ignore quelle était leur attitude, mais il suffit probablement de le souhaiter sincèrement. Je les ai rencontrés tout naturellement, je n'ai donc jamais étudié cette question. Si nous sommes préparés à l'apparition d'un Maître, il apparaîtra. Inutile de se rendre en Inde ou ailleurs. L'attitude est intérieure et, lorsque nous serons prêts, la voie s'ouvrira devant nous.

Q : *Rencontrons-nous ces Maîtres en chair et en os, comme nous vous voyons ici aujourd'hui ?*

R : Bien entendu. Vous pouvez même les photographier.

Q : *Est-ce également le cas de Jésus ?*

R : Oui. J'affirme que Jésus vit actuellement, dans le corps même qui fut jadis crucifié. Il n'existe aucune différence notable entre les Maîtres et nous sur le plan physique. Certes, ils sont plus beaux que la plupart des hommes, mais rien de précis ne permet de les distinguer des autres.

Q : *Devrions-nous objectiver nos désirs ou les formuler avec précision, sachant qu'ils existent déjà ? Devons-nous affirmer : « Je veux ceci ou cela », ou plutôt « Que la volonté de Dieu soit faite » ?*

R : L'attitude la plus spirituelle est évidemment la seconde. En affirmant qu'une chose est nôtre, nous acceptons réellement qu'elle nous appartienne. Vous ne pourriez vous figurer ce qui n'existe pas. Ayez cela à l'esprit chaque fois que vous exprimez un désir. Vous ne faites qu'un avec ce que vous désirez ; à vous d'en provoquer la réalisation.

Q : *Si Jésus Se manifeste en chair et en os, n'est-ce pas décourageant pour ceux qui ont enterré des êtres chers ?*

R : Bien au contraire. Jésus a traversé toutes ces expériences et a même vaincu la mort. Vos amis disparus ne sont pas morts. La mort n'existe pas. Les êtres qui vous sont chers continuent à vivre, mais vous n'êtes pas conscient de leur présence.

Q : *Comment peut-on éviter la loi du karma ?*

R : Si nous cessons d'y croire, elle ne s'appliquera pas. Une loi ne peut s'appliquer pleinement que lorsqu'on en fait bon usage. Si nous accomplissions notre mission en une seule vie, nous n'aurions nullement besoin de nous réincarner. Le karma n'est pas le passage obligé des êtres humains. Supposons que quelqu'un écrive que deux et deux font trois, cette personne n'altère pas le Principe en créant cette opération inexacte. Il lui suffit d'effacer le trois et de mettre un quatre à la place. Il est aussi vain de vouloir répandre l'idée de karma que de tenter d'altérer le Principe car il est inaltérable.

Q : *Faut-il dépasser l'incarnation charnelle ?*

R : Non, mais il faut s'efforcer de comprendre que la chair est spirituelle, et non matérielle. Lorsque nous atteignons le véritable esprit, notre chair est immortelle. Pourquoi dépasser la chair ? Elle est parfaitement belle et pure. Il nous suffit de la considérer comme telle.

Conférence donnée à Hollywood, le 14 août 1935

J'aimerais vous parler du Je Suis et de sa relation avec l'individu.

Il représente le Christ dans l'individu, la manifestation du divin. C'est l'essence de l'Homme, son grand empire, depuis toujours et à jamais. Quand un individu refuse d'accepter sa divinité, il se divise lui-même, mais le Je Suis reste un, et l'Homme ne peut rien y changer.

Même si cette affirmation vous paraît audacieuse, elle est pourtant scientifiquement fondée. En effet, si elle n'était pas exacte, nul corps humain n'existerait aujourd'hui. Notre corps vibre à une certaine fréquence, sur laquelle il nous est difficile d'agir. Nous pouvons éventuellement faire baisser nos vibrations, mais nous sommes tenus de rester à la fréquence qui nous est assignée. Nos scientifiques sont unanimes : si l'Homme dépassait sa vibration propre, son corps exploserait en moins d'une seconde.

Un individu peut se déterminer de bien des manières, selon ce que sa pensée lui dicte, ce qui n'altère en rien le Je Suis, c'est-à-dire le Christ en lui. Si nous croyons que la mort est inéluctable, il arrivera un moment où nous diminuerons nos vibrations afin de nous projeter en elle. Mais, si nous restons à notre place, l'harmonie régnera. Nous sommes comme le petit enfant qui va prendre sa première leçon de musique et insiste pour apprendre la cacophonie avant l'harmonie.

Depuis toujours, la divinité de l'Homme constitue son attitude la plus spirituelle. Nous pouvons le prouver de diverses manières, y compris grâce à des photographies. Celui qui a conscience de sa divinité apparaît sur le cliché entouré d'une aura qui émane de son corps. Quatre ou cinq secondes plus tard, seule une silhouette imprécise se distingue.

On ne peut photographier une détermination psychique, uniquement les véritables émanations. Cela démontre bien l'existence du Je Suis : qui peut photographier ce qui n'existe pas ?

Si la dimension spirituelle n'était pas réelle, vous seriez incapable de la concevoir. Un jour, l'existence de cette dimension sera démontrée. Je vous présenterai bientôt la formule mathématique de la perfection physique. Elle sera aussi simple qu'une table de multiplication. La science ne découvre rien, elle ne fait qu'apprendre à utiliser ce qui l'est déjà par d'autres. Les vibrations sont omniprésentes, il est tout naturel de s'en servir. Elles peuvent nous conduire à un niveau de spiritualité encore jamais atteint par l'Homme. Notre civilisation s'accomplira plus que toutes les autres. Aux États-Unis, un peuple ancien connaissait un niveau spirituel supérieur au nôtre. Nous sommes encore loin de comprendre la portée de ce que ces hommes ont réalisé, mais nous irons encore plus loin. Jésus a dit : « Les choses que j'ai faites, vous les ferez aussi, et vous en accomplirez même de plus grandes. » Tout cela n'a rien de mystérieux, il s'agit au contraire de la condition naturelle de l'Homme. Les savants prouveront qu'il n'y a pas de « phénomène » dans la nature. Ils nous expliqueront comment prendre directement dans l'atmosphère ce dont nous avons besoin. Bientôt, nous parviendrons à accélérer le cours de la nature.

Quand Jésus multiplia les pains et les poissons, Ses contemporains crurent assister à un miracle. Ils qualifièrent cet acte de surnaturel. De nos jours, si un homme affirmait être le Christ, il manifesterait le Christ, tout simplement. Cessons de croire au mystère, observons ces phénomènes à la lumière du jour. Ils se réaliseront ici même, et vous les verrez s'accomplir. Je ne vous parle pas d'un avenir lointain. Ils se manifestent déjà. *Laissons-les venir à nous*. Voyez le temps qu'il nous a fallu pour accepter certaines inventions modernes. Des appareils considérés comme des objets truqués voici quinze ans à peine sont aujourd'hui parfaitement intégrés dans notre quotidien, sans d'ailleurs que nous en comprenions mieux le fonctionnement. Ce n'est pas l'invention qui importe, mais le processus par lequel nous l'avons découverte. Quand nos ancêtres s'éclairaient à la bougie, la lumière électrique existait déjà. Aujourd'hui, la plupart d'entre nous ignorent comment fonctionne l'électricité, même si nous nous en servons tous les jours. Nous sommes sur le point de découvrir beaucoup d'autres merveilles, qui toutes sont à notre portée. Pourquoi hésiter à franchir le pas ? Nous devons affirmer notre identité avec tout l'univers, lui permettre de se manifester en nous.

Si nous persévérons, nous deviendrons cette manifestation.

QUESTIONS ET RÉPONSES

Q : *Existe-t-il un pouvoir supérieur à notre propre conscience du Christ ?*

R : Nul pouvoir n'est supérieur au nôtre. L'Homme est pouvoir, dès lors qu'il en prend conscience. Si nous nous considérons inférieurs au pouvoir, nous dégénérons et ne pouvons l'atteindre. Il se trouve en nous, et nous devons le reconnaître, Dieu ne peut nous y aider.

Q : *Entendez-vous par là que tout le pouvoir de l'univers réside en nous ?*

R : Exactement. Le point de départ se trouve en nous depuis toujours, sinon nous ne nous serions jamais représenté l'idéal, nous ne l'aurions jamais conçu. Vous ne pouvez imaginer ce qu'il vous est impossible d'accomplir. L'être humain est né pour incarner le pouvoir de Dieu et il constitue l'unique véhicule du pouvoir divin, mais il refuse simplement de l'accepter. Quand votre attitude est spirituelle, vous manifestez le Christ.

Q : *Mais, si l'on s'affirme contre le Christ, reste-t-on le véhicule du divin ?*

R : L'Homme manifeste le Christ dans chacun de ses actes, peu importe son opinion ou sa manière d'agir. L'action le conduit à accepter la vérité. Même en croyant violer les enseignements du Christ, il reste le Christ. L'égoïsme se paie toujours.

Q : *Les végétaux ressentent-ils la douleur ?*

R : Oui, c'est aujourd'hui démontré. Mais la douleur est une création de l'Homme, il se l'impose à lui-même, comme au règne végétal et animal. S'il effaçait la notion de douleur de son cerveau, il ne pourrait plus l'éprouver, et encore moins l'infliger.

Q : *La façon de vénérer Dieu a-t-elle une quelconque importance ? Peut-on chasser le Tout-Puissant de soi-même ?*

R : Non.

Q : *Peut-on prouver physiquement l'immortalité ?*

R : Oui, physiquement et mentalement. J'ai réussi à filmer l'immortalité d'un homme dont la mort venait d'être constatée par les médecins. J'ai observé son corps naturel tandis que la caméra captait les vibrations qui possédaient intelligence et volonté. La vie continue après la mort.

Q : *Si vous possédez de telles preuves, allez-vous bientôt les communiquer afin de soulager nos esprits ?*

R : Il faudra d'innombrables preuves pour ancrer

cette idée dans les mentalités. Marconi a passé des années à expliquer le principe de la radio, avant qu'elle soit enfin utilisée. Les scientifiques prétendaient qu'il s'agissait d'un objet truqué. Aujourd'hui, elle est utilisée dans toutes les classes sociales. Même processus pour les rayons X, qu'on appelait les « rayons du diable ».

Q : *Pourquoi les hommes ne reconnaissent-ils pas la Présence du Je Suis ?*

R : L'Homme a le pouvoir de décision. Il est libre de vouloir ou de nier. Ceux qui ne parviennent jamais à la connaissance spirituelle sont des ratés. Ne vous préoccupez pas des actions d'autrui. « Je dois m'occuper du travail de mon Père. » Jésus ne vécut jamais hors du Père, c'est-à-dire du Principe. Si l'Homme agissait de même, il pourrait aller encore plus loin. « Vous en accomplirez de plus grandes. » Jésus avait foi en l'humanité.

La connaissance divine

En Occident, et jusque dans un passé récent, on jugeait hérétique l'homme qui affirmait être Dieu. Les Orientaux adoptent l'attitude inverse : est hérétique celui qui ne se considère pas comme divin. Un jour, des théologiens ont décidé d'accuser d'hérésie ceux qui prétendaient incarner Dieu, et les Occidentaux ont accepté cette définition, sans plus y réfléchir. On a enseigné la crainte de Dieu. Nous savons pourtant à l'heure actuelle que, si nous ne ressentons pas de frayeur devant un animal sauvage, il ne nous fera aucun mal. De même, si nous ne craignons pas une situation, elle ne se produira pas. Alors pourquoi redoutons-nous l'influence spirituelle – la véritable Divinité de l'Homme ? Comment pourrions-nous exprimer cette crainte si on ne nous l'avait pas enseignée ?

Selon Jésus, ce qu'un homme accomplit, toute l'humanité peut l'accomplir. Cette potentialité devient réalité dès que nous prenons conscience du Principe.

Dans *Ultimes Paroles*, j'ai relaté l'exemple remarquable de ce à quoi un homme était parvenu face à une horde de bandits, par le seul pouvoir de son attitude positive. Grâce à sa connaissance divine, il réussit à retourner la situation et à transformer l'énergie de ses agresseurs en protection pour lui et ses compagnons. La résistance des bandits à l'amour qu'il leur présentait fit se retourner contre eux leurs propres ondes de destruction.

Cet état spirituel influence de plus en plus le déroulement des guerres et en provoquera peut-être la fin. Aujourd'hui, des centaines de milliers d'individus refusent la guerre. L'humanité est consciente du fait qu'un nouveau conflit mondial provoquerait l'anéantissement de notre civilisation. Nous sommes nombreux à penser qu'il y a là une injustice. Que celui qui déclare la guerre soit anéanti et laisse l'humanité vivre en paix !

QUESTIONS ET RÉPONSES

Q : *Vous évoquez de nombreux enseignements de Jésus qui diffèrent sensiblement de ceux du Nouveau Testament. Faudrait-il en faire une nouvelle traduction ?*

R : Quelques personnes travaillent actuellement sur l'original, qui fut traduit de l'araméen en grec, et il leur faudra encore quatre ans. Je ne pense pas que cette nouvelle traduction sera publiée sous le titre de Nouveau Testament. Nous savons à présent que deux cent mille ans séparent les événements relatés dans le premier chapitre de la Genèse de ceux du deuxième. Encore une fois, au moment où Moïse est censé avoir été retrouvé dans les joncs, il aurait eu quatre-vingt-dix ans. Cet épisode est purement allégorique.

Q : *Comment communiquer une pensée constructive à une personne en détresse ?*

R : Dites-lui de penser à Dieu. Ainsi, elle sortira de sa détresse. Vous êtes le représentant de Dieu et, en tant que tel, vous pouvez modifier toutes les situations.

Q : *Pour atteindre le niveau de conscience du Christ, devons-nous nous L'affirmer à nous-mêmes ?*

R : Il faut manifester le Christ, mais le Christ est

bien plus qu'une affirmation. Pour Le révéler, nous devons nous considérer comme Son incarnation. L'affirmer peut nous aider à en prendre conscience, mais il ne faut pas dépasser ce stade. Jésus a dit : « Je vois le Christ dans chaque visage et chaque forme. Quand le premier enfant est né, le Christ est né. » Votre affirmation constitue une sorte de béquille spirituelle. Apprenez plutôt à marcher seul.

Q : *La traduction du* Notre Père *dans la Bible est-elle juste ?*

R : Il s'agit d'une bonne traduction de la version juive. Mais ce n'est pas celle de Jésus.

Q : *Quelle est la différence entre l'Esprit et l'Âme ?*

R : Il n'y en a pas. On ne peut les distinguer. L'Esprit, l'Âme et le corps ne font qu'un.

[Sans titre 3]

D'après les enseignements de Jésus, le Père est le principe par lequel l'humanité peut se réaliser ; la Vie doit *vivre* ; et il ne réside aucun mystère dans Ses actes.

Le Principe est immuable. Vous pouvez l'ignorer pendant un temps, mais, dès que vous reviendrez à lui, vous atteindrez à nouveau la condition parfaite, bénéfique à votre corps. L'Homme qui pratique le Principe n'hésite pas à marcher sur les eaux. Le pouvoir demeure infini et éternel, mais nos montagnes d'incrédulité nous empêchent d'y accéder.

Nous construisons des engins pour obtenir tel ou tel résultat. Pourquoi ne pas nous tourner directement vers le Pouvoir ? Il peut tout créer, et beaucoup mieux qu'une machine. Le téléphone moderne permet de communiquer à des milliers de kilomètres de distance. Nombreux sont les individus qui parviennent à communiquer entre eux à des distances équivalentes sans utiliser le moindre appareil. La télépathie est reconnue comme un fait établi ; elle renferme un immense pouvoir : c'est Dieu qui parle à Dieu. Par cette affirmation, je ne commets aucun sacrilège, je suis aussi catégorique qu'en déclarant : nous vivons aujourd'hui. L'humanité a tout à gagner à se soumettre aux influences positives. Cette démarche constituerait un grand pas en avant.

Une multitude d'individus travaillent actuellement sur le même sujet, et sont parvenus à des conclusions identiques aux nôtres. En les mettant en pratique, nous atteindrons l'harmonie, l'unité. L'Homme se réalisera et occupera enfin la place qui lui est assignée.

Que le plus grand nombre croie ou non en ces idées n'y change rien. La réalité est une évidence. Quand Jésus a déclaré avoir vaincu la mort, Il disait vrai. Des milliers d'hommes, considérant cette vérité, comprennent enfin que leur corps est immortel, pur, parfait et indestructible. Le mystère s'évanouit et nous parvenons enfin aux portes de la compréhension universelle.

QUESTIONS ET RÉPONSES

Q : *Selon l'enseignement rosicrucien et théosophique, il était prévu dès Sa naissance que Jésus vivrait dans Son corps jusqu'à trente ans, puis le céderait à un esprit. À l'âge de trente ans, Jésus Se retira et l'esprit du Christ occupa Son corps pendant les trois années restantes.*

R : Ce n'est qu'une partie de la vérité. Voici le véritable enseignement rosicrucien : le corps de chaque femme est prévu pour recevoir l'immaculée conception. Chaque enfant est parfait à la naissance ; ce sont les pensées humaines qui l'avilissent. Chaque nouveau-né est un enfant du Christ. Aujourd'hui, les rosicruciens enseignent le concept du bouddhisme, dont l'interprétation erronée est issue des nombreuses traductions successives.

Selon vos Églises, Jésus était le Fils de Dieu, nous sommes conçus dans le péché et naissons dans l'iniquité. Elles se trompent, car, si nous considérions chaque enfant comme le Christ, nous ne subirions pas les conditions de vie qui sont les nôtres actuellement. La vie de Jésus était très prosaïque. Il ne qualifiait pas Ses actes de « miracles », et affirmait qu'ils pouvaient être accomplis par tous. Selon les documents de l'époque, Jésus n'aurait jamais déclaré qu'Il était le Fils de Dieu. Les traductions de la Bible et du Nouveau Testament sont multiples, elles renferment le vrai comme le faux. Il ne pouvait être le Christ, Il n'en était que le représentant auprès des êtres humains. Il ne Lui incombait pas d'amender l'humanité, mais d'incarner l'idéal pour elle. Certains affirment qu'Il est l'unique Fils de Dieu. Il leur suffirait pourtant de marcher dans Ses pas pour Lui ressembler. Jésus émit des vibrations spirituelles, et celui qui pratique la spiritualité aide les autres à prendre conscience de son pouvoir. Si nous vivions hors de la perfection, nos corps exploseraient, ils retourneraient à leur substance originelle.

Q : *Pensez-vous que toute l'humanité pourrait s'unir en une incarnation pour s'élever spirituellement ?*

R : Oui. C'est exactement ce qui se passe en ce moment. Il s'agit de l'héritage légitime de l'Homme. Si cela demeurait impossible, nous n'y aurions jamais pensé.

Q : *Les individus qui se réalisent sont-ils nombreux ?*

R : Oui, des milliers. Il y a cinquante ans, on aurait jugé absurdes de telles idées, mais l'Inde vit cette conception depuis des centaines d'années.

Q : *S'il y avait un Maître dans cette pièce et que l'un d'entre nous soit malade, pourrait-il le guérir ?*

R : Sa présence n'aura aucun effet si le malade ne perçoit pas la perfection, car tous ceux qui la voient sont des Maîtres. Vous ne pouvez tomber malade si vous manifestez le Christ car, dans ce cas, vous êtes un Maître et avez réalisé la perfection. Chacun doit manifester le Divin pour lui-même.

Q : *Je souhaite voir et parler à Jésus en chair et en os.*

R : Qui vous éloigne de Lui sinon vous-même ? Abandonnez cette part de votre corps qui vous sépare de Lui. Acceptez Sa présence. Votre désir n'est sans doute pas suffisamment profond, sinon vous l'auriez déjà réalisé, vous le réaliseriez immédiatement.

Q : *Avez-vous cherché consciemment à entrer en contact avec Jésus ?*

R : Non, pas du tout. Je me suis simplement ouvert à tous les contacts.

[Sans titre 4]

Les personnes informées à ce sujet savent que les vérités exposées dans la Bible sont obscurcies par des contresens et des interpolations. Je ne souhaite pas démolir Ses enseignements, mais en apporter une meilleure compréhension et montrer qu'une plus vaste définition se révèle aujourd'hui indispensable. Nous attendons une véritable lumière.

Vous pouvez tirer au moins quatre histoires différentes de la Bible : deux en la lisant à l'endroit, et deux autres en la lisant à l'envers. En effet, elle fut écrite de manière à mystifier les anciens prêtres chaldéens, qui déformaient les enseignements divins – c'est la raison pour laquelle ces derniers sont devenus si mystérieux.

Peu après une discussion, un homme revint me voir pour me montrer sa propre traduction du *Notre Père*. Il avait repris chaque mot et recherché sa signification dans les langues originelles. Sa traduction montre que la prière de Jésus contenait bien plus qu'une imploration. La voici :

« Ainsi tu fais ton adoration et te tournes vers ton pouvoir intérieur. Mais tu renais par l'exercice de ce pouvoir mental qui t'élève très haut jusqu'à ton pays d'origine. Tu nous offres cette lumière de vie afin que nous puissions nous libérer de cette moisson de discorde, en éliminant celui qui moissonne. Non, tu nous gardes des dangers de la chair. »

Cete traduction est très littérale. De bouche à oreille, le folklore l'a transformée en le *Notre Père* que nous connaissons ; une phrase ici ou là a changé. Aujourd'hui, l'individu doit retrouver le sens originel et sortir de cette mutilation spirituelle.

Nous n'avons nul besoin d'implorer. Tournons-nous avec humilité vers le pouvoir intérieur qui unit nos pensées aux forces créatrices. Ne voyons que lui, notre pouvoir, celui de Dieu. Il nous submergera alors de Sa profusion. Ainsi, en prenant conscience de notre unité avec Dieu, nous cesserons de semer l'ivraie et commencerons à bâtir un futur en harmonie avec Ses lois.

Lorsque l'humanité s'enlise dans ses propres erreurs, il faut la secourir. Nous récoltons ce que nous avons semé. En cessant de nous accrocher à cette situation, nous nous libérons, et cela constitue le seul pardon. En pardonnant, nous sommes pardonnés. Dieu n'exauce rien. L'Homme doit obéir à Sa loi.

Nous parlons sans cesse du péché, comme s'il était le propre de l'Homme. On prétend souvent que l'enfant est conçu dans le péché et naît dans l'iniquité ; rien n'est plus mensonger. Jésus aimait à répéter : « Je vois le Christ dans tout visage et dans toute forme. Quand le premier enfant est né, le Christ est né. »

Si nous laissions l'enfant tranquille, nous ne lui causerions aucun tort. Le pouvoir qui l'entoure lui suffirait amplement. Considérons simplement que le Christ habite cet enfant. Dès lors, il nous offre la lumière spirituelle. La science a démontré l'importance de l'organisation des atomes dans le corps : si un seul d'entre eux quitte la place qui lui est assignée, le corps cesse d'exister. Jésus n'avait d'autre pensée que le Christ. Il révélait à l'humanité d'une manière simple et directe ce qu'elle devait et était en mesure de se représenter.

Jésus démontra l'existence du Christ, et en donna la définition. La forme humaine permet à Dieu, c'est-à-dire au Principe, de circuler dans l'univers. Cela requiert de l'énergie, créée dans notre corps jusqu'à en avoir pleinement conscience.

Certains individus pensent que la réincarnation est une nécessité, car nous ne pouvons tout accomplir en une vie. Ils se trompent. Le corps humain ne connaît pas de limites, il vous permet d'accomplir tout ce que vous désirez. Vous irez très loin dans la discorde, si tel est votre souhait, mais il suffit de vous en détourner pour en sortir, « en un clin d'œil » selon les paroles de Jésus. Il n'y a donc pas lieu de renaître ; Jésus ne parlait que de ce qu'Il connaissait.

Lorsque l'on évoque la trente-sixième réapparition du Christ, il ne s'agit nullement d'une réincarnation. Jésus expliquait qu'il Lui avait été donné de voir la lumière. Il a, de ce fait, le privilège de pouvoir opérer dans toute sphère et dans bien des dimensions imperceptibles pour l'œil humain. Des milliers de personnes L'ont suivi et ont ainsi été témoins d'expériences similaires de vie dans une dimension vibratoire spirituelle.

Jésus n'a jamais prétendu qu'Il était le seul à représenter le Christ. Mais c'est probablement le même homme qui est apparu à trente-six reprises, pendant des périodes de grand désarroi et d'incompréhension. D'autres hommes ont agi comme Lui. Dans le cas contraire, l'humanité aurait sans doute perdu depuis longtemps tout contact avec la spiritualité.

Toute forme de vie répond à une certaine influence ou fréquence vibratoire. Nous vivons dans la dimension que notre pensée appréhende. Ainsi, nous ne pouvons progresser que si nos pensées progressent aussi. Si nos réalisations sont à la mesure de nos idéaux, imaginons un idéal de plus en plus élevé, notre accomplissement grandira avec lui. Décidons-nous à le mettre en pratique sans tergiverser. Si notre idéal n'est pas immédiatement perceptible, nous nous en détournons : cette attitude l'empêche précisément de se réaliser. Nous bâtissons une montagne de doutes, et cette montagne est infranchissable, seule l'action de notre pensée peut l'anéantir.

Nous devons faire une réalité de l'empire qui nous a été offert. Inutile d'implorer. Tenez-vous à cet objectif et intégrez-le à votre conscience.

QUESTIONS ET RÉPONSES

Q : *Peut-on modifier mentalement les vibrations ?*

R : Oui, nous pouvons toutes les contrôler. La pensée provoque le changement.

Q : *Avons-nous conscience de l'élévation des vibrations de notre corps ?*

R : Nous sommes conscients de cette possibilité. Je peux vous l'expliquer différemment. Si vous prononcez une fois le mot Dieu, les vibrations de votre corps s'élèvent et ne pourront plus jamais redescendre à une fréquence inférieure. Je suis ingénieur, pas professeur, et j'ai mené cette recherche rigoureusement pour déterminer si les pensées et les paroles produisaient un effet quelconque. Dans le cas contraire, je cesserai de m'y intéresser. Mais je pense qu'elles ont réellement une influence.

Q : *Chander Sen a-t-il ressuscité ?*

R : À l'évidence, il était mort. L'un de nous a posé sa main sur lui et déclaré qu'il ne respirait plus. Emil est apparu et l'a confirmé. On nous a demandé de rester pour l'aider à reprendre son corps. Jésus et deux autres personnes sont apparus, nous avons fait cercle autour de son lit de mort. Son corps a soudain disparu et, quelques jours plus tard, Chander Sen a réapparu sous les traits d'un homme d'environ quarante ans. J'ai relaté cet épisode dans l'un de mes livres.

Q : *Je devine que le peuple ancien dont vous parlez menait une vie spirituelle.*

R : Tout à fait. Leur conception de l'identité de l'Homme était hautement spirituelle. D'après eux, ainsi que pour les Maîtres d'aujourd'hui, l'Homme peut accomplir tout ce qu'il souhaite.

Q : *Où doit-on chercher la bonne réponse ? Provient-elle d'autrui ?*

R : « Voici Dieu ! » Ces deux mots valent tous les sermons. Une fois qu'on l'a saisi, on ne peut plus se tromper. L'Homme doit sortir de l'ornière. Le Maître ne peut qu'indiquer le chemin. Lorsque vous accomplissez les enseignements du Christ, vous comprenez qu'Il est vôtre. Si vous ne Le cherchez pas, vous resterez toujours à l'écart ; si vous L'intégrez, Il entrera en vous.

Q : *Alors nous qui venons du mouvement théosophique, nous nous sommes trompés de voie ?*

R : Pas nécessairement. Ce mouvement vous a peut-être conduits à vous réaliser.

Q : *Ces enseignements existaient-ils avant les juifs ?*

R : Non. C'est précisément d'eux qu'ils nous viennent.

Q : *L'Avatar est proche du Principe, mais est-ce bien cela l'essence de son message ?*

R : Oui. Le chemin qu'il désigne, ou la vie qu'il mène, devient la voie de tous.

[Sans titre 5]

La science est sur le point de dévoiler la véritable histoire de l'évolution de la terre. Nous avons appris l'histoire de Lemuria, le continent qui a sombré dans le Pacifique, ainsi que celle de l'Atlantide. Je ne prétends pas que nous ayons localisé cette dernière avec précision. Il semblerait qu'une bande de terre faisait jadis le tour complet du globe terrestre. Les hommes parlaient une langue unique (nombre de mots des idiomes actuels proviennent de cette langue ancienne). Ce continent portait le nom de Mu et sa population celui de Pan. Atlantide désigne ce peuple universel – nous pourrions presque dire cette famille –, parlant cette langue universelle.

Juste avant la disparition de l'Atlantide, certains individus furent conduits dans des refuges, et ces survivants fondèrent la nouvelle race.

Ces hommes vivaient dans la dimension spirituelle et ignoraient la dimension matérielle. C'est pourquoi ils accomplirent tant de choses. À leurs yeux, tout était spirituel, y compris la science. Leur compréhension était totale. Les premiers témoignages sanskrits nous permettent de découvrir leur existence et leurs réalisations. Ils vivaient et pensaient avec précision.

Nous commençons tout juste à comprendre l'histoire de ce peuple. Tout comme nous vivons avec la lumière électrique, les avions et la radio, ces individus communiquaient d'un point à un autre. À partir de la ville, dans le désert de Gobi, où notre Fondation est installée, ils échangeaient des messages avec une cité dont les ruines se trouvent à dix-huit kilomètres de Knoxville, Tennessee.

L'art et la technologie de cette civilisation dépassaient toutes nos connaissances actuelles. Elle s'était établie en plusieurs points du globe : dans une région côtière de la Colombie-Britannique, dans le Mesa Verde, et au Mexique, à une centaine de kilomètres de notre frontière (nous en avons exploré les ruines). Selon moi, la ville de Mexico tirait son eau du grand lac à la source du Colorado. Les gorges de cette rivière sont âgées de cent mille ans et ces hommes y construisirent des aqueducs au pavage extraordinaire. Les fouilles ont duré très longtemps en raison de la taille colossale des ruines.

Avec l'aide des Maîtres, j'ai pu traduire des documents très anciens, relatifs au savoir de notre monde matériel. Mes propres limites m'ont cependant empêché de les authentifier suffisamment pour qu'ils soient universellement acceptés. Mais mon but reste de les publier intégralement, afin que chacun puisse en prendre connaissance.

J'ai récemment rencontré un groupe de personnes qui s'intéressent aux sujets sur lesquels je travaille depuis plus de quarante ans. Leurs méthodes d'approche et leurs formules sont identiques aux miennes. Ce genre de convergence n'est pas le fruit du hasard. La conscience spirituelle deviendra un mouvement mondial. Lorsque les hommes voient la lumière, les chemins qu'ils empruntent finissent toujours par se rejoindre.

QUESTIONS ET RÉPONSES

Q : *Que font les Maîtres ?*

R : Ils aident l'humanité, et c'est ici que réside toute leur mission. Je les ai vus nourrir des milliers de personnes sans la moindre source d'approvisionnement visible : ils offrent simplement ce qui fait défaut.

Q : *Quand reproduirez-vous des photographies des Maîtres dans vos livres ?*

R : J'espère vous rapporter de mon prochain voyage un enregistrement de la voix d'Emil, ainsi qu'un film sur lui.

Q : *Devons-nous nous inspirer des Maîtres ?*

R : Cherchez plutôt à vous unir à eux. Les pensées sont plus fortes que les mots. Nous ouvrons la porte aux pensées négatives et, par la suite, nous ne sommes pas assez forts pour les évacuer. L'Homme le plus occupé du monde peut tout de même manifester le Christ. Si nous vénérons la perfection, nous l'atteindrons.

Q : *Comment parvient-on à l'éveil ?*

R : Par l'éveil individuel. Ce qui est vrai au niveau de l'individu l'est aussi à celui du groupe, de la nation et de l'humanité tout entière.

Q : *Voulez-vous nous raconter comment votre famille a rencontré Emil ?*

R : Mon arrière-grand-père rencontra Emil peu après son premier voyage en Inde, et devint très intime avec lui à la suite d'un incident. Les membres de son expédition cheminaient sur une grand-route tout à fait ordinaire, lorsqu'un cavalier surgit et leur suggéra de changer d'itinéraire. Mon arrière-grand-père trouva cette idée étrange, mais ne posa pas de questions et suivit la suggestion de cet homme, qui les accompagna. Le lendemain matin, il leur fit ses adieux. Quelques jours plus tard, ils apprirent qu'un groupe de bandits avait préparé une embuscade sur le chemin qu'ils devaient emprunter, embuscade à laquelle ils n'auraient sans doute pu échapper. Après cet incident, mon arrière-grand-père resta en contact avec l'homme qui l'avait sauvé, et ma famille poursuit cette relation depuis maintenant plus de trois cents ans. Emil a plus de cinq cents ans, selon certains témoignages. Si un être vit depuis cinq cents ans, pourquoi ne vivrait-il pas jusqu'à cinq mille ? Emil a l'apparence d'un homme de quarante ans.

Q : *Pourquoi Emil n'est-il pas monté au ciel ? Il le pourrait, n'est-ce pas ?*

R : Oui, comme tout un chacun. Mais pourquoi priverait-il l'humanité des immenses services qu'il peut lui rendre ? Les Maîtres se consacrent entièrement aux autres, ils ne font donc rien pour perturber la Vie.

Q : *Si je comprends bien, les Maîtres sont en mesure de monter au ciel comme Jésus ?*

R : Le corps de Jésus a été transformé avant d'être cloué sur la croix. Il savait qu'on ne pouvait Lui faire de mal, qu'on détruirait ce corps, mais qu'Il le rassemblerait ensuite. Il voulait montrer au peuple qu'il n'y a rien de miraculeux, qu'il s'agit d'un état tout à fait naturel. Vous pourriez vous transférer dans le lieu de votre choix simplement en y projetant votre vision. Bien entendu, vous avez besoin de mettre un nom sur cette action, même si elle peut être considérée de multiples manières.

Q : *Selon vous, Jésus a-t-Il terminé son œuvre ?*

R : Non seulement Il l'a terminée, mais Il est là aujourd'hui, dans le corps même qui a subi la crucifixion. Ces données n'ont pas été contredites depuis vingt ans.

Q : *Comment expliquez-vous Sa phrase : « Mon Dieu, mon Dieu, pourquoi m'as-tu abandonné ? »*

R : Il s'agit d'un contresens grossier. Ses véritables paroles furent : « Mon Dieu, mon Dieu, Tu ne m'as jamais abandonné, comme Tu n'as jamais abandonné aucun de Tes enfants, car Tes enfants peuvent venir à Toi comme moi je suis venu. Ils peuvent voir ma vie comme j'ai vécu ma vie. Ainsi,

en vivant cette vie, ils intègrent le Christ et s'unissent à Toi, Dieu mon Père. »
Beaucoup de mots restaient incompréhensibles aux yeux des traducteurs, ils n'ont pu que tenter d'en deviner le sens. Voilà pourquoi les versions dont nous disposons sont truffées d'erreurs. La vraie Bible pourrait être publiée aujourd'hui, mais elle risquerait de perturber les idées établies. Elle paraîtra le jour où les hommes seront prêts à l'accepter.

Q : *Parlez-nous de la séparation des planètes. Est-ce ainsi que vous expliquez la distribution de la vie sur d'autres planètes ?*

R : Dans des conditions favorables, la vie pourrait apparaître sur n'importe quelle planète. Chacune d'entre elles naît du Soleil et attend que la vie humaine s'y développe. L'existence humaine est exactement semblable à une planète, elle est capable d'exprimer toute vie. L'Homme s'est avili par les pensées qu'il a formées, c'est pourquoi il est aujourd'hui esclave au lieu d'être Maître. En vérité, tout est accompli. L'être humain n'a d'autre choix que de l'accepter.

[Sans titre 6]

La science et la Vie vont de pair. Les scientifiques ont commis de nombreuses erreurs car ils ne reconnaissaient pas l'existence du Principe. Les savants cesseront de s'épuiser en spéculations stériles lorsqu'ils établiront la corrélation entre les phénomènes qu'ils étudient et le Principe. Les découvertes scientifiques sont aujourd'hui si proches de la vérité qu'elles ne la contredisent plus véritablement. Le jour viendra où elle apparaîtra aux yeux de tous.

La photographie joue un grand rôle dans la démonstration de ces vérités. Je vais vous parler de quelques progrès dont j'ai été témoin lors de mon récent voyage en Inde.

Aux États-Unis, de nombreux individus vivent depuis trois ou quatre mille ans. Vous êtes sans doute sceptique et doutez du sérieux de mes propos. Pourtant, les faits sont là, même si l'Occident refuse de les admettre. Vous n'êtes pas forcé de me croire sur parole. J'essaie simplement de partager avec vous ce qu'ils m'ont appris, de vous expliquer comment ces hommes vivent et comment ils atteignent leurs objectifs.

On me demande souvent : À quoi cela sert-il de vivre plusieurs centaines d'années ? Si vous pouviez vivre un millier d'années tout en conservant votre jeunesse, ne croyez-vous pas que vous disposeriez d'une masse d'informations extraordinaire ? Ne seriez-vous pas d'un grand secours pour l'humanité ?

À moins d'avoir eu un destin hors du commun, votre vie est vite oubliée après votre « mort ». Cet oubli constitue une vraie perte pour l'humanité. Votre influence est en sommeil et personne n'en bénéficie. Pourtant, même mort, vous continuez à participer à l'évolution de l'humanité, à la réalisation de sa plénitude, au même titre que les vivants.

Nous devons amener notre civilisation à un niveau de développement spirituel tel qu'elle ne courra plus le risque de retomber dans les ténèbres, et repousser toutes les limites. Les expériences dont j'ai eu la chance d'être témoin m'ont prouvé la progression de l'humanité. Elle entrera bientôt dans le septième âge de son histoire.

L'Institut Bose a réussi à photographier la division de la cellule mère, ainsi que le fonctionnement des cellules dans les tissus. Des milliards de cellules se forment à chaque seconde et notre pensée s'implante en chacune d'elles.

La cellule mère, jadis appelée la « cellule du Christ », est parfaite. Elle garde toujours sa jeunesse originelle, ne vieillit jamais, c'est la première étincelle de vie. Les cellules nées de la cellule mère sont à son image, à l'image de Dieu, parfaite en tout point. Mais elles prennent la forme que nous portons dans notre esprit. Si nous pensons que le vieillissement est inéluctable, notre corps vieillira.

Qu'adviendrait-il de ces cellules si nous avions toujours à l'esprit l'image de la perfection ? Elles resteraient parfaites. Quand nous atteignons la perfection, notre énergie augmente. Le Dr Bose[1] affirme que nos capacités physiques s'améliorent de deux cents pour cent lorsque nous canalisons notre énergie vers la per-

1. M. Jagadis Chandra Bose, de l'Institut de recherche Bose, à Calcutta.

fection. Alors, préférez-vous rester tel que vous êtes ? Nous avons tant à découvrir pour peu que nous changions le cours de nos pensées.

Jésus a mené la vie la plus scientifique que nous connaissions. Il a consacré Son existence à montrer aux hommes qu'ils pouvaient suivre Son exemple. Mais nous n'avons pas pris le temps de comprendre Ses enseignements. Nous recherchons toujours le spectaculaire. Nous restons bouche bée devant les fakirs et autres cracheurs de feu, mais l'apport bénéfique de telles démonstrations reste nul. Si un acte ne possède pas de fondement scientifique, s'il n'est pas reproductible dans le quotidien, il n'a aucune valeur pour les individus. Le bien le plus précieux de l'humanité, c'est la simple vérité.

Quel remarquable privilège que de savoir utiliser la pensée ! J'entends encore le Dr Bose s'exclamer : « Quelle période extraordinaire nous sommes en train de vivre ! Nous arrivons enfin à la simplicité ! Et quel privilège de voir l'humanité sortir de la pauvreté et de la détresse ! Les hommes repoussent leurs limites grâce au pouvoir de la pensée. »

Le Dr Bose a montré que nous contrôlons la moindre particule du règne végétal, car, selon lui, c'est la pensée de l'Homme qui l'a créée. La beauté et la diversité de la nature sont la création du Principe divin qui circule en l'Homme.

Si les êtres humains n'existaient pas, cette terre serait entièrement vide. Pas un animal, pas une plante ne la peuplerait. Si la peur n'habitait pas le cœur des individus, il n'y aurait ni animal carnivore ni prédateur. L'animal le plus féroce ne nous fera aucun mal si nous ne le craignons pas, il passera à côté de nous comme à côté d'un arbre. Si vous aimez un animal, il sera toujours votre ami et votre protecteur.

J'ai connu un sorcier qui réalisait des guérisons instantanées, silencieuses. J'ai vu douze personnes se rendre dans sa tente. Chacun en ressortit moins d'une minute plus tard, ayant recouvré la santé. J'ai assisté au même phénomène en Inde. Je peux confirmer l'existence de guérisons instantanées aux États-Unis.

Nous laissons notre pensée se disperser, ce qui nous cause de graves problèmes. Les Indiens ont une méthode d'enseignement très efficace. Ils placent l'enfant devant une toile sur laquelle est dessiné un point noir. On lui demande de fixer ce point et, lorsqu'il est bien concentré, on lui présente un problème. Jésus a enseigné ce principe : la concentration totale sur Dieu. Quand un Indien aperçoit une pyramide, il la regarde de la base au sommet. En Occident, nous la regardons du sommet à la base, et laissons notre vision se disperser. Essayez simplement de fixer un certain point pendant plusieurs minutes. Laissez vos yeux aller de droite et de gauche, puis revenez sur le point de départ. Cet exercice permet de tonifier le nerf optique. De la même manière, centrez votre pensée sur un point du corps, cela lui procure de l'énergie et l'aide à se guérir d'un état d'imperfection.

QUESTIONS ET RÉPONSES

Q : *Les Maîtres se réincarnent-ils ?*

R : Vous ne les entendrez guère parler de la réincarnation. Ils n'en voient pas l'utilité. Seule la pensée monte au ciel. Si nous visualisons l'endroit où nous aimerions nous trouver et que nous demeurions ici, c'est parce que nos pensées nous retiennent. Il nous suffit de visualiser une situation meilleure pour l'obtenir. J'ai connu des Maîtres qui se manifestaient dans trois corps différents. J'ai également vu un corps resté inactif pendant six ans se remettre à fonctionner comme si de rien n'était.

Q : *Vous dites avoir rencontré Jésus en Inde. J'ai pris conscience du Christ en moi, et j'aimerais entrer en relation avec Lui.*

R : Vous en faites une idole. Vous n'avez nul besoin de rencontrer Jésus en personne pour incarner le Christ.

Q : *Que pensez-vous de la mort ?*

R : Tous ceux qui sont morts ont choisi de mourir. Certains prétendent que nous devons mourir, mais Dieu ne nous a jamais dit cela.

Q : *Parlez-nous de la réincarnation.*

R : Elle constitue un remède contre l'erreur de la mort, une lumière sur son chemin aveugle. Les Maîtres n'en voient pas l'utilité. Ils accomplissent tout ici, dans cette vie. La mort n'existe pas, c'est une erreur. J'ai pris des photographies qui le prouvent. La vie ne cesse jamais. Par conséquent, la mort ne peut exister. Elle provient d'un choix individuel. Ma photographie montre qu'à l'instant où l'élément de (la) vie quitte le corps il commence à assembler de la substance et à construire un nouveau réceptacle. Il doit posséder une intelligence. L'âme n'est que le véhicule de l'Esprit. Tout est Esprit, éternellement. L'Esprit est en nous et nous sommes dans l'Esprit. Nous ne pouvons nous en distinguer car, ce faisant, nous nous divisons. Si nous ne nous divisons pas, nous restons toujours unis avec Lui ; c'est ce qu'on appelle être un. Le corps se débarrasse des cellules mortes. En ce sens, nous mourons et ressuscitons à chaque instant. Le corps humain ne peut être âgé de plus de sept ans, car c'est la durée qu'il faut aux cellules pour se renouveler. Seule l'idée de vieillissement que nous imposons au corps lui donne l'apparence d'être plus âgé. Notre accomplissement nous fait progresser, nous n'avons nul besoin de modifier notre apparence comme nous le faisons. Laissons notre corps en paix. Cessons de nous focaliser sur notre entourage. En cherchant à atteindre un idéal, à améliorer notre condition actuelle, nous permettrons à notre corps de se renouveler, d'améliorer ses capacités. Celui-ci est électrique, c'est-à-dire spirituel. Tout est spirituel. Si vous voulez vivre en accord avec lui, il vous faut accepter sa définition. Vous pouvez le définir comme Dieu, si vous le souhaitez. Cela revient au même. Seule notre conception du corps nous fait croire qu'il est purement matériel. En réalité, sa nature est spirituelle.

Q : *Je crois être le Christ, mais j'ai toujours pensé que Jésus était l'élu.*

R : Jésus a dit que, s'Il avait prétendu être le seul Christ, Il ne serait pas devenu le Christ.
Le mot *Dieu* possède un fabuleux pouvoir. Le prononcer, ne serait-ce qu'une fois, modifiera à tout jamais les vibrations de votre corps. La lumière et la Vie ne font qu'un. Vous devez leur donner un seul nom. Lorsque vous pensez à la spiritualité, vos vibrations s'accélèrent. D'ici à dix-huit mois, je pense être en mesure de vous présenter une formule mathématique de la perfection physique, valable pour tous les corps humains. Nous sommes en train de l'élaborer ici même aux États-Unis, et personne ne pourra la taire quand nous l'aurons découverte.

Q : *Un individu peut-il accélérer ses vibrations au point d'emmener son corps physique avec lui dans la dimension spirituelle ?*

R : Oui. Des centaines, voire des milliers d'individus y parviennent. On découvrira bientôt qu'ils arrivent à vaincre la loi de la gravité.

Le pouvoir de la pensée

J'ai souvent rencontré aux États-Unis des groupes de chercheurs qui poursuivent le même type de travail expérimental et s'intéressent plus particulièrement à ce que la pensée peut produire.

L'un de ces groupes a récemment prouvé la possibilité de modifier la forme d'une barre d'acier par la seule action de la pensée. Cela montre les progrès accomplis, et le contrôle dont nous sommes capables. Si nous pouvons agir par la pensée sur une barre d'acier, imaginez notre pouvoir sur notre corps, nos actions et nos mouvements !

De plus, ces chercheurs ont presque réussi à démontrer que les pensées voyagent mille fois plus vite que la lumière. Cette hypothèse est stupéfiante. Imaginez la force de la pensée si nous en maîtrisions l'action !

Ces résultats, que le hasard m'a permis de connaître, ont été découverts par des groupes de recherche indépendants. Nous sommes aujourd'hui à la veille d'un changement capital, tous les états du genre humain sont contrôlés par l'action de la pensée. Où cela nous mène-t-il ? Jésus n'a-t-Il pas déclaré que « Toute pensée doit être justifiée » ? Comprenez-vous à quel point Sa vie fut scientifique ? Saisissez-vous enfin Son message ?

Grâce à l'action de la pensée, l'Homme maîtrisera tous les états de conscience, toutes les situations. Il deviendra le seigneur de l'univers en réalisant le Principe divin. La Bible nous l'a enseigné. Jésus l'a annoncé. Pourtant, nous sommes restés dans le noir. Aujourd'hui, la science nous l'affirme, les scientifiques nous préparent des révélations qui dépassent nos espérances. Nos interrogations vont bientôt trouver une réponse.

Jusqu'à présent, le doute a dominé notre vie. Nos prêtres sont incapables de nous prouver l'existence de Dieu, ils nous conseillent de nous en remettre à la foi. Désormais, nous ne voulons plus de la foi aveugle, nous désirons qu'elle nous apporte la connaissance. Jésus a dit : « Faites que la foi soit connaissance. » Nous avons enfin réussi à Le comprendre, cessé de nous perdre en conjectures théoriques, pour mieux nous intéresser à la réalité.

La pensée contrôle l'action du corps et, par là, tous les atomes et les cellules qui le composent. Cela me conduit à la conclusion suivante : nous réussissons tout ce que nous entreprenons. L'échec peut être transformé en réussite, pour peu que nous nous en donnions les moyens. Il suffit de transformer notre manière de penser et, selon l'expression de Jésus, d'y laisser entrer la Vérité, pour atteindre la perfection. Il ne s'agit pas de créer la perfection, elle existe déjà, comme la science l'a confirmé, mais de l'atteindre, de s'unir à elle par l'action de notre pensée, par notre adhésion au Principe. Pourquoi hésiter ? Notre réussite est certaine.

Nous dépensons 96,4 % de notre énergie en pensées négatives, voyez ce qui reste pour la perfection ! Ces données sont le fruit de longues recherches scientifiques. L'agitation, le désordre n'ont rien de naturel, ils résultent de notre division psychique, de notre état hypnotique. Nous pouvons rétablir l'unité de notre esprit et de notre corps, instantanément. Des photographies le prouvent.

Pour Jésus, la pensée positive est « Je Suis », et non « Je Veux ». Cette affirmation est valable dans toutes les situations. Il savait que la vérité, la pensée positive, vous libère de l'imperfection. À l'individu de décider s'il veut retourner ou non dans l'imperfection. Jésus a déclaré : « Je vais toujours de l'avant. » A-t-Il jamais regardé en arrière ? Était-ce un sacrilège de proclamer : « Je suis Dieu » ? Il s'appuyait sur des faits scientifiques. Il connaissait la condition éternelle, la perfection, et vivait selon Sa loi.

Des êtres humains vécurent bien avant nous dans la perfection. Mais vint un jour où ils se mirent à oublier l'unité, et la dualité commença alors à se nourrir de leur corps. Cette énergie négative s'insinua rapidement dans leur esprit, produisant ainsi leur division psychique.

Nous pouvons impulser avec force le retour de notre pensée à sa perfection, et recouvrer ainsi notre contrôle. Ce processus n'aura rien de spectaculaire. Jésus ne s'est jamais livré à des démonstrations sensationnelles. Il agissait paisiblement, avec précision, pour atteindre son objectif. Mais revenons à l'étude scientifique de la pensée. La photographie m'a permis de mieux saisir son fonctionnement.

Je possède un appareil photo qui peut prendre trois clichés simultanément. Je fais asseoir trois personnes devant l'appareil : la première a une pensée positive, qui ne se disperse pas ; la deuxième, une attitude plus ou moins neutre (elle laisse le positif et le négatif circuler dans sa pensée) ; la troisième, une pensée négative, et elle est soumise à l'influence hypnotique. Que se passe-t-il ? En moins d'une minute, le corps de la première personne se met à irradier de la lumière qui s'imprime sur la pellicule. Une aura ténue entoure la deuxième. Quant à la troisième, rien ne se produit. Sur le tirage final, la première personne apparaît dans un torrent de lumière.

J'ai découvert que le corps de cette personne, dont la pensée est positive, représente le véritable corps. Ce corps est le Corps de Lumière, et il rayonne continuellement. Il est parfait. Rien ne peut l'atteindre.

Très récemment, j'ai vu, lors d'une expérience, une personne recevoir une décharge électrique de trois mille volts. Son corps vibrait si rapidement que le courant électrique y circulait sans lui faire aucun mal. Ce résultat n'avait rien de spectaculaire ; menée scientifiquement, l'expérience a prouvé que le corps est indestructible si l'on adopte cette pensée d'indestructibilité et que l'on entraîne son corps à la produire.

Ce processus peut vous paraître complexe, mais accordez-vous un temps de réflexion et vous vous apercevrez de sa simplicité. Prenons l'exemple de la crucifixion. Jésus a permis qu'on la Lui fasse subir, car Il savait qu'Il pouvait rendre Son corps indestructible par Sa propre pensée. Cette épreuve Lui a permis de tester la force de celle-ci. Ainsi Il a pu affirmer : « J'accomplis la volonté de mon Père. » Il agissait selon le Principe, le Père et Lui ne faisaient qu'un. C'est alors qu'Il a pu déclarer : « Je suis Dieu. »

Mais quel était Son but ? Il voulait tout simplement révéler ce principe à l'humanité, afin qu'elle aussi l'utilise. Il savait que les êtres humains avaient déjà atteint le seuil de la spiritualité, grâce à la compréhension de ce principe. Il souhaitait leur montrer ce qu'ils pouvaient accomplir en pratique. Quelles que soient les blessures infligées à son corps, Il parviendrait toujours à S'en sortir, même si on Le précipitait dans la tombe. Ses vibrations étaient si fortes qu'Il aurait fait exploser le tombeau de pierre avant que Son corps soit détruit. J'ai assisté à des tests de laboratoire dans lesquels on a provoqué le même phénomène. L'Homme est indestructible, il contrôle toutes les situations et gouverne l'univers sans limites.

Cessez de croire en vos limites ! On nous a dit : « Ouvrez les yeux et vous verrez. » Nous avons demandé ce que nous verrions, on nous a répondu : « Dieu. » La plupart d'entre vous ont entendu parler du livre du

Dr Carrel, *L'Homme, cet inconnu*, dans lequel il raconte avoir assisté à la guérison de maladies jugées incurables par le corps médical. Plus récemment, il a relaté comment on a appris à des malades à prier, sans implorer Dieu, comme on le faisait autrefois, mais, au contraire, en affirmant leur contrôle sur leur condition. Il assure que cent pour cent de ces personnes ont réussi à guérir.

Le Dr Carrel est probablement le meilleur spécialiste du corps humain. N'est-il pas merveilleux d'entendre un tel homme proférer de telles vérités ? Nos doutes commencent à s'évanouir, nous comprenons que les phénomènes surnaturels, les performances surhumaines n'existent pas, car l'Homme, par nature, contrôle tout. En étudiant mieux les enseignements de Jésus, nous pouvons les éclairer de leur propre lumière. Il nous faut simplifier notre pensée, et non plus nous disperser. Élevons chaque pensée jusqu'à la rendre spirituelle, alors elle s'accomplira. Une seule pensée nous suffit pour nous réaliser.

Dans toutes les langues, l'orthographe du mot *Dieu* est certes différente, mais les lettres qui le composent ont une vibration rigoureusement identique. L'idée que Dieu est un être supérieur, qui réside dans les cieux, et que nous ne rencontrerons qu'après notre mort, est très récente. Nous commençons à abandonner cette conception pour rechercher la connaissance qui nous apportera l'unité du corps et de l'esprit.

Je vous ai déjà indiqué que, lorsque vous prononcez le mot *Dieu* avec éloquence, révérence et sincérité, les vibrations de votre corps s'intensifient. Vous possédez alors assez d'énergie pour faire fonctionner une ampoule de vingt watts. L'énergie se crée dans le corps avant de se répandre à l'extérieur. Vous pouvez avoir la même influence sur une foule. Quand Il parlait, Jésus savait que Son corps possédait cette faculté. Beaucoup L'ont vu, debout, dans un torrent de lumière. Peut-on croire, ne serait-ce qu'un instant, qu'Il ne savait pas ce qu'Il faisait ? Il révélait à l'humanité une faculté qu'elle possède, mais qu'elle ignore aussi. Il nous a fallu bien des années pour le comprendre. Aujourd'hui, nous en sommes conscients, et voulons apprendre à exploiter nos facultés. L'état hypnotique dans lequel nous vivons ne nous a jamais causé que des ennuis, c'est pourquoi nous désirons ardemment en sortir. Exploiter pleinement nos facultés nous demande moins d'énergie et nous procure plus de joie.

On peut observer la formation des cellules sur des photographies. Au moment où la cellule mère se divise, la nouvelle cellule qui se forme est à son image : parfaite. Mais dès que cette cellule existe, qu'elle forme une unité, elle reçoit l'onde de l'idée d'imperfection ancrée dans notre esprit. Que se passe-t-il alors ? On voit les vibrations de la cellule diminuer, puis s'éteindre. Notre pensée a tué cette cellule si parfaite en moins d'une seconde. Ses vibrations ont diminué jusqu'à lui faire perdre tout dynamisme. Telle est la source de toute maladie.

Cependant, notre corps se renouvelle dès qu'une pensée positive pénètre en nous. Celle-ci provoque le retour de l'énergie de vie. La mort, telle que nous la connaissons, n'est pas un acte – plusieurs groupes de recherche sont parvenus à cette conclusion. Notre action sur son principe dépend de la somme d'énergie que nous avons dépensée dans d'autres situations.

Jésus n'a jamais fait allusion au diable. Satan est une création de l'Homme. Il ne tient son pouvoir que de l'individu qui croit en lui, ce qui n'altère d'ailleurs en rien le Principe. Le diable n'existe pas, la mort non plus, et la damnation encore moins. Jésus n'en a jamais parlé, parce que cela ne Lui était même pas venu à l'esprit. Ces notions évoquées dans la Bible appartiennent au domaine du folklore. Jésus n'a jamais prononcé une parole négative ni fait référence à une situation négative. Il n'a jamais reconnu d'autre pouvoir que celui de Dieu, en expliquant bien aux hommes que ce pouvoir spirituel était le leur. Nous sommes maintenant en mesure d'expliquer ces notions. Ceux d'entre nous qui les ont comprises sont plus ou moins considérés comme des visionnaires. Par moments, nous sortons de l'état hypnotique dans lequel nous sommes habituellement plongés, la réalité nous parvient alors comme un flash, et nous l'acceptons sans hésiter. Chaque expérience de ce type nous rend plus aptes à accepter la réalité. Ainsi nous accomplissons « les volontés de notre Père ».

Quand Jésus a multiplié les pains et les poissons et que la foule voulait Le couronner, quelle a été Sa réaction ? Il S'est retiré, tout simplement. Il leur avait montré la voie ; à eux à présent de faire le pas suivant. Il nous a fallu deux mille ans pour comprendre ceci. Les scientifiques pensent aujourd'hui que le Principe est plus ancien que le monde, qu'en fait il a toujours existé. « Avant qu'Abraham fût, Je Suis. »

Cela éclaire le sujet d'une façon nouvelle. Au cours du temps, nous avons perdu le sens de notre identité, mais notre compréhension du Principe n'a rien d'une nouveauté, au contraire, nous la possédions dès l'origine. Comme Jésus, nous devons agir seuls, en ne comptant que sur nous-mêmes.

QUESTIONS ET RÉPONSES

Q : *Existe-t-il un leader politique qui comprenne ces vérités ?*

R : Je l'ignore. Mais notre politique devra s'en imprégner tôt ou tard. Quand nos hommes politiques nous conduisent à l'échec, il est de notre devoir de les écarter. Selon Jésus, tout homme est roi. Si nous adoptons ce point de vue, la classe politique devra s'incliner. Nous ne sommes pas des moutons de Panurge forcés de toujours suivre.

Q : *Voulez-vous nous expliquer le sens de la bataille d'Armaggedon ?*

R : Nous y sommes engagés tous les jours. Si nous nous détachons du matérialisme, les conflits cesseront d'eux-mêmes.

Q : *Quel sera le destin des nations qui rejettent la religion ?*

R : Elles ont rejeté le christianisme parce qu'il était pétri de matérialisme. Elles finiront par réaliser qu'elles ne peuvent survivre sans spiritualité. C'est le fondement même de toute nation. On peut lire dans la Bible que *Dieu est un esprit*. Enlevez le « un » de cette phrase et vous obtenez : Dieu *est* Esprit.

Q : *La troisième partie de* La Vie des Maîtres *contient-elle les mêmes enseignements que les deux premières ?*

R : Elle les approfondit. Elle représente la conclusion de mes expériences.

Q : *La Seconde Venue du Christ signifie-t-elle le retour de la conscience du Christ ou la réapparition charnelle de Jésus ?*

R : Il est présent sur la terre comme Il l'a toujours été. Quand l'Homme accepte le Christ, cette vérité devient frappante à ses yeux. Nous serons de plus en plus nombreux à voir Jésus en chair et en os.

Q : *Pourquoi disposons-nous de si peu d'informations sur les Maîtres qui se trouvent parmi nous ?*

R : Parce qu'ils demeurent dans l'ombre. Un Maître n'a nul besoin de publicité. Il fait partie du peuple, comme tout le monde. Si vous entendez quelqu'un affirmer haut et fort qu'il est un Maître, il y a peu de chances qu'il dise vrai.

Q : *Quand les guerres de religion cesseront-elles enfin ?*

R : Il est impossible de le déterminer, car cela dépend de notre volonté. L'humanité est tiraillée, et cela ne peut produire qu'une catastrophe. Un corps n'existe que si les parties qui le composent s'assemblent harmonieusement. Quand les peuples seront prêts à accepter la spiritualité, l'humanité sera enfin unie.

Q : *Pourquoi les Églises n'envoient-elles pas leurs fidèles étudier ces questions au lieu de leur enseigner à avoir peur de l'enfer et de la damnation ?*

R : Elles ont perçu le changement en cours et s'efforcent d'y participer. Les hommes d'aujourd'hui aspirent à l'unité de la pensée. Nous en sommes plus proches que jamais. Chacun réalise qu'il faudra y contribuer ou rester isolé. Nous devons aider ceux qui l'ignorent encore à le comprendre.

Q : *La mort et la réincarnation sont-elles nécessaires ?*

R : Absolument pas. Nous pouvons tout accomplir au cours d'une seule vie, pourvu que nous le décidions. Mais, si nous avons commis l'erreur de mourir, nous pouvons y remédier en nous réincarnant. Ce choix s'effectue avant même que le facteur vie n'ait quitté notre corps. Notre attitude dans cette vie détermine ce choix.

Q : *Sommes-nous vraiment tous des Maîtres, à un degré différent ?*

R : Bien entendu, et nous pouvons le devenir à part entière si nous le décidons, car nous sommes déjà des Maîtres.

Le pouvoir de la pensée positive

Les paroles positives, formulées avec détermination, ont une action illimitée, car elles se fondent sur le Principe, sur la Vérité. La science a démontré que la formulation d'une pensée positive peut influer sur une situation.

Voilà qui nous aide à comprendre ce que Jésus entendait par « La Vérité vous rend libres ». Il ne s'agissait pas d'une promesse pour le futur. Remarquez le fait qu'il a formulé cette phrase au présent, et non au futur. La traduction que vous en connaissez, « La Vérité vous rendra libres », est inexacte. « Je suis Dieu » est la déclaration la plus juste qu'un homme puisse faire. L'affirmation contraire, « Je ne suis pas Dieu », ne renferme pas de force positive car elle est erronée, elle n'appartient pas à l'humanité. Proclamez ces phrases positives, elles vous libéreront des situations négatives ! La langue originelle ne contenait ni tournures négatives, ni temps passé. La négation a été inventée bien après la naissance du langage.

Jésus n'employait pas de tournures négatives, car Il ne concevait pas ce genre de pensées. Il vivait au présent et agissait dans l'affirmation de la vérité. Son exemple nous démontre quel serait notre pouvoir si nous avions saisi la force positive que renferme toute affirmation.

La nouvelle attitude de pensée présente ces principes avec une grande simplicité. Tous les êtres humains peuvent les assimiler. Dans les temps anciens, les hommes savaient utiliser ces principes. Ce savoir ne s'est jamais perdu et, tandis que l'humanité aspire aujourd'hui à cet idéal, il reprend de la force.

Grâce à la photographie, j'ai compris à quel point les situations négatives, hypnotiques, trompent l'œil humain. En effet, une pensée négative n'a jamais rien créé, sinon une apparence trompeuse. Elle engendre un état hypnotique qui, à son tour, produit un effet apparent. Mais celui-ci ne s'imprime pas sur une pellicule, ce qui prouve qu'il s'agit d'une illusion d'optique.

La pensée négative gaspille l'énergie du corps, alors que la pensée positive la génère. Si un seul atome n'était pas à sa place dans l'univers, celui-ci exploserait. Le corps humain constitue un univers en soi, il contient un soleil. Nous avons oublié le droit que nous acquérons à la naissance. Nous sommes esclaves d'un état hypnotique qui nous est étranger. Pourtant, nous avons une place dans l'harmonie éternelle du Principe, et il nous suffit de réajuster notre pensée pour que l'harmonie s'impose à nouveau. Sans croyance, il ne peut y avoir de pouvoir créateur.

QUESTIONS ET RÉPONSES

Q : *Peut-on aider autrui à éliminer le karma de son esprit ?*

R : Oui, en considérant toujours son esprit comme l'incarnation du Christ.

Q : *Il existe tant d'enseignements différents à propos de Jésus. Pouvez-vous nous indiquer comment les aborder ?*

R : Je n'ai pas de méthode. Bien entendu, il y a de nombreuses conceptions, c'est pourquoi les enseignements diffèrent. Ne mettent-ils pas tous le doigt sur la même réalité ?

Q : *Certains enseignements insistent sur le présent, d'autres sur le futur. Que devons-nous croire ?*

R : En réalité, la perfection n'existe-t-elle pas déjà ? Il ne nous reste plus qu'à l'admettre. Je ne sais lequel de ces enseignements vous recommander, car il me semble qu'ils visent tous à nous conduire à l'acceptation. On trouve de nombreuses conceptions, et un enseignement qui convient à un groupe ne convient pas forcément à un autre. Si nous considérons la perfection comme un état à venir, quand l'accomplirons-nous ? Je pense que nous pouvons tous décider et accepter le fait que la perfection est ici et maintenant, sans nous soucier d'un quelconque enseignement.

Q : *Est-il vrai que Paul n'a pas atteint la conscience du Christ ?*

R : Si Paul cherchait à atteindre le niveau de conscience du Christ par la lutte, il n'a pas pu y parvenir. Nous sommes en tout point égaux à Jésus si nous représentons le Christ. Si Paul était parvenu à la maîtrise, il n'aurait plus été un disciple.

Q : *Quel est le rôle de la femme dans ce nouvel âge ?*

R : Le même que celui de l'homme. L'homme et la femme ne font qu'un, contrairement à ce que nous pensons. L'Esprit ne divise pas les êtres humains en catégories. Tout est Esprit.

Q : *Qui priez-vous ?*

R : Dieu, en L'incarnant sur la terre. Nous ne prions pas un dieu extérieur. Cette notion n'a pas de sens, car s'Il existe à l'extérieur, Il doit aussi résider en nous. Notre vie est une prière. Par conséquent, en réduisant la prière à de simples paroles, nous passons à côté de notre réalisation.

Q : *Que pensez-vous de la guérison ?*

R : Il n'y a pas de guérison. Ce mot désigne un état produit par notre conscience. Si vous laissez la perfection venir à vous, vous la ressentirez de l'intérieur.

Q : *Existe-t-il une trinité divine ?*

R : Elle ne peut naître que dans votre cerveau. C'est votre esprit qui imagine de telles divisions.

Q : *Est-ce qu'en éliminant l'argent nous créerions une société idéale ?*

R : L'argent n'a pas d'importance. Dans notre système économique, il est pour le moment nécessaire, mais il sera bientôt distribué à tous, si bien qu'on ne lui donnera plus la même valeur. Quand tous les êtres humains seront riches, l'argent ne sera plus synonyme de profit, mais de service.

Q : *Pouvez-vous nous parler de la vie de Jésus entre douze et trente ans ?*

R : À propos de cette période, nous savons seulement avec certitude qu'Il se trouvait en Inde entre vingt et un et trente ans. Bien entendu, Il se déplaçait beaucoup et Il a bâti Son enseignement au cours de Ses voyages. Soudain Il s'est présenté devant les hommes, pour leur montrer qu'ils pouvaient accomplir les mêmes actes que Lui, et atteindre Son niveau de conscience spirituelle.

Q : *Jésus a-t-Il ressenti une angoisse plus profonde sur la croix ?*

R : Probablement non. Il pouvait surmonter les souffrances qu'on Lui infligeait. Il a prouvé aux hommes l'indestructibilité de Son corps.

Q : *Quand vous étiez aux côtés de Jésus, vous a-t-Il transmis un message* particulier ?

R : Non. Les hommes ont déjà reçu tous Ses messages. J'ai pris la liberté d'interpréter ceux que j'ai présentés dans mes livres. Ses messages n'ont rien de rigide, car Jésus fonctionne dans l'ouverture.

L'harmonie spirituelle

J'ai déjà fait référence au temple du Silence où j'ai été témoin de nombreuses guérisons. Si l'on ôte une pièce de cet édifice, elle se remplace immédiatement. J'ai photographié ce phénomène, et vu un corps humain se régénérer selon le même principe.

Comment se fait-il que nous n'utilisions pas des possibilités dont même les objets inanimés savent se servir ? Hypnotisée par sa propre incrédulité, l'humanité se prive de son héritage spirituel car elle refuse d'admettre son existence.

Le pouvoir de la spiritualité est tout aussi évident et fort aujourd'hui qu'auparavant, chaque être humain peut en disposer. Ainsi, les guérisons proviennent de ce pouvoir : en acceptant simplement la perfection qui nous habite, nous ne sommes plus soumis à l'imperfection. Cette faculté caractérise la nature de l'Homme, elle est son plus grand attribut. Si nous abandonnions l'état de conscience que nous avons adopté en permettant à l'imperfection de s'exprimer, la perfection nous submergerait au point de ne plus pouvoir prononcer une seule parole négative. Nous redécouvririons alors la perfection absolue : notre corps indestructible, pur et évident, ne serait plus jamais mystérieux, incomplet ou divisé.

Notre corps possède un soleil central autour duquel tournent les atomes. Imprégnés de cette réalité, nous pouvons l'exprimer tout simplement par le « Je suis Dieu ». Les atomes et le soleil de chacun d'entre eux commencent à émettre de la lumière, et l'inharmonie disparaît totalement du corps. Il est guéri.

Chacun détient le pouvoir de se guérir lui-même, de s'accorder avec l'Universel et d'entrer dans l'harmonie spirituelle. Celui qui y parvient peut affirmer : « Quand votre vision sera une, tout votre corps s'emplira de lumière. » C'est la lumière originelle de l'Homme, celle qui l'illumine à sa naissance

La prise de conscience individuelle rejaillit sur autrui. L'individu qui affirme cette réalité influence ceux qui ne la connaissent pas, les amène à l'accepter de manière inconsciente. Ils chassent l'inharmonie et comprennent alors que la perfection existe. Ainsi, personne n'est exclu, l'humanité s'élève à l'unisson.

QUESTIONS ET RÉPONSES

Q : *Certains d'entre nous n'ont pas étudié la métaphysique et ne sont pas satisfaits des enseignements traditionnels.*

R : Si les conceptions traditionnelles ne vous plaisent pas, trouvez-en d'autres qui vous conviennent davantage. Que des millions d'individus s'en satisfassent importe peu. Il incombe à chaque être humain d'améliorer sa conscience spirituelle, par le moyen qui lui convient.

Q : *Pouvez-vous donner une définition de Dieu ?*

R : Définir conduit à limiter. Nous critiquons les idées religieuses traditionnelles, mais que faisons-nous pour les changer ? Les individus qui les partagent en sont satisfaits. Elles leur permettent de parfaire un idéal qu'ils se sentent capables de suivre. Si elles ne leur convenaient pas, ils en chercheraient de meilleures. Il leur faut continuer sur leur voie, atteindre leur idéal par le chemin qu'ils ont choisi, quel que soit le nom qu'ils lui donnent. Cessons donc de les critiquer. Ce qui compte, c'est que l'esprit aspire à la réalisation.

Q : *Les Maîtres utilisent-ils un procédé de condensation pour faire apparaître la nourriture ?*

R : Je l'ignore. Les aliments apparaissent instantanément. Lorsque nous nous mettions à table, la nourriture fumait dans les plats. Lorsque nous les avions vidés, ils se remplissaient à nouveau jusqu'à ce que nous soyons repus. Cela *ressemble* au phénomène de condensation, mais je n'ai jamais pu m'en assurer. J'ai seulement constaté l'apparition instantanée de la nourriture, sans jamais réussir à en photographier les étapes.

Q : *Les juifs sont-ils responsables de la crucifixion de Jésus ?*

R : Personne n'est responsable. Le Christ a permis qu'on Le crucifie afin de révéler aux hommes qu'ils ont la faculté de rendre leur corps indestructible. Il voulait les tirer de leur ignorance, leur montrer qu'en exploitant cette faculté personne ne pourrait plus leur faire de mal. La crucifixion ne Lui a pas été imposée. Il a permis qu'on la Lui fasse subir.

Q : *Pouvez-vous nous indiquer la méthode d'accès à la maîtrise spirituelle ?*

R : Il n'existe aucune recette. Tout dépend de la volonté de l'individu. La maîtrise spirituelle tient dans cette phrase de Jésus : « Regardez, le Christ est là. » Dès l'instant où nous avons conscience d'incarner le Christ, nous sommes des Maîtres, quelle que soit notre condition. La méthode est simple : acceptez le fait que vous représentez le Christ sur terre. Comme Jésus aimait à le dire, tout se résume en deux mots : « Voici Dieu. »

Q : *Où Jésus se trouvait-Il pendant les cinquante années qui ont suivi Sa crucifixion ?*

R : Avec Ses disciples, sous l'apparence charnelle qu'on Lui connaît depuis toujours.

Le Principe en action

On me demande souvent : « Pourquoi leur philosophie n'aide-t-elle pas les Indiens à surmonter la pauvreté ? »

L'Inde est un pays de contradictions. Chacun peut en avoir sa propre vision. J'assistai un jour à un dîner, auquel participaient des Indiens originaires du Bengale et de Birmanie. Un étranger déclara qu'il avait toujours refusé d'aller en Inde car il avait peur des tigres.

L'Indien de Birmanie s'écria :

— Je n'ai jamais vu de tigres en Inde !

— Eh bien, moi, j'en vois tous les jours ! répondit en riant le Bengali.

Chacun avait vécu dans une province différente, et ce qui était vrai pour l'une ne l'était pas nécessairement pour l'autre. Cette observation s'applique à tous les clichés et pseudo-vérités que nous entendons.

J'ai effectué un travail considérable pour décrire l'action du Principe. Lorsque je m'adressai à eux, des prêtres et des pasteurs m'ont rétorqué : « Il ne s'agit que de la foi, et la foi est conjecture. L'Esprit n'est qu'un principe conjecturel dans la vie éphémère de l'Homme. » Je fus stupéfait d'entendre des hommes qui occupent une position si importante dans leur Église me tenir un discours aussi évasif.

Un nouvel esprit règne aujourd'hui dans nos Églises. La jeune génération, en particulier, cherche à adopter une nouvelle attitude religieuse. Ce phénomène touche tous les pays et toutes les classes sociales.

Ces âmes visionnaires ont le sentiment d'appartenir à l'humanité, et non à un groupe distinct. L'édification de l'Église repose sur cette réalité spirituelle, solide et immuable. Ses fondations sont de granit, car elles reposent sur ce sentiment d'unité.

Voyez comme la science a changé en vingt ans. La plupart de ses postulats se sont radicalement transformés. Les scientifiques commencent à admettre l'existence d'un Principe fondateur. Quand ils en découvriront la nature, la science n'aura plus à réfuter ses hypothèses, elle avancera avec une clarté de perception accrue vers des découvertes insoupçonnées.

On appelait les premières Églises des « assemblées ». Aujourd'hui, elles devraient nous permettre d'apprendre, ensemble, à reconnaître les manifestations spirituelles de la Vérité et à vivre selon le Grand Principe afin d'atteindre la finalité de notre vie.

Les croyances négatives se sont insinuées jusqu'à saturation dans tous les groupes religieux. Quelques individus ont continué à se battre et ont résisté, sachant qu'ils devaient lutter pour certaines vérités. Ceux qui sont ainsi restés fidèles à leur vision de l'unité du Principe ont manifesté des pouvoirs inaltérables. En ne renonçant pas à leur liberté d'expression, ils ont permis au Principe d'entrer en eux, et à la perfection de s'établir dans leur corps. Cela prouve l'existence de cet élément déterminant, le Principe.

QUESTIONS ET RÉPONSES

Q : *Quelle est l'utilité d'un corps pour un Maître ?*

R : Je ne le sais pas exactement, mais je suis certain qu'il en a une. Le corps leur sert probablement à approcher les hommes et à dispenser leur enseignement. Ils ne projettent pas de pensée sur leur corps car il se suffit à lui-même. Beaucoup de Maîtres se sont assis à mes côtés autour d'un repas, dans le seul souci de respecter les règles de la convivialité.

Q : *Combien de temps s'écoule entre la mort et la renaissance ?*

R : Je ne puis vous le dire avec précision. Cela dépend sans doute du choix du défunt avant que la mort l'emporte. Certains attendent parce qu'ils veulent découvrir cet état, tandis que d'autres renaissent instantanément.

Q : *Jésus était-Il fait d'une autre substance que la nôtre ? Possédait-Il un privilège particulier ? Appartenait-Il à Dieu ? Et n'a-t-Il pas consacré Sa vie à nous montrer que nous possédons le même privilège ?*

R : Il a vécu pour nous enseigner que nous avons tous le même privilège, que nous pouvons accomplir les mêmes actes que Lui. Vous trouverez cette idée dans la nouvelle traduction du Nouveau Testament.

Q : *Pourquoi la vie de Jésus depuis la crucifixion est-elle restée secrète ?*

R : Ceux qui peuvent témoigner de la vie de Jésus ne se taisent pas délibérément. Le monde occidental ne connaît pas ces vérités, en partie parce qu'elles ne sont pas diffusées massivement, mais également à cause de notre incrédulité.

Q : *Les Églises traditionnelles enseignent que le Christ va Se manifester à nouveau sur cette terre.*

R : Mais Il ne l'a jamais quittée ! Sa Seconde Venue signifiera seulement que les hommes ont enfin pris conscience qu'ils en sont tous l'incarnation.

Q : *Est-ce une erreur de limiter le Christ à Jésus ?*

R : Il a dit : « Je vois le Christ dans chaque visage et dans chaque forme. Quand le premier enfant est né, le Christ est né. »

Q : *Si nous atteignons la perfection dans cette vie, est-il nécessaire de nous réincarner ?*

R : Non.

Q : *Si Jésus est là, en chair et en os, pourquoi n'apparaît-Il pas, ne se déclare-t-Il pas, afin que tous Le connaissent ?*

R : C'est précisément ce qu'Il fait, mais nous ne Le reconnaissons pas. La voie est ouverte pour que tous les êtres humains prennent conscience de Son existence et Le voient apparaître devant eux. Celui qui a pris conscience du Christ Le voit.

Les glandes endocrines

(La publication de ce texte a été retardée pendant plus de deux ans afin d'en faciliter l'accès à nos lecteurs, en leur laissant le temps de s'imprégner du contenu général de l'enseignement de Baird T. Spalding. La rédaction de Mind Magazine.)

Aujourd'hui nous allons parler d'un sujet quelque peu technique, que je considère cependant comme essentiel, puisqu'il concerne l'aspect scientifique du développement spirituel.

La thyroïde contrôle l'ensemble du système endocrinien, assurant sa régulation en harmonie avec les autres glandes. C'est à travers ce développement que les facultés spirituelles parviennent à un usage conscient ; en d'autres termes, elles naissent par stimulation de la glande thyroïde.

Q : *Combien de glandes endocrines existe-t-il ?*
R : Sept : la glande pinéale (épiphyse), l'hypophyse, la thyroïde, le thymus, le pancréas endocrine, les glandes surrénales et les gonades. La glande thyroïde est la plus importante. Elle encadre la trachée, avec deux lobes latéraux et un lobe central.

Les gonades (glandes génitales) dominent entre quatorze et quarante-cinq ans. La thyroïde ne commence à fonctionner qu'au moment de la puberté, et joue un rôle décisif après quarante-cinq ans. Enfin, la glande pinéale fonctionne plus ou moins jusqu'à la puberté. Elle a pour fonction de reculer la poussée pubertaire jusqu'à l'âge de quatorze ans environ, ou jusqu'à ce que le corps soit assez développé. C'est pour cette raison que beaucoup d'enfants possèdent une vision spirituelle remarquable jusqu'à la puberté.

Q : *Quelles méthodes utilisent les Maîtres pour stimuler la glande thyroïde ?*

R : Ils se concentrent sur elle. Cela stimule son activité, ses sécrétions augmentent pour permettre au corps de se régénérer. Les Maîtres n'utilisent pas de produits chimiques, seulement la concentration mentale.

Q : *Quel rôle joue l'oxygène selon les Maîtres ?*

R : Si on l'inhale naturellement, l'oxygène exerce une influence tonique. Les Maîtres conseillent des exercices qui stimulent les organes respiratoires, afin d'augmenter le volume d'oxygène qu'ils sont capables d'emmagasiner.

Q : *Le rôle de la thyroïde dans la respiration est donc de sécréter de la thyroxine pour stimuler les poumons ?*

R : C'est exact. La thyroxine joue un grand rôle dans l'oxydation des matières rejetées, ainsi que dans la transformation de l'oxygène qui est ensuite utilisé par le corps et intégré dans la circulation du sang.

Q : *La méthode de Stinach, ainsi que la transplantation de glandes et l'utilisation des cellules reproductrices produites par les gonades, ont permis d'obtenir des signes de rajeunissement chez l'Homme. La stimulation de l'activité de la glande thyroïde permet-elle d'aboutir au même résultat ?*

R : Le rajeunissement obtenu par les méthodes purement physiologiques que vous mentionnez n'est pas efficace à long terme. Au contraire, la stimulation de la thyroïde permet d'accroître l'activité spirituelle, ce qui produit un rajeunissement actif, et donc durable. Inutile d'avoir recours aux gonades.

Selon les Orientaux, l'activité spirituelle peut être stimulée dès l'enfance. Ils ont mis en place un entraînement spécifique extrêmement développé. À Calcutta, les universitaires appellent cela la « transmutation spirituelle ».

Q : *Emil habite-t-il le même corps depuis quatre cents ans ?*

R : Oui. Et même depuis plus longtemps. Il n'a pris aucune ride.

Q : *En quoi la texture de son corps est-elle différente ?*

R : Elle est plus belle, bien que sa construction cellulaire semble identique à la nôtre. Ses vibrations, sont plus rapides, mais cela est moins perceptible que les traits physiques. Son corps ne révèle aucun signe de vieillesse.

En général, ces signes apparaissent d'abord sur les mains. Celles des Maîtres sont parfaitement lisses et jeunes. Leur visage est intact, comme leurs cheveux. Beaucoup d'entre eux n'ont jamais de cheveux blancs.

Q : *L'apparence d'un individu âge de soixante-quinze ou quatre-vingts ans peut revenir en quelques années à celle d'un homme de quarante ou cinquante ans. Ce phénomène est-il provoqué par une influence spirituelle qui s'est exercée par le biais d'une onde de même nature produite par le système endocrinien ?*

R : Lorsque la compréhension spirituelle est stimulée, le système endocrinien commence à agir, il entre en possession de ses moyens d'action. Son fonctionnement est optimisé et s'accélère. Chaque homme saura un jour provoquer en lui ce rajeunissement. Cela peut être très rapide. En voici un exemple.

L'un des coolies qui avaient travaillé avec mon grand-père vint un jour me demander la permission de nous accompagner dans l'une de nos expéditions. Il s'agissait d'un homme ordinaire, usé par le travail et les voyages. Je refusai, compte tenu de son grand âge et de sa fatigue. Emil intervint et me dit tout simplement : « Laisse-le venir, s'il en a envie. » À son retour, ses amis eurent peine à le reconnaître : ses cheveux étaient d'un noir de jais, il avait entièrement rajeuni. Il vit toujours, et n'a rien perdu à ce jour de son apparente jeunesse.

Q : *Après quarante-cinq ans, la consommation de vitamines peut-elle favoriser l'action de la thyroïde sur le rajeunissement ?*

R : Oui, au début.

Q : *Y a-t-il un lien entre le pranayama et les vitamines ?*

R : Leur association permet de stimuler et d'augmenter les sécrétions hormonales.

Q : *Les vitamines sont-elles plus physiques que chimiques ?*

R : Oui. Ce sont des enzymes, donc des catalyseurs.

Q : *Faisons le lien entre ce sujet et la peur. Est-ce la peur qui a permis à la grande épidémie de grippe de 1918 de se répandre ?*

R : L'épidémie se répandait en même temps que la peur. Lorsque l'on vainc l'effroi, l'action de la thyroïde n'est plus perturbée par des émotions négatives. L'amour aide à vaincre la peur, il stimule l'action de la glande thyroïde.

Q : *J'ai entendu parler de fakirs et d'hommes qui ont atteint un niveau spirituel élevé. Ils peuvent manger des ongles, du verre, et ingurgiter toutes sortes de poisons. Lorsqu'on les radiographie, on ne peut déceler la trace de l'objet qu'ils viennent d'avaler. Certains ont survécu plusieurs mois, voire plusieurs années, apparemment indemnes, puis se sont effondrés brutalement. Pouvez-vous m'expliquer pourquoi ?*

R : L'égotisme a causé leur chute. Quand un individu en arrive à croire qu'il peut réaliser des miracles, quand il affirme consciemment être supérieur au Christ intérieur, sa thyroïde cesse de sécréter et de distribuer la thyroxine. Rien n'affecte plus la glande thyroïde que l'égotisme, qui détruit toute activité spirituelle.

Sortir de nos limites

Si un Occidental voyait une miche de pain apparaître dans la main d'un mendiant dès qu'il fait l'aumône, il crierait au miracle. En fait, tout homme est capable d'une telle action. Nous avons tout ce dont nous avons besoin. Tout est là, à notre disposition. Acceptons-le et nous pourrons en disposer.

Je vous ai déjà parlé des prétendus fakirs indiens. Ils appellent un enfant dans l'assistance, lancent une corde en l'air et l'y font grimper. Le garçon disparaît généralement quand il est arrivé en haut, mais parfois il reste visible en haut de la corde, au lieu de disparaître. Le fakir, feignant la colère, grimpe alors derrière l'enfant, lui coupe les bras et les jambes, avant de se repentir et de recoller les membres du garçon.

Lorsque l'on tente de photographier ce genre de scène, rien n'est enregistré sur la pellicule. Que se passe-t-il ? En étudiant ce phénomène, j'ai découvert qu'il existe douze niveaux d'hypnose. Le fakir projette des images si vives et si précises que l'assistance les accepte comme réelles.

Cela m'a incité à ouvrir un nouveau champ de recherche. Aujourd'hui, à l'aide d'un certain rayon, on irradie un terrain et, après vingt-quatre heures, on y plante un grain de maïs, En sept minutes, la tige arrive à maturation et possède deux épis. Un autre groupe a réussi à faire pousser un pamplemoussier et à lui faire donner des fruits en six mois, alors qu'il faut normalement attendre six ans.

Poursuivant cette expérience, nous avons planté une graine de maïs sur un terrain qui n'avait pas été irradié pour observer son développement en la photographiant. La croissance de la deuxième graine est de neuf millions de cellules par seconde, alors que celle de la première est de quatre-vingt-seize milliards de cellules par seconde. Il ne s'agit pas d'un miracle, nous avons simplement réussi à accélérer le processus naturel.

Lorsque Ses disciples confièrent à Jésus qu'ils avaient besoin de nourriture mais qu'il leur fallait attendre encore quatre mois avant la récolte, Il leur répondit : « Regardez ces champs, ils sont prêts pour la récolte. » Cet événement ne constitue pas un miracle, mais plutôt, comme Jésus l'a expliqué, la preuve que le lent processus que nous considérons comme naturel ne l'est pas. Nous progressons avec lenteur, voilà pourquoi la nature est lente. Elle ne fait que se conformer à l'image que nous avons d'elle. On nous a enseigné qu'il fallait quatre mois pour faire pousser du maïs et six ans pour qu'un pamplemoussier donne des fruits. Nous savons aujourd'hui qu'en cessant de lui assigner des limites la nature peut faire jaillir la vie instantanément.

Ces expériences sont coûteuses, et j'ignore quand elles seront à la portée de tous, même si cela doit arriver un jour. Je me souviens du temps où l'aluminium coûtait quatre cent cinquante dollars les trente grammes. Aujourd'hui, c'est un produit courant. Le même phénomène s'observe dans tous les domaines. Ces possibilités extraordinaires existent depuis toujours, mais il nous faut du temps pour comprendre que les limites de la nature n'existent que dans notre cerveau. La plupart des expériences suivent une méthodologie erronée. Nous mettons en place une certaine combinaison d'éléments afin de voir si elle produira le résultat escompté. Nous nous intéressons désormais au résultat, sans plus nous préoccuper de la manière dont on l'obtient, car nous savons qu'à l'origine tout existe dans la nature.

Vous pouvez mettre une graine dans un récipient en métal, elle ne germera pas avant que quelqu'un lui insuffle la vie. Certaines personnes savent si bien émettre la vie qu'elle pénètre toute substance. Lorsque la graine rencontre l'onde de vie qui a été émise, cette vibration descend droit vers le cœur de cette graine où elle entame le processus de croissance. Je connais un homme sur la côte Ouest qui parvient à faire germer des graines à 90 %, alors qu'auparavant le pourcentage était seulement de 30 %. On pratique également des tests qui permettent d'augmenter considérablement la productivité des sols.

Nous limitons la nature. Elle est pourtant en parfaite harmonie avec nous, et le manifeste dès que nous l'y autorisons. Pas un brin d'herbe, pas une fleur, pas un arbre n'est né sans qu'un homme lui insuffle la vie.

Un artiste effectue parfois des expériences remarquables. Par exemple, il peint sur sa toile la couleur qu'il veut donner à la plante qui se trouve devant lui. Il a ainsi créé des fleurs magnifiques. Ou bien il prend un cactus et le place dans une boîte en verre. Il s'assoit devant le végétal et lui explique qu'il est maintenant en sécurité et n'a donc plus besoin d'épines. Au bout de quelques instants, les épines du cactus tombent sur le sol.

Nous pensons que Dieu fait pousser les arbres. Nous avons en partie raison, mais l'individu est aussi le véhicule de la création divine ; sans l'Homme, rien n'existerait. Admettons-le, abandonnons le doute, la peur et la superstition, et enfin nous récolterons les véritables fruits de la nature.

Jésus maîtrisait parfaitement toutes les facultés humaines, et en faisait volontiers la démonstration devant ses contemporains. Il voulait leur faire comprendre qu'ils n'avaient pas de limites. Pourquoi conservons-nous ces barrières psychiques ? Elles n'aboutissent qu'à des résultats négatifs : nous projetons nos pensées sur un champ chaque fois moins fertile, et le fruit de nos récoltes s'avère illusoire. Tournons-nous plutôt vers la réalité, elle renferme des merveilles.

QUESTIONS ET RÉPONSES

Q : *Vous affirmez avoir photographié les vibrations du corps. Les résultats de ces expériences sont-ils consultables ?*

R : Notre personnel mène ce travail à Calcutta, dans les laboratoires de la Fondation. Nous souhaitons vérifier nos conclusions avant de les publier. Un groupe en Grande-Bretagne poursuit la même recherche. Ils travaillent discrètement, je préfère donc ne pas mentionner leurs noms, bien qu'ils ne me l'aient jamais demandé explicitement. Les clichés que nous avons échangés montrent exactement les mêmes résultats. L'appareil photo permet des temps de pose plus longs et produit de meilleurs résultats que la caméra moderne. Les chercheurs d'Eastman sont engagés dans la même quête, malheureusement, ils en sont encore au stade expérimental.

Q : *Comment devrais-je m'y prendre pour vendre une mine d'or ? C'est une bonne affaire, mais je ne parviens pas à la conclure.*

R : Lorsque vous aurez pris votre décision avec fermeté, un acheteur se présentera.

Q : *Les Maîtres peuvent-ils vous donner les noms des substances composant la pellicule qui recouvre les livres d'or ?*

R : Ils l'ont fait, mais ces substances restent inconnues de nous. Actuellement, notre connaissance de la chimie est trop limitée pour nous permettre de les identifier. Néanmoins toutes les formules que les Maîtres nous ont données ont fini par marcher.

Q : *Comment aider nos amis malades ?*

R : Les maladies n'existeraient pas si les hommes n'en exprimaient pas l'idée. En formulant la notion de maladie, vous contribuez à maintenir vos amis dans cet état.

Vous feriez mieux d'utiliser l'énergie de votre amitié pour formuler des idées de santé et de perfection. Aidez vos amis en les encourageant à construire en eux des pensées parfaites, afin qu'ils puissent exprimer extérieurement cette perfection.

Q : *Comment puis-je éliminer la peur ?*

R : Pardonnez-la, tout simplement. La peur de l'Homme naît en général de son incompréhension. Quand vous réaliserez que la force de Dieu se trouve en vous et que rien ne peut vous blesser, ce sentiment s'évanouira.

La jeunesse éternelle

Quand un enfant vient au monde, nous commençons par supposer que sa vie se limitera à soixante-dix ans. Ce faisant, nous le conditionnons à accepter un destin qui n'existe pas dans la réalité. Si, au lieu de tendre vers la vieillesse, nous aspirions à la jeunesse et persévérions dans une attitude déterminée et positive, nous l'atteindrions.

Certains hommes ou certaines femmes agissent de cette manière aujourd'hui, ils restent jeunes éternellement. Nos scientifiques affirment que le corps humain se renouvelle entièrement tous les sept ans. Chaque cellule est remplacée tous les deux cent quatre-vingt-six jours par une cellule entièrement neuve.

De nombreux individus se donnent effectivement pour but d'atteindre la jeunesse, la beauté, la pureté et la perfection. L'Occident, cependant, s'est longtemps représenté la vieillesse comme l'idéal de la sagesse. Si nous vénérions la jeunesse comme nous le faisons pour la vieillesse, nous l'accomplirions.

Je ne veux pas dénigrer la vieillesse. En Inde, ceux qui vivent des centaines d'années sont révérés, non pour leur grand âge, mais pour la jeunesse et la beauté qu'ils expriment.

Il n'existe pas de remède miracle. L'individu doit saisir la notion de perfection et éliminer en lui l'état d'esprit qui l'empêche d'y accéder. Si vous l'acceptez, la perfection irradie immédiatement vos organes malades, sinon, elle se détourne de vous.

L'Homme ne peut atteindre un objectif que s'il s'y implique corps et âme, en faisant abstraction de tout le reste, au moins pour un temps. Lorsque nos buts sont clairement définis, et que nous nous engageons à les tenir, nous y parvenons car nous avons concentré toutes nos énergies sur eux. C'est le principe de la pensée positive.

Les Maîtres enseignent qu'il n'est ni guérisons ni miracles. Toute forme, tout atome, toute cellule, toute pensée est parfaite. L'imperfection n'existe que dans notre esprit.

QUESTIONS ET RÉPONSES

Q : *Si Jésus vit actuellement, que sont devenus Ses disciples ?*

R : Trois d'entre eux vivent auprès de Lui. Je ne sais rien des autres. Tant qu'ils étaient Ses disciples, ils Le suivaient, mais, quand ils sont devenus des Maîtres, ils n'en ont plus senti la nécessité. Ils ont probablement tous réussi à atteindre la plénitude spirituelle. Jésus leur enseignait qu'au moment où ils cesseraient d'être disciples ils deviendraient des Maîtres. Lorsqu'Il a dit : « Regardez, un Christ est là », Il ne parlait pas de Lui.

Q : *Pourquoi voyons-nous le Christ de différentes manières ?*

R : Cela dépend de votre état de conscience. Le Christ que vous incarnez rencontre toujours le Christ.

Q : *Faut-il aller en Inde y rencontrer les Maîtres ?*

R : Je ne cesse de vous répéter que vous n'avez nul besoin d'effectuer cette démarche.

Q : *En accélérant nos vibrations, voyons-nous l'objectif que nous voulons atteindre ?*

R : Nous accélérons nos vibrations pour atteindre l'état de Maître.

Q : *Les mots* Je Suis *ont-ils la même valeur que le mot* Dieu ?

R : Non, leur valeur n'est pas identique, mais ils envoient des vibrations puissantes. Vous risquez de rester dans la zone psychique avec les mots *Je Suis*, tandis que le seul mot de *Dieu* vous la fait dépasser.

[Sans titre 7]

J'aimerais présenter quelques-unes des limites physiques que nous nous imposons :

1) La vieillesse. Cet état n'existe pas dans la réalité de l'univers. N'étant pas fondée sur la Vérité, elle découle de la pensée humaine.

Au moment où un enfant naît, nous lui attribuons une durée de vie d'environ soixante-dix ans. Pourtant, les scientifiques affirment à l'unanimité qu'il faut sept ans au corps humain pour se renouveler entièrement. Chaque cellule est remplacée par une nouvelle tous les deux cent quatre-vingt-six jours. Les fonctions naturelles évacuent graduellement les facteurs de déchets, qui retournent vers la Terre mère jusqu'au jour où ils seront réutilisés par l'Homme.

2) La santé. Les remèdes et médicaments que nous utilisons « fonctionnent » uniquement lorsque l'individu malade accepte l'idée de la perfection du corps humain. Ils ne constituent donc que des placebos. Lorsque l'Homme l'accepte, la perfection le submerge sans qu'il ait besoin de faire le moindre effort.

Les êtres guérissent en dépassant leurs limites. Lorsqu'ils atteignent le but qu'ils se sont fixé – un lieu de pèlerinage, un tombeau ou une relique sainte –, la perfection se manifeste. Ce processus est inéluctable. Lorsque la conscience a accepté de changer, la santé revient.

Un matin d'automne à New York, le sol était recouvert d'une couche de neige d'environ cinq centimètres. Un groupe de garçons jouait dans la cour d'une école : ils essayaient, à partir d'un point donné, de tracer la piste la plus droite possible jusqu'à un arbre situé à l'autre extrémité de la cour. Les adolescents vacillaient et échouaient les uns après les autres. Mais le dernier candidat réussit. Il marcha directement jusqu'à l'arbre sans dévier d'un pouce de sa ligne.

Je lui demandai : « Comment as-tu fait ? » Il me répondit : « J'ai simplement fixé l'arbre, sans m'occuper de mes pieds ! »

L'arbre représentait la perfection. En gardant les yeux rivés sur ce seul but, sans surveiller ses pieds, le jeune garçon parvint sans une hésitation au point où il avait projeté sa pensée. Nous devrions nous inspirer de sa méthode.

J'ai assisté à d'innombrables guérisons en Inde. Cependant, dans notre pays, il semble que notre niveau de conscience ne nous permette pas d'accéder à des bienfaits similaires. Nos barrières mentales, notre manque de foi en sont responsables.

La perfection existe en toute forme. Les atomes sont parfaits, les cellules fonctionnent selon la loi. Pourquoi notre corps n'atteint-il pas la perfection ? Tout simplement parce que nous nous sommes habitués aux conditions physiques que notre esprit a créées, dans son refus d'admettre la réalité. L'inharmonie et la division sont les produits du cerveau humain.

Comme ce garçon qui marchait droit vers son arbre, nous devons nous concentrer sur notre but, la perfection, afin d'obéir à notre loi intérieure.

Q : *Voulez-vous nous parler de l'Homme dont la main a été arrachée ?*

R : Nous remontions le Gange avec trente-six personnes qui n'appartenaient pas à notre groupe. Nous amarrâmes notre embarcation à dix heures pour déjeuner. L'un des porteurs s'était endormi et sa main traînait dans l'eau. Soudain, un crocodile la lui arracha. L'homme hurla, sauta sur la berge et se dirigea vers un autre porteur. Lorsqu'il arriva devant lui, la douleur l'avait quitté et le sang avait cessé de couler. Nous avons photographié cet homme à intervalles réguliers pendant trois quarts d'heure et, durant les huit dernières minutes, sa main a repris sa forme originelle. À deux heures de l'après-midi, l'homme reprit sa place sur le bateau. Tous les Blancs étaient éberlués, mais aucun autochtone ne montra le moindre étonnement. Tous acceptaient cet événement. Beaucoup de membres du groupe prirent des photographies, qui portent leurs signatures.

Q : *Sait-on à quel moment l'Homme a pris conscience de la Présence du Je Suis ?*

R : L'humanité est née avec cette connaissance. Nous avons progressivement abandonné tout respect pour le Père, notre pensée est devenue triviale et nous avons rejeté notre identité divine.

Q : *La théorie de Darwin est-elle exacte ?*

R : Non. L'Homme est l'Élu depuis toujours. Beaucoup de chercheurs pensent que le facteur vie vient d'une autre planète et a été projeté sur la nôtre. L'animal n'est pas l'ancêtre de l'Homme. L'Homme vivait sur terre avant l'animal, il en existe des preuves.

Q : *Peut-on photographier le processus d'évolution décrit par Darwin ?*

R : Les scientifiques considèrent aujourd'hui que cette théorie est erronée. Le fait que la vie ait besoin d'eau pour naître est le seul rapprochement que l'on puisse faire entre l'Homme et l'animal, et encore n'est-ce là qu'une hypothèse. Dans leurs expériences, les chercheurs n'ont pas su appréhender la situation dans son ensemble. L'animal utilise une forme de vie dont l'Homme refuse de se servir, afin de garder ce facteur vie en mouvement.

Q : *Après la mort, pendant combien de temps en moyenne l'esprit est-il en contact avec le corps naturel ?*

R : Il l'abandonne instantanément et n'est plus dès lors d'aucune utilité pour le corps qu'il quitte. Il semble chercher à atteindre une dimension supérieure et monter au ciel volontairement.

Q : *Les Maîtres encouragent-ils la divulgation de leurs enseignements ?*

R : Ils n'ont rien à cacher. Je diffuse ce qu'ils m'ont appris afin d'en faire profiter les autres. Vous êtes libre de l'accepter ou de l'ignorer.

Manuscrits et notes

Original du *Notre Père*

(*Extrait des documents de la vie de Jésus dans les cinquante années qui ont suivi la crucifixion, découverts par Baird T. Spalding dans un monastère où il résidait.*)

DIEU NOTRE PÈRE
Tu Te révèles devant nous aujourd'hui comme
Le Principe perpétuel.
Que Ton nom soit sanctifié ;
Nous T'appelons Élohim.
Permets-nous de vivre et de connaître ce jour comme Toi seul, Dieu, nous vois vivre et connaître,
Toujours pur et parfait,
Comme Tu as révélé Ta Perfection à l'Homme.
Et cette Perfection s'est offerte en Ton fils, Ta seule création,
Le seul à travers qui Tu Te manifestes.
Permets-nous de connaître Ton fils. Car Te connaître comme Tu connais l'Homme, c'est nous connaître nous-mêmes.
Car, en connaissant cela, nous sommes conduits dans Ta voie, et dans aucune autre.
Et ainsi nous savons que cette voie est celle de Dieu pour nous.
Dieu notre Père, nous voyons clairement chaque jour que nous devons pardonner, et nous pardonnons

tout péché que l'Homme a commis dans ce Royaume.

Ainsi nous ne sommes pas tentés de prétendre que les créations de l'Homme sont Tes créations.

Dieu notre Père,

Encore nous disons, que le nom de Dieu soit sanctifié.

Dieu notre Père.

« TOUTES LES BALIVERNES QUI CIRCULENT SUR LE CHRIST ET SUR JÉSUS SONT LA CRÉATION DE L'HOMME[1] »

Toutes les balivernes qui circulent sur le Christ et sur Jésus sont la création de l'Homme. Pourtant, le Christ réside en l'être humain depuis toujours. L'Homme est l'incarnation du Christ vrai. Le dieu homme, immaculé, vit dans la plénitude de sa forme.

La cellule mère de l'Homme contient la forme achevée du dieu homme, comme l'arbre est contenu dans la cellule mère du gland. L'incarnation du Christ est parfaite dès la cellule mère. La perversité humaine est une illusion.

« PARLEZ AU CHRIST EN VOUS »

Parlez au Christ en vous et demandez-Lui : « Qui suis-je ? » Sa réponse sera toujours identique : « Tu es Dieu », car le Christ ne dit que la Vérité absolue. Alors, n'acceptez aucune autre vérité. Le Christ a toujours raison.

1. Dans cette section, les titres entre guillemets ont été choisis par nos soins.

Les promeneurs des nuages du Cachemire

L'esprit humain possède la science divine. Notre esprit va du général au particulier, en se fondant sur l'expérience. Les résultats des sciences dites exactes sont facilement admis, car ils reposent sur l'expérience. Les scientifiques ne nous demandent pas de croire en quoi que ce soit, ils nous informent des conclusions auxquelles ils sont parvenus en raisonnant à partir de leurs propres expériences. Lorsqu'ils vous demandent de les accepter, ils font appel à l'expérience humaine universelle. Toute science exacte repose sur un fondement universel, commun à toute l'humanité, de sorte que nous savons immédiatement si ses conclusions sont exactes ou erronées. La religion traditionnelle repose-t-elle sur une base identique ? Non. Elle se fonde généralement sur la croyance et sur la foi. Chaque mouvement religieux a développé ses propres théories, que les fidèles sont censés accepter aveuglément, et ils doivent chercher à les faire admettre à toute l'humanité. Voilà l'origine des guerres de religion.

On nous enseigne depuis des siècles qu'un être supérieur, quelque part dans le ciel, gouverne l'univers. Pourquoi devrais-je le croire ? Que penserait-on de moi si je disais que le ciel est rouge et si j'exigeais des autres qu'ils le croient, simplement parce que je l'affirme ? Voilà pourquoi la religion et la métaphysique ont mauvaise réputation de nos jours. Toutes les personnes instruites semblent penser : « Oh, toutes ces religions ne sont qu'un fatras de théories invérifiables ! Chacune prêche sa propre idéologie. » Pourtant, toutes les croyances religieuses sont fondées sur l'expérience universelle, elles jouissent donc d'une base solide.

Toutes les religions reposent sur le fondement universel de notre savoir. Mais on nous dit aujourd'hui que ces expériences ne furent possibles que pour les fondateurs des religions. Ne pouvant les connaître à notre tour, nous sommes contraints de construire notre adhésion à la religion sur la foi. Quelle erreur ! Les expériences spirituelles réalisées dans le passé sont reproductibles éternellement. Ce qui s'est produit une fois pour le bien de l'humanité se répète et se répétera à jamais. L'uniformité est une loi rigoureuse de la nature.

On a dit plus de mensonges au nom de Dieu qu'au nom de n'importe quelle autre cause, parce que les hommes ne sont jamais retournés à la source. Ils se contentent de perpétuer bêtement les coutumes de leurs ancêtres, en exigeant des autres qu'ils fassent de même. De quel droit quelqu'un peut-il prétendre qu'il a une âme, s'il sait que cette affirmation n'est pas solidement fondée ? De quel droit peut-il décréter qu'il existe un Pouvoir suprême divin, Dieu, s'il n'a pas compris que ce Pouvoir est en lui et qu'il peut en disposer ?

Inutile de tenter de découvrir l'Être suprême à l'extérieur de soi. De même, il est vain de chercher le sens d'un mot en dehors de lui-même. L'humanité sait qu'elle doit découvrir la Vérité au plus profond de son cœur. Alors, les doutes, la discorde et les ténèbres s'évanouiront. Suivez la voie du Principe de Dieu qui circule en vous, il n'y a pas d'autre chemin.

Au commencement, chaque science doit établir sa propre méthode d'investigation. Si vous décidez de devenir astronome, vous ne vous contenterez pas de vous asseoir et de crier : « Astronomie ! Astronomie ! »

Si votre souhait n'est pas profondément enraciné en vous, il ne s'accomplira jamais. Il en va de même pour toute science : il vous faut suivre certaines méthodes et vous impliquer réellement, avoir la certitude que vous réussirez, car vous en avez la capacité, et déployer toute votre énergie dans ce but.

Chaque science doit avoir ses propres méthodes. Lorsque nous recherchons la vérité de l'Esprit divin à l'intérieur de nous-mêmes, nous découvrons que nous sommes le véhicule de son action. Dans tous les pays, à toutes les époques, tous les sages, ces personnes pures et désintéressées qui n'ont d'autre but que le bien de l'humanité, connaissent cette vérité.

Suivez cette méthode et concentrez-vous. Vous êtes l'action pure de l'Esprit divin, le maître de votre destin. Vous devez appréhender l'Esprit avec rigueur afin d'en saisir toute la signification et la portée. Apprenez à concentrer vos pensées. Vous saisirez ainsi qu'en tant qu'Homme vous êtes une âme libre, divine, que votre vie dure éternellement.

Chaque être humain a le droit de s'interroger et de trouver ses propres réponses. C'est ainsi qu'il dispose de l'amour, de la sagesse, du pouvoir et de l'abondance. Il devient l'Être divin parfait.

En vous concentrant, vous évacuerez les inepties stockées dans votre subconscient. Ainsi, vous découvrirez l'universalité du dessein de Dieu et votre propre universalité. La pureté et la beauté de vos pensées rejailliront sur votre corps.

Avant d'accepter une idée, vérifiez son authenticité. La Vérité n'a pas besoin de support, ni la Réalité de preuves. Notre éveil peut être instantané ou le fruit d'un long cheminement, selon notre volonté. Il n'existe pas d'autre temps que le présent. Si nous le comprenons, notre éveil est immédiat.

Non seulement la connaissance est une récompense en elle-même, mais elle a aussi une utilité. Elle vous sortira de votre misère. Lorsque vous découvrirez dans votre esprit cette force inaltérable, éternellement pure et parfaite, vous ne serez plus jamais malheureux. La misère naît de la peur, de la frustration.

Seule la concentration permet d'atteindre cette connaissance. Dans son laboratoire, le chimiste regroupe toute l'énergie de son esprit sur les matières qu'il analyse, et découvre ainsi leurs secrets. Derrière son télescope, l'astronome rassemble toute l'énergie de son esprit vers le firmament, et ainsi les étoiles, le Soleil et la Lune lui révèlent leurs secrets.

Toutes nos connaissances résultent de la concentration de l'esprit. La nature est prête à révéler ses secrets à qui sait l'atteindre, lui infliger l'impulsion nécessaire. L'intensité du choc dépend du degré de concentration, et le pouvoir de l'esprit humain n'a pas de limites.

Les mystères et les secrets doivent être rejetés. La force représente votre meilleur guide dans la vie. Éliminez tout ce qui vous affaiblit. Le mystère avilit l'esprit humain. Il a quasiment détruit cette connaissance fondamentale. Dès sa découverte, elle avait été parfaitement formulée et diffusée en Inde. Or, il est frappant de constater combien elle s'est obscurcie au fil du temps. Les écrits anciens étaient parfaitement compréhensibles, mais leurs transcriptions n'ont cessé d'en dénaturer le sens. Celles que nous possédons aujourd'hui sont truffées d'erreurs. Finalement, cette connaissance universelle est tombée entre les mains de quelques-uns, qui la tiennent secrète au lieu de laisser toute la lumière de la raison l'éclairer. Ils pensent ainsi s'en attribuer jalousement le pouvoir.

« DIEU, LE POUVOIR VIBRATOIRE »

Dieu est ce Pouvoir vibratoire dont vous pouvez vous entourer. Il vous montre qu'il est à votre disposition, comme toutes vos connaissances. Dieu n'agit jamais sans l'Homme. Sa maison contient d'innombrables merveilles. Elles attendent paisiblement que l'Homme parvienne à les percevoir. Pour en ouvrir la porte, il suffit de comprendre que tout est Dieu, d'agir comme Lui en créant la réalité. Tous les êtres humains en sont capables, pourvu qu'ils acceptent leur identité divine.

Vous pouvez vous convaincre que vous êtes Dieu, et voir les fenêtres du paradis s'ouvrir pour déverser ses multiples bienfaits. Ces fenêtres sont les portes de la maison de Dieu. Une fois ouvertes, elles ne se refermeront jamais. En réalité, elles ne se sont jamais refermées, sauf dans votre propre esprit. Cessez de penser qu'elles sont closes, vous les trouverez grandes ouvertes, déversant déjà toute l'abondance.

Abandonnez vos préjugés. Tournez-vous vers l'Esprit de Dieu. Il remplira l'espace et votre corps tout entier. Une grande paix entrera en vous, qui ne se dissipera plus jamais. Vous deviendrez Dieu. Chacune de vos inspirations vous apportera la plénitude. Souvenez-vous qu'Élie a tenu la coupe jusqu'à ce qu'elle se remplisse à ras bord.

Il n'y a que l'Un. Même si le concept de division s'est ancré dans votre esprit, celle-ci ne s'est jamais produite dans la réalité. La division est une illusion.

« L'ESPRIT SUPRÊME N'A PAS DE SECRETS »

L'Esprit suprême n'a pas de secrets, donc je suis l'Esprit suprême. Tout ce qui existe s'offre à la connaissance de l'Homme.

Je suis la Sagesse suprême, le Pouvoir suprême. Tout ce que contient ce grand réservoir de pensée animée, je le suis.

En reconnaissant cette sagesse sublime et sans fond, nous l'attirons vers nous. Elle devient immédiatement une part de nous-mêmes. L'humanité doit sonder chaque mystère. Ainsi, elle possédera la santé, la perfection et le pouvoir suprême de jouir de tout ce qui existe. Nous appartenons au Tout suprême, à l'Esprit infini, à Dieu.

Dieu-Je-Sais que je suis le tout infini du Dessein de Dieu. Dieu-Je-Sais absolument que je suis le but infini de la joie de Dieu et du bonheur. Comment le sais-je ? J'en ai fait l'expérience dans sa totalité. Pourquoi ma joie est-elle si grande ? Parce que tous les êtres humains peuvent être comme moi.

Oui, vous en êtes capable, n'hésitez pas, n'ayez pas peur ! Chacun d'entre vous incarne la toute-puissance de Dieu. Affirmez seulement : « Dieu-Je-Suis la Vie suprême immortelle. Dieu-Je-Suis l'Intelligence suprême immortelle. Je suis la Sagesse suprême immortelle. Je suis l'Abondance suprême immortelle. Je suis Dieu, comme tous les autres. Chaque enfant, chaque personne est Dieu. » Il n'y a pas de mystère : chaque être humain est suprême comme tous les autres, rien ne manque à l'Énergie suprême.

« JÉSUS A DÉCLARÉ… »

Jésus a déclaré : « Vous qui peinez sous le fardeau, venez à moi et Je Suis vous donnera le repos. » En d'autres termes, il vous suffit de déposer à Ses pieds votre idée de fardeau pour être réellement allégé du poids que vous portez. Rien ne vous pèsera plus dans la vie, à moins que vous ne décidiez de réintroduire cette idée dans votre esprit.

Cessez simplement de penser à vos charges, et vous en serez libéré. Le Christ victorieux vous donne une liberté totale. Vous pouvez voler avec les oiseaux. Donnez au Christ victorieux qui est en vous la possibilité de vous libérer.

Éloge funèbre de Baird T. Spalding
par David Bruton

La Vie des Maîtres raconte qu'une bande de pillards tenta un jour de s'emparer d'un temple où les Maîtres se rassemblaient depuis longtemps. Le village en contrebas était terrorisé. Au moment crucial, lorsqu'il sembla inévitable que les pillards parvinssent à leurs fins, voici ce qui se produisit :

Nous vîmes également un de nos camarades sur le balcon du temple. Il cessa de travailler pour observer la bande qui avançait. Puis il se retourna et regarda vers la porte qui conduisait à la salle centrale du Temple. Jésus sortit par cette porte et vint sur le balcon. Il avança directement jusqu'au bord et Se tint immobile un instant, campé dans une pose sculpturale d'un équilibre admirable.

Toutes nos jumelles étaient naturellement centrées sur Lui. Le balcon se trouvait à cinq kilomètres de notre cachette et à environ trois cents mètres plus haut. Nous comprîmes instantanément qu'Il était en train de parler, et Ses paroles nous parvinrent clairement et distinctement au bout de quelques secondes. Notre camarade qui était sur le balcon s'assit pour prendre des notes sténographiques. J'en fis autant. Un rapprochement ultérieur nous permit de constater que les paroles de Jésus avaient nettement dominé le tumulte de la horde en mouvement. Cependant, nous apprîmes qu'Il n'avait pas élevé la voix au-dessus de son timbre normal ni modifié Sa bonne articulation habituelle.

Dès que Jésus Se mit à parler, tous les habitants du village recouvrèrent un calme parfait. Voici, revues par Lui-même, les paroles qu'Il prononça. Mon souhait est de ne pas les oublier, dussé-je vivre dix mille ans.

LA LUMIÈRE

« Tandis que Je me tiens seul dans Ton grand silence, Dieu mon Père, une lumière pure flamboie dans mon sein et emplit de son grand rayonnement chaque atome de mon corps. La Vie, l'Amour, la Force, la Pureté, la Beauté et la Perfection dominent en moi de toute leur puissance. Tandis que Je regarde au cœur même de cette lumière, J'en vois une autre – liquide, douce, d'un blanc doré et radieusement claire – qui absorbe, nourrit et irradie le feu caressant de la plus grande lumière.

« Je sais maintenant que Je suis Dieu, ne faisant qu'un avec tout l'univers de Dieu. Je murmure à Dieu mon Père, et rien ne Me trouble.

CALME DANS LE SILENCE

« Cependant, dans ce silence complet règne la plus grande activité de Dieu. À nouveau rien ne Me trouble, et le silence complet M'entoure de tous côtés. Le rayonnement de la lumière s'étend maintenant au vaste univers de Dieu, et Je sais que la vie consciente est partout. Je suis silencieux et n'ai pas peur.

« J'élève le Christ bien haut en Moi-même et je chante les louanges de Dieu. L'inspiration fredonne dans la tonalité de Ma musique. De plus en plus haut en moi-

même, la Grande Mère chante une vie nouvelle. Plus fort et plus clairement chaque jour, l'inspiration élève Ma pensée consciente jusqu'à la mettre à l'unisson du rythme de Dieu. À nouveau J'élève bien haut le Christ et Je prête une oreille attentive à la joyeuse musique. L'harmonie est Ma clef, et Dieu est le thème de Mon chant. Il scelle Mon cantique du sceau de la vérité.

VOICI, JE SUIS NÉ DE NOUVEAU, UN CHRIST EST LÀ

« Dieu, mon Père, Je suis libre avec la grande lumière de Ton Esprit. Ton sceau est placé sur mon front. J'accepte. Je tiens Ta lumière haute, Dieu mon Père. À nouveau, J'accepte[1]*. »*

Nous sommes rassemblés aujourd'hui pour rendre hommage à une grande âme, quelqu'un dont la vie parmi nous sera peut-être évaluée plus exactement maintenant que son corps physique se repose. Il n'est pas rare que l'importance d'une personne se révèle quand son corps devient inerte. On a compris la véritable stature d'Edison seulement après sa disparition. Ce fut également le cas pour Henry Ford, George Eastman et John D. Rockefeller. Et, certainement, la vie de Gandhi prit un sens nouveau quand son corps s'arrêta de vivre.

Les amis et les admirateurs de ces personnages exceptionnels sont souvent si absorbés par les péripéties de leur vie qu'ils oublient l'immensité de l'idéal auquel ils se sont consacrés.

Aujourd'hui, nous allons réfléchir un moment aux énormes contributions de notre ami Baird T. Spalding au progrès de l'humanité. Baird T. Spalding était bien connu comme ingénieur des mines et comme chercheur scientifique. Parmi ses amis et collègues dans

1. *La Vie des Maîtres*, traduit par Louis Colombelle, Paris, Robert Laffont, 1972, pp. 283-284 ; J'ai lu n°5974.

ce domaine, on peut citer Edison, Ford, Guggenheimer, Steinmetz, Burbank et Andersen, l'explorateur. Ses activités minières et ses recherches scientifiques l'ont conduit de l'Alaska aux États-Unis, de l'Amérique du Sud à l'Australie et à l'Inde.

En écrivant *La Vie des Maîtres*, Baird T. Spalding a attiré l'attention du monde entier. Les personnalités les plus célèbres de notre époque ont voulu le rencontrer. Il a ainsi pu converser avec Claude Bragdon, Khalil Gibran, Paul Brunton, Bruce Barton, Krishnamurti, Annie Besant, Helena Blavatsky et des métaphysiciens du monde entier. Sa longue liste d'amis s'étend à toute la planète.

Baird T. Spalding vivait en toute simplicité. Son trait de caractère le plus marqué était la gentillesse. Extrêmement aimable de nature, il éprouvait une affection profonde pour tous ceux qu'il rencontrait. Il aurait parcouru des milliers de kilomètres pour rendre service à un ami. Sa vie s'enrichissait de ses voyages quasi incessants. Le champ de son expérience et de sa mémoire était phénoménal. Il connaissait parfaitement l'Alaska, le Canada, les États-Unis, le Mexique, l'Amérique du Sud, l'Australie, l'Afrique, l'Inde, la Chine, l'Europe et l'Orient. Quand vous lui parliez, le monde vous semblait tout à coup terriblement petit.

Bien que Baird Spalding ait eu une multitude d'amis et de relations dans le monde entier, peu de personnes entrèrent dans son intimité. Encore moins nombreux furent ceux qui comprirent la signification cosmique de son existence. La véritable mission de sa vie tient dans son livre, *La Vie des Maîtres*. Il est difficile d'imaginer, pour le moment, les conséquences de son travail et sa portée considérable. Mais penchons-nous maintenant sur les accomplissements de l'homme.

Avant la sortie de son ouvrage, le monde avançait d'un pas lourd, engoncé dans les mêmes concepts spirituels depuis des siècles. Tandis que les religions enseignaient que Jésus avait ressuscité et qu'Il continuait à vivre, Sa vie en tant que contact direct avec l'humanité était devenue, la plupart du temps, vague et peu réaliste. Le mot *Maître* renvoyait à un état divin imaginaire, surhumain, qui impressionnait les hommes et était fort éloigné de leur vie quotidienne. Les miracles de Jésus s'étaient produits à une période donnée, Lui seul pouvait donc les réaliser. Pourtant, Il a déclaré : « Vous accomplirez même de plus grandes choses. »

Il y a trente ans, quand le récit de Baird T. Spalding sur son expérience avec Jésus et les Maîtres d'Extrême-Orient fut révélé, un Nouvel Âge de compréhension spirituelle s'instaura. La publication de son premier livre inaugura le concept du Nouvel Âge spirituel aussi nettement que le lancement de la bombe atomique sur Hiroshima a marqué le début de l'ère atomique. C'est en cela que réside le destin cosmique de Baird Spalding. Je suis convaincu que, durant les trente dernières années, Baird T. Spalding – et lui seul – a contribué plus que tout autre individu ou organisation à éclairer le genre humain. Dans le domaine de la spiritualité, ses écrits dépassent largement tout que ce qu'il nous a été donné de lire depuis deux siècles.

Plus d'un million d'exemplaires de ses livres circulent actuellement. Ils ont été traduits en danois, italien, français et allemand. C'est à Johannesburg, en Afrique du Sud, et en Australie qu'ils se vendent le mieux, mais les commandes affluent de Grande-Bretagne, du Canada et de l'Amérique du Sud – pour ne pas mentionner le flot constant de commandes en provenance de tous les États américains.

Le travail de Baird T. Spalding perdurera durant le Nouvel Âge. Il a ouvert la voie à tous ceux qui professent l'enseignement d'un Maître. Nous avons la responsabilité de continuer son œuvre. Baird T. Spalding a rempli son devoir cosmique, comme nul autre ne pouvait le faire.

J'aimerais maintenant vous présenter l'homme qui a apporté une aide décisive à Baird T. Spalding. Douglas K. DeVorss n'a pas seulement été son partenaire, mais aussi son manager et son porte-parole durant les vingt dernières années. Leurs efforts conjugués permettront au travail de Baird T. Spalding de se poursuivre dans le futur. Je vous présente Douglas K. DeVorss.

En conclusion, j'aimerais prononcer cette bénédiction. Baird T. Spalding aimait évoquer la Lumière qui illumine tout homme sur cette terre :

Une lumière illumine tout homme sur cette terre. Cette Lumière est éternelle, toute-puissante et impérissable. Seul celui qui naît peut mourir. La Lumière est l'extension de Dieu en l'Homme. Dieu n'est pas né. Il ne peut donc mourir.

Nous vous souhaitons bon voyage, Baird T. Spalding, dans les prochaines étapes de votre vie.

Quelques souvenirs sur Baird T. Spalding,
par Lois Binford Proctor

Mon amie, le regretté Dr Neva Dell Hunter, connaissait très bien Baird et me raconta quelques anecdotes surprenantes.

Baird Spalding était en fait le troisième du nom, son père étant le deuxième, et son grand-père, dont il était très proche, le premier Baird Spalding ! Baird III l'appelait toujours « Grandpapy » et il semble qu'il soit réellement né en Inde.

Le Dr Hunter, à cette époque, sillonnait tout le pays pour donner des conférences. Ils se retrouvèrent un jour dans la même ville. Baird la contacta et vint lui rendre visite.

— Neva Dell, lui dit-il, tout excité, venez voir ma nouvelle voiture ! Je dois aller au garage la faire vérifier.

Elle le suivit et tout se déroula normalement jusqu'à ce que le mécanicien revienne vers eux, l'air perplexe.

— Monsieur Spalding, commença-t-il, c'est une voiture neuve. Vous ne l'avez que depuis un mois, et le compteur indique déjà huit mille kilomètres. Comment avez-vous pu rouler autant en si peu de temps ?

Baird éclata de rire.

— Je ne sais pas… Parce que j'aime conduire, sans doute !

Sur le chemin du retour, Neva Dell exprima sa curiosité :

— Allez, Baird, dites-moi, comment avez-vous pu parcourir autant de kilomètres ?

Baird sourit et répondit :

— Eh bien, voilà : j'ai effectué des trajets assez longs ces derniers temps, et je conduis toujours de nuit. Je me mets au volant, je dis : « OK, Grandpapy, à toi de jouer ! », et je m'endors ! Grandpapy file comme le vent.

Neva Dell était atterrée

— Vous voulez dire que vous dormez au volant pendant que Grandpapy conduit ?

— Bien sûr, répondit-il, nous sommes restés très proches, vous savez. Nous parlons tout le temps.

Baird Spalding semblait n'avoir aucune notion du temps ou de la distance. Il vivait, ou pensait tout au moins, dans une autre dimension. Un jour, le Dr Hunter donnait une conférence à Santa Barbara, et Baird vint y assister. Il l'invita ensuite à prendre un café. Elle accepta, et ils sortirent de la ville en voiture. Le trajet semblait interminable et elle finit par se demander où il comptait l'emmener. (Ce n'était pas Grandpapy qui conduisait à ce moment-là.) Il répondit avec désinvolture :

— Oh, juste un peu plus loin, je voudrais vous présenter une amie à moi.

À une heure du matin, ils arrivèrent enfin à San Luis Obispo et se garèrent devant une maison. Baird frappa à la porte, puis lança de petits cailloux sur la fenêtre à l'étage. Une voix ensommeillée se fit entendre :

— Qui est là ?

— Baird Spalding, répondit celui-ci, je vous amène une amie pour prendre un café !

Une femme en peignoir descendit et les fit entrer. Elle fit gaiement le café tandis que Baird faisait gentiment la conversation. Elle leur proposa de leur préparer des lits pour la nuit, mais Baird répondit :

— Juste pour Neva Dell ; moi, je ne reste pas, je vais à San Francisco.

Neva Dell était sidérée

— Mais comment vais-je faire ? souffla-t-elle. Comment vais-je rentrer à Santa Barbara ?

— Ne vous inquiétez pas, lui répondit-il avec un petit sourire, tout est prévu. Vous verrez demain matin. Bonne nuit, et merci pour le café.

Et il disparut !

Le lendemain matin, alors qu'elles prenaient leur petit déjeuner, un ami de son hôtesse frappa à la porte.

— Je ne fais que passer, dit-il. Je ne sais pas pourquoi je me suis arrêté, je vais à Los Angeles, mais quelque chose me poussait à passer chez vous. Tout va bien ?

La femme lui répondit qu'elle se portait comme un charme et lui demanda s'il pouvait emmener son invitée, le Dr Hunter, et la déposer à Santa Barbara. Il répondit qu'il serait ravi d'avoir de la compagnie et ils partirent.

Quand le Dr Hunter se trouvait à New York, elle descendait toujours à l'hôtel du Grand Nord. Un après-midi, Baird Spalding vint lui rendre visite et il lui dit qu'il était attendu le soir même au Canada, pour une conférence au Club féminin de Montréal.

Leur conversation était passionnante, mais il était dix-sept heures, et il ne faisait nullement montre de s'en aller.

— À quelle heure est votre conférence ? s'inquiéta Neva Dell. Ne devriez-vous pas vous préparer à partir ?

— Oh non ! répliqua Baird. Ça ne commence qu'à dix-neuf heures trente, j'ai tout mon temps.

Ils continuèrent donc à parler jusqu'à ce que Baird se décide à prendre congé. Il était presque dix-huit heures, ce qui rendait Neva Hunter quelque peu nerveuse. Il n'aurait même pas eu le temps de se rendre à l'aéroport ! Elle attendit dix-neuf heures trente et appela le Club féminin à Montréal.

— S'il vous plaît, demanda-t-elle, pouvez-vous me dire si Baird T. Spalding est arrivé ?

La femme au bout du fil répliqua :

— Bien sûr, il est en train de monter sur l'estrade en ce moment même.

Neva Hunter était persuadée, tout comme moi, que Baird Spalding I (Grandpapy) était entré dans le corps de Baird Spalding III « de plain-pied ». Or, ce n'était pas une prise de possession totale. Baird Spalding III était aussi dans son corps, mais Grandpapy pouvait entrer et sortir quand c'était nécessaire, et, apparemment, Baird ne savait jamais vraiment « qui » il était à un moment donné.

Je suppose que cet arrangement avait été conclu dans les Dimensions spirituelles avant même la naissance de Baird Spalding III. Cela expliquerait les contradictions qui existent dans certaines de ses affirmations, ainsi que bien d'autres choses.

TABLE

5974

Composition Chesteroc International Graphics
Achevé d'imprimer en Europe (France)
par Maury-Eurolivres à Manchecourt
le 26 octobre 2001.
Dépôt légal octobre 2001. ISBN 2-290-31212-6

Editions J'ai lu
84, rue de Grenelle, 75007 Paris
Diffusion France et étranger : Flammarion